U0943955

丛书主编 程方平

化若集

HUA RUO JI

张诗亚 著

当代教育名家札记丛书

南京师范大学出版社
NANJING NORMAL UNIVERSITY PRESS

图书在版编目(CIP)数据

化若集/张诗亚 著.—南京:南京师范大学出版社,2010.12
(当代教育名家札记丛书/程方平主编)
ISBN 978—7—5651—0298—1/G·1543

Ⅰ.①化… Ⅱ.①张… Ⅲ.①教育工作—中国—文集
Ⅳ.①G52—53

中国版本图书馆 CIP 数据核字(2010)第 261918 号

书　　名	化若集
作　　者	张诗亚
责任编辑	周　伟　戴联荣
出版发行	南京师范大学出版社
地　　址	江苏省南京市宁海路 122 号(邮编:210097)
电　　话	(025)83598077(传真)　83598412(营销部)　83598297(邮购部)
网　　址	http://press.njnu.edu.cn
电子信箱	nspzbb@njnu.edu.cn
印　　刷	盐城市华光印刷厂
开　　本	787×960　1/16
印　　张	15.5
字　　数	254 千
版　　次	2010 年 12 月第 1 版　2010 年 12 月第 1 次印刷
印　　数	1—3000 册
书　　号	978—7—5651—0298—1/G·1543
定　　价	32.00 元

出 版 人　闻玉银

总　序

在大部头的教育“专著”充斥人们视野的时候，短小精悍的札记会给人们带来些许清凉，除却一点烦躁，在快节奏的现实生活中感受到久违的真诚与激情，感受到对教育改革的深层期待。

面对现实中纷纭复杂的教育问题，整体的改革需要调整思路、转变观念、触动体制、采取实验、深刻反思；也需要更多点形而上的基础性突破，需要更多教育相关者有一叶知秋的智慧与探求。然而，在教育研究的领域中，浮躁之风日盛，一味地追求“办大事”、作注释、造政绩，动辄长篇累牍、面面俱到、高谈阔论，而对众多的具体教育问题多无真切的体验和关注，更缺少直指问题之根的坦率，教育研究的基本价值被漠视和计划化了，教育研究的“科学性”受到质疑。

在今天的学界，大家依然还熟悉鲁迅。鲁迅当年之所以弃医从文，呐喊着“救救孩子”，就是看到了一个国家、一个民族教育的重要。而其选择用杂文为主要的工具与形式，也是为了能较快、较便当地针砭时弊、揭露问题，使教育能办得更符合人类发展的规律，使中国人能挺起脊梁自立于世界民族之林。因为他相信，文章著述的优劣不在长短，只要能切中问题与时弊，一样会深刻、精彩，一样能为沉浸于教育改革发展具体工作的人们带来启发和有益的参考。

作为有使命感和责任心的教育学者，多是人格独立、意志自由的个人，关注宏观、中观、微观的教育和谐，关注思想与行动的互动，关注政策法规与现行体制的疏离，关注相关责任与义务的对等，关注研究道德的坚守与良好风气的形成等，是其义不容辞的追求。为了真正推进教育的发展，对教育问题的诊断与分析，是需要有实事求是的科学态度与不唯上、不唯权、不唯钱和勇于探索的科学精神的。在这些方面，不唯鲁迅为我们做出了榜样，蔡元培、张謇、陶行知、晏阳初、梁漱溟、黄炎培、张伯苓、陈嘉庚、竺可桢、马叙伦、叶圣陶等，都是教育界有此担当、有此见地、卓有建树，并能言简意赅地阐述教育问题的典范。

基于以上判断和考虑，在南京师范大学出版社的热情支持下，我们《当代教育名家札记》丛书编委会汇集了当今中国教育界部分知名学者的教育札记奉献给社会。第一辑推出杨东平、程方平、查有梁、张诗亚等四位著名学者的教育札记。

杨东平是北京理工大学教授、国家教育咨询委员会委员、21世纪教育研究院院长、北京市西部阳光农村发展基金会理事长、“自然之友”理事长，《中国教育蓝皮书》主编，2004年被《南方人物周刊》评为“影响中国的50位公共知识分子”。2007年他的专著《中国教育公平的理想与现实》获国家图书馆“文津图书奖”第一名，入选2009年腾讯网“年度教育专家”（三人之一）；曾任中央电视台《实话实说》、香港凤凰卫视《世纪大讲堂》总策划，在教育界、环保界、社会学界有广泛影响。

程方平是中国第一届教育专业研究生，现为中央教育科学研究所研究员、博士后工作站导师，在教育史、民族教育、科技教育、教师教育、高等与职业教育等方面颇多建树；曾任教育与科普研究所所长、私立华诚学校校长、中央教育科学研究所民选学术委员会主席；主编了《中国教育问题报告》、《中华文明史：教育卷》、《20世纪文库·教育卷》、《国外教育行政管理研究》、《国外教师问题研究》、《20世纪教育名著译丛》等，并入选2009年腾讯网“年度教育专家”。

查有梁是四川社会科学院研究员，改革开放以来第一套教育研究丛书——《现代教育丛书》主编，在“三论”、课程研究等方面有广泛深入的影响，著有《控制论、信息论、系统论与教育科学》、《牛顿力学的横向研究》、《系统科学与教育》、《课程改革的辩与立》等。

张诗亚是西南大学教授、博士生导师，教育部社会科学委员会委员，历任该校教育学院院长、西南民族教育与心理研究中心主任，在教育技术、民族文化教育、教育基本理论等方面有突出的影响；著有《教育科学学初探——教育科学的反思》、《震荡与变革——20世纪的教育技术》、《西南民族文化溯源》等，主编了《现代教育丛书》、《西南研究书系》、《多元文化与民族教育文库》等。

这些学者的学术背景尽管不同，但都具有学术的抱负、真诚和热情；既有传统教育学者的遗风，又有与时俱进的活力，在社会上和学术界均得到了普遍的认可。他们在精研学术的同时，对教育现实中的许多问题给予了极大的关注，有不少独立和独到的见解在教育界产生过重要的影响。

这次推出的札记，主要都是他们的自选集，是他们在一个时期就不同方面的教育问题发表的见解与建议，视角多元、思路开阔、文思敏捷、功底深厚、立场鲜明、品评到位、方法适宜、使命凸显、言语简明，既有探索性、诊断性和批判性，也有学术性、实验性和建设性。从他们的思考和研究中可以看到教育问题的方方面面，也可以看到这些问题背后的深层原因，对当前方兴未艾的教育教学改革有诸多可资借鉴与启发的地方。

在此基础上，本编委会还将陆续推出第二辑、第三辑，将国内当代卓有建树、思想敏锐、有使命和责任感的教育学者的札记、短文集成出版，继续为教育界和关注教育发展的人们提供些许难得的清凉。

《当代教育名家札记》丛书编委会

2010 年 8 月

序

庚寅春，承程君方平盛情，约我写此随笔。

杂感随笔，非“正经”饮食，当不得顿。时下各色“科学评估”多，大凡冠以“省部级”、“国家级”。“名师”且为“全国的”，“优秀科研成果”亦为“国家级”。学位点申报，“国家重点学科”，学校排名等等无不以此为据。

于是各色刊物有了“级别”，于是版面有了价码（潜规则也），于是各色“专家”应运而生，于是“跑部”、“运作”等公行无忌。

此类怪状中获利乃至暴发者，大半为官。非怪也，形成此类评估之制度推手，官本位也。

而随笔纯系“个体经营”，除“文责自负”外，与各种人事评聘、科研评估盖不相干。有感可以发，有情可以抒，有想可以随，不亦乐乎？不亦悠哉？至于所随之想社会价值如何？经济效益几多？盖不劳各级管理之大驾，读者诸公自有眼、有心。

集曰“化若集”，盖由善教与学者，能化斯时、斯地于斯人于无形之意蕴也。恰若风吹草伏之状也。《礼记·中庸》有“能尽物之性则可以赞天地之化育，可以赞天地之化育则可以与天地参矣”之语。《孔子家语·本命解》又有“羣生闭藏乎阴而为化育始，故圣人因时以合偶”之解。至北宋苏轼又谓“天地之化育，有可以指而言者，有不可以求而得之者”（《御试重巽申命论》）。清人郑燮有：“夫天地生物，化育劬劳，一蚁一虫，皆本阴阳五行之气絪緼而出”（《潍县署中与舍弟墨第二书》）。今人郁达夫谓“草木虫鱼都化育起来。他的从始祖结束的苦闷也一日一日地增长起来”（《沉沦·四》），皆为此意也。可谓从古至今，一脉传之道统。

而夫子又言："子为政焉用杀，子欲善而民善矣。君子之德风，小人之德草，草上之风必偃。"（《论语·颜渊》）对此，《晋书·潘尼传》释之为："学犹莳苗，化若偃草。博我以文，弘我以道。万邦蝉蜕，矧乃俊造"，所以，此随笔集命之曰《化若集》也。

乍一整理，才发现早在二十世纪八十年代，就涂鸦有随笔。或见诸于报端，或忝列于刊物。此类文短，散遗不少。或旧报，或草稿，几次搬家能残留至今，实属不易。当时还无"电子文本"，只得重新录入。尽管是旧作，似乎仍可入时。为尊重历史，未敢有稍许删改。

集中收入教育研究类文章，其主旨仍在化有形于无形之虑也，化学科于常在也。以《走出李约瑟似的大山》为例，谈所谓的中国古代科学技术，本在天人合一系统之中，按学科研究走不通之理；《教育学的突围》一文亦是此类考虑也。

有些系蒙邀讲座。如《说一》（重庆工商大学）、《说中》（河南大学）。信口雌黄，竟为有心者录音。故亦整理成文，一并结集。

集中有《从形而下到形而上——山水教育小论》、《读砚》、《紫定酱定忌空谈》等文。教育贵在一个"化"字，并非囿于课堂、书本。古人有言，"游焉，修焉，藏焉，息焉"，就是此意。是谓学无定学，师无常师也。

有悼文三，其一为写于十多年前之悼念马公骥雄先师之文。先生辞世，不觉已二十年矣，收入集中，聊可表弟子之怀念于万一矣；其二为悼念沈翁慕羽先生。沈翁者，马来西亚华人教育之前辈先驱。为兴华文教育于马国，披肝沥胆，数次坐牢，堪为楷模。我见沈翁是 2006 年夏，是时，亲炀驾车，我与内子一起专程至马六甲沈翁寓中拜谒，沈翁迎我夫妇于小院门外。其时沈翁已届九四高龄，仍精神矍铄，鹤发童颜，双目深陷，炯炯有神。赠我以《沈慕羽先生书法集》并手书"华夏俊杰"。又是炎夏，我别沈翁不禁已四年矣；其三为何君志平先生之墓志铭。志平，云龙白族人，与我相识于 2004 年，时任云南贡山一中校长。其为校长，办学于贫困之地，殚精竭虑，恪尽职守，卓有建树。任事真，待人诚。惜身患绝症，英年早逝，不忍唏嘘。集中收此墓志铭，聊慰穷乡办学之魂也。有贺秦师效侃先生八十寿诞之文一篇。当时有好事者在先生寿诞上大放厥词，余闻之愤愤然，即席陈词，为学生陶红录之，并整理后刊于校报，固有幸存世。今一并检出，结集再刊。

有辞赋数篇。《无名堂赋》为敝书房所赋。昔刘梦得有《陋室铭》以抒其居陋室而心怀天下之志，余写《无名堂赋》乃求温故而知新，寄托吾生之有涯之情也。《三英赋》所颂之三英,盖福州女杰,皆为前福州女师(现福州教育学院)之校友。该院迁址,景观新建,勒石刻碑,撰《三英赋》聊可补壁也。《三中赋》乃为万州三中所撰。余幼年曾随姑母住万州,初入小学发蒙亦在彼地。撰此文乃情之所系。《莽林赋》为新近赴尼泊尔热带雨林所作,可谓恰逢其时也。

此集整理,编排所累者众:富强,晓巍,晓蓉,龙藜,陶红,陈雪,宝宏,江华,赵驹,能坤,谭莉,晓光均辛劳不少,此集付梓,或可为谢。

是为序。

庚寅小暑于无名堂

目 录

随 笔 篇

词 赋 篇

鉴 赏 篇

悟学篇

2002年1月19日在贝尔法斯特巨人通道

百年之校，才俊辈出。女界之翘楚，舍林徽因、谢冰心、卢隐之榕城三英其谁？三英者，一代女杰也。其灵秀清丽，才气德行，人之所仰，世之所敬。其能无赋乎？

闽水清清兮养我名媛，于山郁郁兮育我淑仪。

仰鳌峰之伟岸兮，书院肇其端；集道统之大成兮，新学畅其源。但开风气，夺八闽之先；一奠鸿基，引四海之瞻。立教乎，有来无类；树人也，见贤思齐。夫风云际会，历亘古未有之变局；交替世纪，创千秋仅见之奇迹。东方醒狮，怒吼者惟恐和寡；南天翥凤，振羽者何患奋疾。有志者，沐鳌峰之惠泽兮，研也渊渊，考也究究；善学者，得先哲之教谕兮，文也彬彬，灵也秀秀。傍白塔以放眼，势接青云；登于山以舒啸，气运斗牛。御闽水而拥大海，广胸襟以博爱；共帝师而忧天下，富情怀以厚载。生于大海兮波涛万顷天来，游于五洲兮气度超凡世盖；乡土润根兮其发必茂，京城振羽兮其飞也帅。

走出李约瑟似的大山

如果在中国科技史研究者中划代，李约瑟，当是第一代人的代表。尽管在他之前，如现任李约瑟研究所所长何丙郁先生所言，中外已有不少学人涉足此领域，如，技术史有李俨和钱宝琮；化学史，中国有20世纪30年代的吴鲁强，外国有麻省理工学院的戴维斯（Tenney Davies），加州大学的约翰生（Obed Johnson）等等；数学史有日本的三上义夫等，“但是必须指出的是在此以前，这一切研究成果并没有引起国际学术界对中国科学技术史应有的注意”，而使这一研究领域得到国际学术界的公认，无疑，自李约瑟始。

李约瑟对中国科技史的兴趣始于1937年。悠久、博大的中华文明中包含有大量科技方面成就的这一客观存在，必将引起学术界的注意。但在某些有偏见的西方人眼里，保守的中华文明哪有什么科学——那是典型的西方文明的产物——有的不过是些实用技术罢了。那又算得什么？有趣的是，这种偏见促使李约瑟转向中国科技史的研究。为此，他把自己卓有成效、进展极为顺利的生物化学的研究终止了。李老说：“某些西方人也许会有这样一种印象，中国人根本上是讲求实效的人，有能力完成令人感兴趣的技术创新，但这些创新没有一样是他们所谓的科学。即使他们认为有一些可以算作科学，但也会怀疑这些科学深受西方的影响。为此，着手研究中国科学技术并撰写中国科学技术史巨著的目的，过去是、今天仍然是为了消除这种模糊观念，打破这种无知，肃清这种误解，把人类文化的不同源流归结到一起，就能发现它们并不是分道扬镳，而是万流归宗的”。

实际上，认真探讨一下，便可发现，无论在李约瑟之前，或在他本人以及他之后的中国科技史研究，得以进行的共识都是：中华文明悠久历史中存在着很多技术和科学的成就。而这些又是同中华文明的其它方面紧密契合在一起的。尽管中华文明不同于希腊、埃及、印度等其他古文明，但是，自培根以来所创立的以近代实验科学为基础的科学理论体系是超国界、超文明的。因此，可用这一具有普遍性的体系，如现代的数、理、化、天、地、生等学科分类；基础理论、应用理论、生产流程等科技结构等等一整套来耙梳、整理、判断、评价任何文明中的科技成就。即是说，近现代的科学体系对其它文明具有普释权。可以用这体系的理论解释任何其它文明中的技术成就、科学思想等等。这样看的不仅如李约瑟等对中国科技史持充分肯定态度的学人，而且也包括那些为李约瑟所批评的对中国科技成就持有偏见的学者。区别仅在于，后者认为，用此标准衡量，中华文明中没有科学思想，因而不及格；前者则认为，中华文明不仅及格，且相当出色，领众多领域风骚于世界前列。可见，这个认同基础是批评者和赞成者共用的话语体系。而李约瑟的研究实际上证明了肯定者是正确的。对此，我们将从两方面来讨论：

第一，如果我们赞同近代科学理论体系，对中华具有独特性的文明，包括其科学技术的耙梳、评价、判断、解释等等，具有普适性，那么中国科学技术史研究的第一代人和第二代人的划分便是顺理成章的。第二，如果我们认为这套体系对中华文明及其科学技术等不具普适性，我们即将引出中国科技史作为一个研究领域得到公认之后，在李约瑟之后中国科技史的研究又该怎样进行的话题。

如认同普适性，那么，试比较一下，为什么李约瑟之前的研究者无法使中国科技史的研究得到世界学界的承认。何丙郁的意见颇有说服力。他认为李约瑟是一位成名的科学家，是英国皇家学会院士。他和中国有特殊联系，从重庆时期至朝鲜战争时期，很多人反对他。仅他的学院和生物化学实验室的同事们，同情者和反对者大约各占半数。同情者固然希望看到他的著作，反对者也想看他到底折腾些什么。尤其是当时的大部分汉学家，他们觉得，只有他们，才具备足够条件写有关中国的问题。他的书是由英国剑桥大学出版社出版的，该社备受西方学术界重视，书籍一经该社出版，便可谓登上龙门，身价陡增。除上述三条外，我们认为还有以下原因。

一、不能只从单一学科领域对中国科技史进行研究

李约瑟则是从整体上树起了中国科技史研究的大旗，且鲜明地提出，这一研究必须同认识评价整个中华文明结合起来进行。换言之，这一研究既然是从整个中华文明中去发现、整理、耙梳、判断、评价、分析、解释其中国科技方面的内容，就必然牵涉对整个中国科技史的评价和认识。这一点正如《中国科学技术史》的英文(Science and Civilization in China)一样，日文翻译者注意到这个问题，译为《中国の科学 と文明》。台北译者译为《中国之科学与文明》，也注意到这一问题。中科院的译本采取的则是原著的中文名

《中国科学技术史》,应该说这一名称不如《中国的科学与文明》更能引起学界的广泛重视。这既然是对整个中国科学技术乃至中华文明的再评价、再认识,其所产生的影响就势必比仅从单一学科进行研究产生的影响来得大、来得广泛。

二、研究中国科技史便是研究中国

科技史的研究之所以能引起世界学术界重视,实际上是借了自抗战以来民族危机空前,而要奋争、崛起的东风。抗战时中国已成为亚洲反法西斯中心,频发的众多事件,引起世界舆论的高度重视。尤其是,当大陆政权新旧更迭之后,中国为什么发生巨变,其前途如何,对世界将有怎样的影响等等,都在更广、更高的层面,引起世界舆论界的重视。当其时,对中国科技乃至中华文明重新认识,无疑会成为汉学家们的热点。而对整个中华文明进行评价势必涉及众多学科,是个跨学科的重大课题。而这居然由一个生物化学家来做,赞成和反对的声音,自然都会是前所未有的。这一研究成果出来后,又为剑桥这一西方学术中心的出版加以肯定,其影响的非同寻常也就顺理成章了。

何丙郁也提到:20 世纪 50 年代“东亚病夫”的身体刚刚复原,睡狮正在伸腰,随时准备站立起来,引起全世界注目。这期间,《中国科学技术史》卷一至卷三相继问世,都获得高度评价。结果远远出乎赞同者和反对者的意料之外,没想到,一个半路出家的“门外汉”,居然超过了很多长期从事汉学研究的专家。另一方面,这个“门外汉”的研究之所以能得到世界学术界的肯定,靠的就是这套具有普适性的、以近现代科技体系为中轴构成的话语体系。如果没有这样一个世界学术界所认同的体系来耙梳、整理、评价、解释一个完全陌生的、渊源流长的巨大文明,那么,中华文明中所蕴藏的科技成就,便无法进入交流,让人认识。所以,具有共同的话语体系,应该说是中国科技史能得到世界学术界承认的关键。

李约瑟的研究致使中国科技史终于走向了世界学术舞台。直到 20 世纪 80 年代,夏鼐先生还在谈,科学技术史到底是一门科学还是一门历史的问题。因为它在中国自然科学史研究所的归宿几经波折,既有属于社会科学学部历史研究所的时候,又有划归科学院的时候。英国从前最高的学术机构是皇家学术机构,为了讨论自然以外的社会科学与人文科学,并给予其学术承认,才分出一个英国学术院。李约瑟的中国科技史研究成果,正因为其有横跨几大学术领域的这一巨大包容性和综合性，才既招致纯粹的自然科学家、他的生物实验室的同事们的不解和反对，又招致纯粹的人文科学家、社会科学家、众多汉学家的不解和反对。但是，也正因为这两大领域的客串，才使他获得了两大领域都难以单独容下的和评价的巨大成就。所以，现英国学者荣膺英国皇家学会和英国学术院这两个英国最高学术机构学衔者，唯李约瑟一人。对此，李约瑟从20世纪30年代就开始的中国科技史研究，历时近50年（直至80年代），才得到剑桥大学的正式承认。该校正式向他颁发了“荣誉博士”学位。通常剑桥大学不向本校毕业生颁发这种学位，即使颁发，也是该接受者所获得的最后一个学位。剑桥大学在李约瑟80余岁时，向他颁发这项学位，这是相当罕见的。对此，李约瑟很高兴，因为母校正式肯定了他对这种横跨自然科学、社会科学与人文科学几大领域的中国科学史的研究。换言之，李约瑟成功地用近现代科学理论与语言体系，完成了对中国科学技术史及其文明的研究。

但问题恰好出在这里，中国科技史既是同中华文明紧密地糅和在一起的，用这个来自西方科学的理论和话语体系是不是能够全面地认识和阐释中国科学技术史，以及中华文明这一重任？这种体系有无局限？这是中国科技史研究的第一代人没有解决，而后来者必须正视的问题。

对此，两位汉学家——耶鲁和芝加哥大学训练出来的西方哲学家郝大维，伦敦训练出来的汉学家安乐哲——在他们新近完成的一部关于孔子哲学思维的著作中，提了一个非常有意义的观点，对我们讨论问题颇有帮助。

“至今西方的哲学主流对于包容中国哲学的可能性，仍采取一种冷漠的态度。并且以种种形式的简化主义（reductionism）为这种冷漠辩护，而这种简化作用的基础大体上仍然属于从笛卡尔起就一直主导现代西方哲学的启蒙主义范畴，他通常带着某种普遍主义的（universalistic）且往往在方法论上的参照标准，也包括相对主义中的绝对形式，即否认任何形式的文化可比性”。

这里，作者恰好举了李约瑟研究中国科学技术史的例子，他们认为无论是笛卡尔的几何方法，或是黑格尔的哲学理论，还是科学普遍合理性，或是唯一的真理，都是以某种普遍主义理论为前提。例如，李约瑟似乎真诚地为几千年中国文明所取得的成就感到敬畏。然而推动他研究整个项目的问题——为什么中国未能发展现代科学？——却建立在这样一个假设上，即在西方发展起来的科学具有普遍意义，而且科学最终独立于文明而发展。

事实上，在用西方的具有普适性的科学理论和话语体系来阐述中华文明包括中国科技史时，便出现了一种不可避免的弊端。在这种研究中，研究者出于其文化背景，以及要让世界学术界承认等原因，常常不得不借用西方的话语，不得不把具有中国传统特殊性的东西转换成为西方可以接受、交流的东西。一转换，问题就来了。譬如，在一些关键词汇的翻译里，语义内容不仅未被充分理解，更严重的是不加分析地套用，渗透西方内涵的语言，使得这些人文主义者为一种外来的世界观所颠倒，以为自己处在谙熟的世界中。其实，事实远非如此。比如，当我们把"天"译作带大写"H"的"Heaven"时，无论你承认与否，在西方读者头脑里出现的是超越的造物主形象，及灵魂（Soul），罪孽（Sin），来世（Afterlife）等概念。当我们将"命"译成"Fate"或者更糟"Fatter"，我们实际上夹杂了不可改变性，困境，悲剧，以及目的论等含义。而这些意义与中国的古典传统并没有什么干系。这里实际上不仅仅只是哲学上的术语和词汇的问题。

在对中国科技史，尤其对中国文明的认识中，这样的问题不可避免。尽管李约瑟博士以其独特的才智与渊博的学识，能够处理不少棘手的问题。如，在谈到道家的"内丹"时，他非常了不起的是不接受现成的，哪怕是权威的结论，而要用自己的研究来证明问题。对此，何丙郁对李约瑟的评价相当高。例如，著名的心理学家荣格认为，欧洲炼丹术的主要目标是通过实验室的操作，在心理上起一种纯净本身灵魂的象征性作用，因而低估了炼丹术在对欧洲文艺复兴时期工艺的诞生以及对现代化学的重大贡献。而很多人则认为中国的炼丹术也不过如此。但李约瑟对以上两种见解并不苟同，他认为，中国炼丹术的内丹基本上是一种生理的而不是心理的活动，而且发现内丹有早期生理化学和生物化学的成分。他在书中指出，将内丹与西方的灵魂化学视为如出一辙，是一个极大的错误。他非常巧妙地创造了两个新词：一是"enchymoma"，代表"内丹"，该词来自希腊文的"en"（体内的）和"chymoma"（词根为：chumos 液），合起来使西方学者想到"内分泌"的关系；二是"anablastemic"，表示"长生不老"，此词的希腊原文为"anablastanein"，意为"回复青春"，有时也将外丹译成"Out Micro Egimes"。应该说李约瑟已经敏感地意识到，用具有普遍主义的西方科学理论和话语体系来解释中国文明以及中国科技史时，将遇到这样的难题。"内丹"之类，李约瑟可通过创造新词，通过其渊博学识（他熟悉希腊文、拉丁文等，他是生物化学的权威），敢于反对权威，提出自己的见解而巧妙解决遇到的难题。但是面对一个博大精深的文明，这些，毕竟不够。事实上，在涉及儒家、道家、法家等等传统的中国文化哲学流派之际，这类问题就更多。李约瑟的《中国科学技术史》第二卷引起的争论及批评最多。其原因就在于用西方科学的理论和话语体系来阐释完全不同的中华文明必然会陷入这样的困境。可以说，这是这一体系与其研究对象间必然蕴藏的一个矛盾。矛盾的一面是功利的，使中国科技史研究得到世界承认；但是，它的另一面又必然导致用这一体系进行的研究陷入困境。中国科学技术史的研究既横跨了自然科学和人文社会科学，那么，就有用近代科学理论和话语体系能解释的那部分，也有用这个理论和话语无法解释的那部分。所以，研究者，尤其是后来者，不能只限于近代科学理论和话语体系。如何处理好这两者的关系，确实是一个难题。应该说李约瑟作了一些尝试，但这个问题的解决留给了李约瑟之后的第二代。何丙郁已明确地意识到这点，在一次国际研讨会上，解释"道"的问题时，李老的解释就引起争议，以致剑桥、牛津、伦敦三所大学和英国其它大学，以及欧洲的汉学精英，道教专家们"在两天的发言中没有一个发言者同意李老的观点"。尽管李老当时年事已高，无法辩答，但问题的本身却不是个年龄问题。应当看到，这类问题在用西方科学理论和话语体系解释中国文明时是必然要发生的。当时作为研讨会主席的何丙郁先生为李老打了圆场。他讲，诚然，历史上的中国科技贡献不限于道教，但李约瑟博士的观点也是对的。这里有一个"道"的定义的问题，从广义来讲，"道"是一种哲学，"大象无形，道隐无名"，那么李约瑟博士也是对的。

这种情形，很显然是纯粹从科学技术史的角度来讨论道和道教，而英文中"道"的翻译，同"道"的本意显然有很大出入。可以说，何先生注意到这一点，并巧妙地把作为宗教的道教和作为大道的"道"的差异交换了。"道"大不同于"道教"，而道教在寻求外丹时发明了很多化学方法，因而推动了化学的研究。这种贡献确实来自道教，但就核心的东西而论，寻求外丹只是手段，其目的在于实现与天同一的长生不老。天的长生不老，在炼丹者看来，遵循大道。当李约瑟这样表述时，他认为中国科技的主要贡献来自道教，显然，他使自己陷入了困境。"道"，不仅道家谈，儒家也谈，如孔子的"大道既行，天下为公"。在中国的文明中，"道"，是一个非常核心的概念，这个对中国学者不成问题的问题，但对李约瑟这样的大师会是个难题。

再如，"君子"，面对一大堆不同的译法，如理雅各(James Legge)将其译为"superiorman"(上等人)，Arthur Waley 将其译为"gentleman"(绅士)，辜鸿铭译为"wise man"(智者)等等，李约瑟深感"君子"难译。这个概念不仅外国人因为无法充分理解而无法找到相应的词，仅译出了"君子"的某些涵义，而且作为学贯中西的中国人如辜鸿铭者，所用的"智者"也不当。仅强调了"君子"的智慧超群，而对其道德楷模，为人君主(国君、夫君)，代表神主

(《左传·襄公十四年》:“夫君,神之主也”)等方面的涵义俱未译出。何况就算作为“智者”,也没确切表达出其所有的“贤哲”的涵义。可见,仅靠这套话语来认识中国文明会造成多么大的扭曲。事实上,当李约瑟满怀雄心地用这套体系,从中华文明去耙梳、整理、评价中国科学技术之际,他的初衷是,打歼灭战,集中力量研究完这个课题后,再回到生物实验室。然而,当他真正地进入这个博大精深的体系时,他才发现,这个想法行不通。中华文明体系太大,哪怕就按西方的科学理论和话语体系来做,也是件十分浩瀚和艰巨的工作。所以,《中国科学技术史》的写作计划一再突破,体系一再更改。到底写多少卷,李约瑟自己也不清楚了,早没有既定册数的概念,甚至完成这套书的信心也不了了之。他早知道,这要留给别人去完成。

这说明了什么呢?问题不仅在于李约瑟的认识不足,关键还在于,从中华文明去发现科技方面的成就,即使按西方的理论和体系来做,也不是明白无误的。中国的科学技术从来不是单独存在的,它与整个中华文明的界限非常模糊。要去整理、耙梳、发现,其工作量之大,任务之巨很难想象。当进入巨大的中华文明领域之内时,好些东西既可纳入化学,又可纳入物理,既是工程技术,亦是实验技术。这些东西同它固有的文化、生活方式,以及整个传统紧密地糅合在一起,从没有清楚的界限。原本以为没有问题的地方,却越写越多,研究中这种情况屡屡出现,如由一卷分为分册,如此一而再、再而三,远超过事先的打算。

尽管,第一代人实际上定下一个中国科学技术史的体系,但这体系并不等同于科学技术史本身。即便完成了,也是“李约瑟”的体系。从某种意义上说,还只是开始。这意味着中国科技史乃至中华文明的研究,必须走出西方话语体系的局限。不要唯其体系背后的种种标准马首是瞻,而要在中华文明的自生体系中,在拓展中国科技史研究的同时建构我们自己的、能反映中国文化精神的话语体系。只有完成了这一重任,中国科技史,乃至整个中华文明的研究才能走出李约瑟似的大山,走向更广阔的天地。

(原载于1997年《读书》,作者:张诗亚　廖伯琴)

从形而下到形而上

——山水教育小论

山、水本是自然之物，随处可见。作为汉字的“山”和“水”则是古人在对自然山、水认知的基础上，抽出特征，进行描述，转化为符号而来。“山”和“水”，这两个汉字在六书中被称为象形字，即其造字方式是依据事物之形。所谓象形，先有自然之物，而后有对自然之物的描述。于是，物有其具象，也有其抽象之对应。

汉字中的象形字有很多。“山”和“水”两字的特别之处就在于这两个字在漫长的汉字演化史中，从古至今始终保持其稳定性。其他很多汉字因简化或别的原因，在发展的过程中备受折腾。“山”和“水”两字，无论其字形、字体是甲骨文、金文、大篆、小篆、隶书还是楷书，直至到了后来的简体字，任何人都可以很轻松地把它们辨认出来。这两个字从创生之时，其主要的东西一直没有发生变化，并且非常顽固地保持了其创生时的特征。“山”字的甲骨文、金文是以山的实体作为描状对象，由此字形上也是实体。山的甲骨文“”就是山山相连之形，而后它才演变到去掉实体，简化为线条。与“山”字同义的有一个字“岳”。“岳”字的甲骨文是“嶽”，为重叠的山峦之形。繁体的“岳”字为“嶽”。现在，这个字因其太繁被简化了。“岳”字已经看不出以前原始创生时的状态了，但是“山”字却保留了它的状态。“水”字与“山”字一样。“水”字的甲骨文是“”。中间的 s 型一画是个曲折的弯，以示河道弯曲、水流弯曲，旁边的四点是水流、水波、水纹的形态。“山”字和“水”字尽管是象形，但是又不完全拘泥于形的写真和白描，依样画瓢，而是有其特征的抽象，即抽出了其能反映被描状之物最本质的特征。英文中的单词“symbol”之义与此相同。经过这样一个抽象的过程而形成的文字，它来源于自然物，描画的是自然物，反映的是自然物，但变成符号后就生化为了文化物、人为物和精神物。虽然这个符号为文化物、人为物和精神物，人依然能理解符号后所表示、指代的那个自然物。所以说，“山”、“水”这两个字是非常形象的和典型的象形字。其历史又没有太大变化，所以讨论它，就无需梳理其发展的源流，不仅简单得多，也能说明问题。

“山”、“水”这两个象形字背后所反映的思维方式和知识构成，一度被一些西方学者形容为幼稚可笑。他们认为象形字受象形之限能够反映的东西非常有限。18 世纪的意大利历史学家、哲学家维柯（Giovanni Battista Vico）写过一本著名的著作《新科学》。书一问世就受到了非常多的好评，很多西哲赞扬备至。可是，这么一本杰出的著作在谈到中国文化的时候，却对中国的象形文字评价不高。维柯认为中国的象形文字与西文的字母系统相比是落后的。他说：“中国不知经过多少千年，他们都没有和其他民族来往通商，否则他们就会听到其他民族告诉他们，这个世界究竟有多么古老。正如一个人关在一间小黑屋里睡觉，在对黑暗的恐惧中觉醒过来，才知道这间小屋比手所能摸到的地方要大得多。”[①]落后与先进的概念事实上是一个相对的范畴，其关键要看比较的参照系是什么。维柯潜在的参照系当然是西文。英文 26 个字母组合出了所有西文中的词汇。字母的简单排列组合，就可生发无限。这个效率在西人看来毋庸置疑是一个极其巨大的优点。与之相比，象形字因受其“所象之形”的局限，只能像一个是一个，没办法无限生发。同时，象形字似乎也不便于书写和记忆。多一画或少一画，多一弯或少一弯，一撇、一捺、一点、一横的变化都会导致象形字出现不同的意思。这样的知识构成，西方人理解起来当然是非常头痛。所以，维科的这种观点也不宜过多指责，因为他对中国的了解比较浅薄，也非常有限。对自己不了解的东西的谬评，再去过多地评价也没有意思。另一个西人利玛窦在面对象形字时与维柯持相同的观点。利玛窦于公元 1582 年（明朝万历年间）在中国的澳门登陆，后来辗转到了北京，直至 1610 年在北京去世。在其长达 28 年的传教生涯中，利玛窦不仅全面学了汉文、汉语，习读了汉学里的主要经典，而且向西方介绍了很多中国文化。在促进中国与西方的相互认识中，利玛窦功莫大焉。然而，就是这么一个远比维科对中国的了解多得多的学者，在谈到中国文字的时候，依然也认为象形文字很可笑。他甚至是用讽刺的口气说孔子的书都是象形文字形成的。

西方人很难理解象形文字，因为其习惯的思维方式是物我分离，一就是一，二就是二，分得很清楚。实际上，象形文字所象之形是抽出来的，没有依样画瓢，其中有一个抽象的过程。中国的象形字虽有抽象，却又没有丢掉所表述、所反映事物的主要特征，因此看符号就能马上知道其所描、其所反映

① ［意］维科：《新科学》，朱光潜译，商务图书馆，1989 年版，第 54 页。

事物的本意。文字有三个要素:形、音、意。汉字中,除了象形之外还有大量的形声字。象形字和形声字占据了汉字的绝大部分。六书里的其他几样,指事、会意、转注和假借绝大部分也是在象形和形声的基础上进一步的发展。所以说,汉字的根本基础是象形。象形字当然也有局限,比如,同一个象形字的读音就可以不一样。中国的方言有很多,其间差异也很大。方言多样,读音不同,于是交流就容易有隔阂。因此,中国古时就有专门的书《尔雅》来正其音、正其意。现在的普通话也是国家颁布的统一标准。虽然,象形字的多种读音是一个永远没法消除的客观存在,但是,象形字的字义却拥有惊人的一致性。教育学的创始人夸美纽斯(Comenius)提出过一个人类学习的基本规律:从形象到抽象。英文26个字母虽然可以组合成千千万万、生发出千千万万个词汇,可是它只是排列组合,人不能直观地马上了解这个符号跟它所反映事物或对象的联系;象形字虽然人初见时可能读不出来,但是能迅速理解这个符号所象之形背后的字的意思。象形字是从事物的原生态开始建立思维的发展基础,所以,西人不解。

象形字因其象形,似乎是形而下的,但它又不拘泥于形而下。以“山”和“水”为例。孔子曰:“知者乐水,仁者乐山;知者动,仁者静;知者乐,仁者寿。”《论语·庸也》里的这段话引用者多,未必理解其含义。清代大学者刘沅的《槐轩全书·四书恒解》对这段话有释义:“盖人之所得于天者,性也,而气质之本于天地父母者,则各有不同,虽圣人亦而。常人亦为质所困,甚且失其天性。贤人从事,复性而未底于化,气质犹粗;圣人则性全而天定矣,复何气禀之足,言不知。性如水月,质则盛水月之器也。水月之光明未尝稍减,而映玉壶则表里精莹,稍次则光泽逊矣。同一尽性之人而分知、仁,正由气质之本。自先天者,略有毫发之殊,故德至于成,各有自然一番天趣。不得谓知者所有,仁者无之;亦不得谓仁者所有,知者无也。”水月之气晶莹剔透,虽以瓦罐盛之,从外面看不见,但是水月本身的光明并不会有丝毫增减。常人因受其“质”所限,看事物往往只看得到表面,贤人的理解又很粗,惟圣人能体悟到物后之性。由此,智者看山、看水,并不是仅体悟到山之静、水之动,他同时看到了山之动、水之静。山之静含弘广厚,而山之动则生生不息;水之动曼妙生趣,而水之静则安重静谧。子在川上曰:“逝者如斯夫,不舍昼夜。”水逝在于智者同时还是一切事物之流逝,光阴之不可逆。《易经·说卦传》有言:“立天之道曰阴以阳,立地之道曰柔以刚,立人之道曰仁以义。”所以,山水就是刚柔,是阴阳,是正反,是奇偶,相辅相成,无限生机。山水本是自然之山水，然而，当孔子将智者、仁者两个概念附加于其上，并将静中有动、动中有静与智者、仁者两种性质联系到一起，此时之山水早已不是“象其形”的形而下之物，而是转化为形而上的精神之物了。这种形而下到形而上的转化在中国文化里一以贯之，从古到今。

中国文字的起源一开始就跟巫和占卜密不可分，甲骨上锲刻的文字就是巫的符号，是神的语言。甲骨之甲，指的是龟甲，骨是指牛的肩胛骨，以及少量的羊、鹿之类动物的肩胛骨。之所以在甲骨上刻字，是因为古人相信这样的甲、骨具有神性。龟作为古代四大灵物之一，在中国的神话传说史实中有诸多表述。传说伏羲制八卦、起蓍草时，下面伏的便是一只大龟。四象之中的玄武也是龟的形象。龟中之王，名为天鼋。《国语·周语下》有言：“昔武王伐殷，岁在鹑火，月在天驷，日在析木之津，辰在斗柄，星在天鼋，星与日辰之位，皆在北维。颛顼之所建也，帝喾受之。我姬氏出自天鼋，及析木者，有建星及牵牛焉，则我皇妣大姜之伯陵之后，逄公之所凭神也。”根据这段话，郭沫若在研究了周代《献侯鼎》铭文之后，认为天鼋就是轩辕，也是轩辕的氏族名称、徽号和图腾[①]。古人在这里是借龟来彰显政权的神圣性。骨也是如此。牛羊历来是古代游牧民族的原始图腾，如羌族。“羌”字本义即为羊人。羊作为“羌”起源之图腾，演变到其分支牦牛羌，牛又成了其图腾。因此，牛、羊也是图腾，是神物。

刻在甲骨上的文字拥有神性，自然山水也具有神性。中国人有着源远流长的山水崇拜传统。中国人的“五岳之说”就是对山的崇拜和祭祀。泰山为五岳之首。《易》之泰卦曰：“天地交泰”。所以，秦皇、汉武均封禅于泰山。泰山封禅是要禀告天，以求得君权、皇权的神授，为其政权得到合法性的证明。由此，凡盛世，唐宗、宋祖，直至清代乾隆，无不登泰山以封禅。自秦始皇以降，到泰山封禅成了制度，且为举国大事，非常隆重。如果说泰山为众山之王，在其封禅具有普遍性，是山崇拜的典型体现，那么黄河崇拜便是中国人水崇拜的具体体现。《易经·系辞上》曰：“河出图，洛出书，圣人则之。”河图洛书充满了玄机，不仅被尊为最神圣的儒家经典，而且衍生出很多神话，谶鬼。河、洛、清、浊形成了最原始的八卦的传说，至今仍在中原流传，河洛交汇之处现在仍立有伏羲庙。所以，一句话，在中国，自然山水所具有的神性对于皇权、君权、道统的承继是非常重要的。山水不仅对政权、皇权的

① 参见郭沫若：《两周金文辞大系考释·献侯鼎》，科学出版社，2003年版。

合法性提供来自于天的支持，而且还具有重要的教育、教化之用。“明堂”是古代帝王施政的场所，“灵台”是其祭祀的神圣所在，“辟雍”就是其讲学的所在。《诗经·大雅·灵台》里有：“于论鼓钟，于乐辟雍”。由此可知，“辟雍”以礼制形式体现的天子之学，自古就有，由来相当久远。现北京国子监内的“辟雍”为乾隆四十八年(1783年)增建。北京国子监占地3万多平方米，始建于元代至大元年(1308年)，是元、明、清三代国家设立的最高学府，也是唯一保存至今的古代大学。国子监的中心建筑就是“辟雍”，清代皇帝每年都要“临雍”讲学一次。“辟雍”的基本格局是中央立有建筑，四周必须环水。据汉班固《白虎通·辟雍》的说法：“天子立辟雍何？所以行礼乐宣德化也。辟者，璧也，象璧圆，又以法天，於雍水侧，象教化流行也。”天子之学称为“辟雍”，诸侯则为“泮宫”。《礼记·王制》曰：“大学在郊，天子曰辟雍，诸侯曰泮宫。”“泮宫”在建筑格局上为前有一半圆池。“泮”即为半水之意。现在很多古时留下来的孔庙还是这个规制。“辟雍”、“泮宫”这类的对水的崇拜于是又成了中国教育礼制的组成部分，也成了国家、诸侯之道统、之学赖以传承的制度化载体。所以，泰山封禅，河图洛书所体现出的崇拜是山水神性的体现；辟雍、泮宫则是其礼制性、实用性政体的体现。

从形而下的山、水的实体，演化成具有“知者乐水、仁者乐山”的精神层面的，具有辩证思想的观念、理念，再到神的崇拜，礼制的学校制度，一以贯之，相互关联。同时，因山、水具有极其广漠的自然属性，无处不在，必然同方方面面的人、事、物发生联系。所以，当中国文化里的“山水”发展到一定的程度，便进入了“士”的阶层，进入民间的阶层，演化出了山水丰富的文化内涵。

山水文化的流韵、意趣，到了世俗民间，演化出各种各样的民俗，表现为各种各样为民间所尊奉的艺术形式。王维《九月九日忆山东兄弟》一诗：“独在异乡为异客，每逢佳节倍思亲；遥知兄弟登高处，遍插茱萸少一人。”九月九登高，重阳登高、望远，赏菊花、插茱萸，在中国民间有一整套风习。在民间，不只是秋天九月九才有像登高这样围绕着山、水的各种各样活动。春天，人们要踏青，到水边沐浴、戏水；冬天，人们还要寻梅踏雪。所有这些民间广为流传的、植根深远的风俗都是山水在民间文化里的衍生。中国的文人更是在山水中寄托情怀，山水逸韵是中国“士”文化中非常关键的一种精神。“用之则行，舍之则藏。”孔子这句话是中国文人对于出仕与退隐，入世与出世，进与退的政治选择与人生态度的精炼表达。“舍之则藏”，就是浪迹江湖，放浪于山林。山水诗是中国诗歌之大宗。山水派的开创者是东晋谢灵运。谢灵运从小异常聪明。据《宋书》载："灵运幼便颖悟，玄甚异之，谓亲知曰：我乃生奂，奂那得生灵运。"①因此，谢灵运自小就傲气十足。加之谢姓为东晋的大氏族之一，与另一个大氏族王姓同是东晋司马氏王朝的支柱。唐刘禹锡《乌衣巷》中"旧时王谢堂前燕"之"谢"指的就是他家。鼎盛的家世让谢灵运的过去充满了自豪、清高。其《述祖德诗》云："达人贵自我，高情属天云；兼抱济物性，而不缨垢氛。"可见其情志之高远。谢灵运本想在仕途上大展一番宏图，然而，时不利他，到谢灵运继承家业时，谢家已经没落。加之当时东晋政局动荡，谢灵运仕途多舛。谢灵运36岁时，刘裕废除东晋，改国号为宋，史称刘宋。江山易主，世事推移。他政治上极端失意、郁闷寡欢，只有寄情于山水。《宋书》里这样记载：(他)"遂肆意游遨，遍历诸县，动逾旬朔，民间听讼，不复关怀。"谢灵运泛舟游历期间，写了很多著名的诗句，如《登池上楼》中："池塘生春草，园柳变鸣禽。"这样清新典雅的词句是他极为清高的情怀的表达。再如《入彭蠡湖口》诗中："春晚绿野秀，岩高白云屯。"春天的晚上，玉绿的秀野，原野一片清新，高高的崖上，白云漂浮。《石壁精舍还湖中作诗》中："林壑敛暝色，云霞收夕霏。"这句中，四季转换，山水加上天气的变化，所有的美，细细体察，娓娓道来。《初去郡》中："野旷沙岸净，天高秋月明。"秋月朗朗，清风爽爽，天高月明，这样的境界，让他流连忘返，暂时可以忘怀朝廷的尔虞我诈、勾心斗角。之后又坐船，扬帆。《游赤石进帆海诗》中有："扬帆采石华，挂席拾海月。"政治上失意的不是他一个人。谢灵运与其族弟谢惠连、东海何长瑜、颍川荀雍、泰山羊璿之，以文章赏会，共为山泽之游，时人谓之四友。船上一壶酒、一首诗，一群朋友，一番清风，一海明月，如此美景，在谢灵运的笔下比比皆是。他的诗写得好，据《南史・谢灵运传》载："每有一诗至都邑，贵贱莫不竞写，宿昔之间，士庶皆遍，远近钦慕，名动京师。"谢灵运晚年在其《山居赋》的注解中表达了自己的初衷："余祖车骑，建大功淮、肥，江左得免横流之祸。后及太傅既薨，远图已辍，于是便求解驾东归，以避君侧之乱。废兴隐显，当是贤达之心，故选神丽之所，以申高栖之志。经始山川，实基于此。"谢灵运就是这样开创了山水诗派。从此，山

① 玄为谢玄，奂为谢奂，谢灵运之父。谢玄的儿子谢奂愚钝，孙子谢灵运却聪明伶俐，故谢玄有此说。谢灵运的祖父谢玄在"淝水之战"中击退了前秦符坚的百万大军，并与谢安、谢石共同建立了不朽的功勋。

水诗成为中国文人精神的一个十分重要的组成部分。如果说，谢灵运是为了避君侧之乱，那么，在他之后的陶渊明躲进庐山，根本就是不屑于“为五斗米折腰”。他过的是一种大隐的生活。“归去来兮，田园将芜胡不归？既自以心为形役，奚惆怅而独悲？”，“悦亲戚之情话，乐琴书以消忧”，“倚南窗以寄傲，抚孤松而盘桓”。在这样的境界中，他自娱，娱友，消忧。“登东皋以舒啸，临清流而赋诗”，“山气日夕佳，飞鸟相与还”，这样的生活，使得陶渊明的山水诗比谢灵运传之更为久远。从陶渊明开始，中国文化里的山水诗、赋达到了一个更高的境界。后来，很多很多的文人作诗，也无不是寄情于山水，心动于万物，深深有感而留下诸多千古名篇，像欧阳修的《醉翁亭记》、苏轼的《赤壁赋》等等。

九月九登高，春来踏青，清明扫墓，这些只是民间的“俗”层面的山水逸情。“雅”层面的除了山水诗之外，还有音乐。高山流水对于伯牙、子期而言，“乐”早已不是简单的山和水了。《礼记·乐记》有言：“大乐与天地同和，大礼与天地同节。和故百物不失。节故祀天祭地。明则有礼乐。幽则有鬼神。如此则四海之内，合敬同爱矣。”这是一种至高的境界。天地山川，不是一般意义上的奏乐，动静、阴阳相合。“乐者天地之和也。礼者天地之序也。”“乐”也不是一般的乐，而是天地之和的表征。《文心雕龙·原道》有：“林籁皆响，调如竽瑟；泉石激韵，和若球鍠。”林籁是天然的音乐，也是山林里万物和响的美的表现。所以，山水之间的一切，能得其“乐”，是自然之序，是万物之理，是天地之和。知音者，亦非听声，而是能知高山流水其后的万物之序，天地之和。这是古人对“乐”至高境界的理解，也是古人为什么把“乐”置于那么高的地位的原因。

中国山水文化另外一个非常重要的体现是山水画。山水画这个称谓只有中国才有，西洋称为风景画（landscape painting）。所谓风景，必然极大地局限于景致的自然属性。山水则不同。山水不仅仅是形而下的，有来自对自然的摹状，对山水的符号反映，它还有形而上的精神意义。中国山水画有一个原则：“外师造化，内得心源”。“外师造化”可以理解为风景对自然的反映，而“内得心源”则远远不同于西方，如俄国伊萨克·列维坦（Isaak Levitan）的写实主义对自然的单纯模仿，也不同于后来克劳德·莫奈（Claude Monet）的印象派对自然光影的感受和印象的再现。中国画的山水从一开始就充满了诗意。它讲究写意，但又非简简单单地对自然的模仿；画家有精神的对形、神的追求，但又不脱离自然。自然风景与画家主观的、诗意的体验完美地结合到了一起，界诸于形而下与形而上之间。清代方士庶《天慵庵随笔》言："山川草木，造化自然，此实境也。因心造境，以手运心，此虚境也。虚而为实，是在笔墨有无间，故古人笔墨具此山苍树秀，水活石润，于天地之外，别构一种灵奇。或率意挥洒，亦皆炼金成液，弃滓存精，曲尽蹈虚揖影之妙。"寥寥几语，可谓道尽了中国传统书、画、文等艺术的精粹。王维是水墨山水画的鼻祖。他晚年归隐蓝田辋川，曾于清源寺壁上画《辋川图》。这幅《辋川图》所创造的淡泊超尘的意境，给人带来的精神上的陶冶和身心上的审美愉悦，旷古驰誉。北宋苏轼称："味摩诘之诗，诗中有画；观摩诘之画，画中有诗。"[①]诗画交融，分不清、说不明而都有、都在，能从各种角度感觉到。只有包容丰富，才可能触动观者的心灵；包融越多，触动的方面越多，可能性越多，能打动人心的地方自然也越多。实际上在王维之前，唐李思训、李昭道父子便首创了金碧青绿山水派。同期的吴道子也有著名山水画《嘉陵江山水三百里》。有很多诗句、文字赞叹、韵颂吴道子的这幅画，可惜画作已失传，现在的人只能从韵叹的诗句中感知其画作的蔚为壮观。山水画从水墨山水、青绿山水、金碧山水，一直到后来北宋米芾、米友仁父子创立的米点山水，元代黄公望又创造出浅降山水。中国画的山水可以说是一代影响一代。倪瓒、黄公望的山水影响了后来的明朝的沈周、文征明和唐伯虎。沈周、文征明、唐伯虎又影响了后来的松江派董其昌，"清初四王"王时敏、王鉴、王翚、王原祁，以及后来的王澍，一直到扬州八怪、金陵八家，海上画派等等，一脉相承。这一过程不仅仅是山水画的继承跟传承，而是山水文化、山水精神在中国绘画方面的继承、升华。"外师造化，内得心源"这八个字后又影响到民间的其他各种艺术形式上。明清时期，江西景德镇的瓷画就借鉴了浅降山水的技法。清康熙时青花的"墨分五色"也是山水画技法的继承与创新。借鉴山水画技法，表现山水的民间艺术形式还有刺绣、漆器、牙雕、竹雕、玉雕（玉山子）等等，不一而足。这些艺术形式既有文人雅士、宫廷贵族的"雅"层面的表现，也有民间世俗的"俗"层面的表现。于是乎，这种介于形而下和形而上之间的追求形成了中国文化里蔚为壮观的一个大的山水艺术群落和生态群落。

山水画的意境、情志、韵味、笔法、技法等，其实都是在形而下与形而上

① 王维精通佛学。佛教有一部《维摩诘经》，是维摩诘向弟子们讲学的书。王维很钦佩维摩诘，所以自己名为维，字摩诘。

之间，寻求自己的精神空间。既在两者之间，于是画中有意，画中有诗。不仅山水画中配有诗，山水画家也往往自己写诗，比如王维、王澍都能写山水诗，都有这方面的熏陶、素养。其所写的山水诗也非常耐人寻味。王澍在其山水画中配宋程颢《题淮南寺》诗："南去北来休便休，白苹吹尽楚江秋；道人不是悲秋客，一任晚山相对愁。"晚山、晚风、秋山、秋风，有多少愁？不言，不谈，自己去体悟。画中追求的境界绝不只是看得见的山，看得见的秋色，看得见的旅途，看得见的水。山的绿，水的曲，山的静，水的动，这些都只是形的层面。画家们追求的是一种诗意的境界，他要把一种愁、一种对着秋山的愁画出来。这个愁怎么画出来？怎么让人一看此画就能感悟出来，就能生出共鸣，就能有"一任晚山相对愁"的境界。画家需要定格表现的是无形的精神，是人游动的情、游移的思，它看不见，也摸不着。这就是中国山水所追求的意境、情志、神韵，它绝不再是形而下的对自然的模仿，不再是风景画可以表现的，而是一种至高的境界。这种境界在中国山水画里面是相当普遍的。山水之意稍转便成了山川、山岳，又成了江山、河山、山河。这种变化从纯粹语用学上看只是简单的同义词转换，如"山"跟"岳"是同义词，川、江、河、水也都是同义词，可是组合的形式不同、顺序不同，其蕴含的意蕴也大不同。江山使人感悟到的是江山永固，万里江山就是国家政权。山河也是如此，山河破碎，"待从头收拾旧山河"，此时的"山河"也已经成为了国家领土的象征，激发了多少仁人志士慷慨赴死，为民族马革裹尸，洒一腔热血。这也是为什么抗日战争时期，很多爱国志士、将军、文人都爱在自己的家中挂上一幅豪迈、粗犷的"还我河山"牌匾，以示其保家卫国，抗敌、杀敌、收复河山的气概。山水发展到如此境界之后，既而看山水、看画就已经不再是山水，不再是画本身。江山如画，画如江山。

山川、山水还是中国文人浩然正气之养成、文人精神之承继的重要载体。中国文人非常强调读万卷书，行万里路，如司马迁就遍历名山大川。理论跟实践，书斋跟现实，只有遍历名山大川才能真正的领悟，只有在名山大川中才能养就高风亮节，才能登高而望远，才能更上一层楼，望尽天涯路。中国文人的精神是在名山大川，在山水中历练出来的。

名山大川的游历同时也是中国文化的再生和创造之过程。古时文人凡游名山大川都会留下相关记述，如宋苏轼《赤壁赋》："壬戌之秋，七月既望，苏子与客，泛舟游于赤壁之下。"再如徐霞客留有《徐霞客游记》，郦道元的《水经注》，欧阳修的《醉翁亭记》，王羲之《兰亭集序》，柳宗元的《小石潭记》

等等。所有这类的文字，诗歌、还有大量的对联、书法、题刻、摩崖造像无不是中国文化精神生长的一部分。中国古代的文人自蒙学始，受的就有山水精神的教育。古时蒙学教材，如《千字文》、《龙文鞭影》、《幼学琼林》等等中，关于山水的诗歌举不胜举。《千家诗》里就有李白的《峨眉山月歌》、苏轼的《惠崇〈春江晚景〉》、杜甫的《江畔独步寻花》、王之涣的《凉州词》、王昌龄的《出塞》等等。前人写下的优美诗句，在幼学中又成为后人学习的营养，如《千字文》，从"天地玄黄，宇宙洪荒"开天辟地讲起，一直讲到世界的形成，历史的演化，人生的历程，自然也包括了很多读万卷书行万里路，寓情于山水的内容，如："宣威沙漠，驰誉丹青；九州禹迹，百郡秦并；岳宗泰岱，禅主云亭；雁门紫塞，鸡田赤城。"《龙文鞭影》里："郸仙秋水，宣圣春风。"典故、成语和山水融为一体。《幼学琼林》还专门提出了地舆："黄帝画野，始分都邑；夏禹治水，初奠山川。宇宙之江山不改，古今之称谓各殊"，"东鲁西鲁，即山东山西之分；东粤西粤，乃广东广西之域。"蒙学教材中有了山水的熏陶，山水文化的养育，既而，亲临其境，遍历名川，于是，又生发出新的感悟和对山水的创造。其表现形式不一而足，或诗、或画、或书法、或赋、或文。文人们聚集时相互吟诵，如《赤壁赋》里边"诵明月之诗，歌窈窕之章"，似乎是温故，然而又不限于温故，还知新，他写出了《赤壁赋》。所以，山水之中，文化既承继又发展，新的东西不断地在原来基础上创造出来。于是，山水文化越来越发达，越来越兴旺，生生不息，与民族共同生长，与山水万古长存。

山水文化从形而下到形而上，其教育不是一堂课，也不是一点知识，而是一种精神，一种生生不息的生活方式，是一种中国人之所以为中国人，民族认同的文化行为产物。所以，中国的自然山水总有历史的遗迹，总是自然与人文，形而下与形而上的佳妙组合。从自然山水的形而下模仿，生发到形而上的追逐，再还原为器物、物质的载体，化为自然风光、山水"景"的人文精神，这便是生生不息的中国山水文化，山水教育的真谛。

说"一"

《道德经》中有"一生二,二生三,三生万物"。"一"最直观的形象就是在平原上或海面上的天地相接之处,透视学上称之为视平线。在视平线以上的东西,越远越低,视平线以下的东西是越远越高,至天的尽头,则水天一色,所谓"孤帆远影碧空尽,唯见长江天际流"。以地平线为基准,在上的是天,在下的是地。"一生二",有天与地,而后化成万物。天,有日、有月、有星、有云,有二十八宿,三十六周天;地,有山、有水、有花、有鸟,并且四季变换,所以万物盈焉。"二生三"的"三"指天、地、人。天、地、人在中国思想中被称为"三才"。《文心雕龙》有言:"仰观吐曜,俯察含章,高卑定位,故两仪既生矣。惟人参之,性灵所钟,是谓三才。"正是有了天,有了地,有了人,有了万物,世界才开始运动,才开始有了对万物运动的认识和对万物运动的利用。

"一"是中国文字里最简单的字,然而它所包含的意蕴却又是最丰富的。东汉许慎的《说文解字》中对"一"的解释是:"惟初太始,道立于一,造分天地,化成萬物。凡一之属皆从一。"中国文化中,"一"为万物之始,是太始、太初,并与太易、太素、太一、太乙、太极密切相关。"惟初"即"太易"。依钱钟书先生《管锥篇》释义,中国"易"的概念充满了辩证法,其共有三义:一曰不易、二曰变易、三曰交易。元气未生之初,无气无形,为"太易"。什么都没有,自然也谈不上变化。由太易而至太初,始有气。有气无形,所以无名。看不见它的形状,自然也无法命名,所以老子说:"无名天地之始;有名万物之母。"由太初而至太始,有形;而至太素,有质。所以,太易、太初、太始、太素实际上就是造分天地的具体阶段。

中国文字造字是从"一"开始的。在中国文字中,上面的一横永远指天,下面的一横永远指地。比如"生"的甲骨文(见图一),其所象征的意义是草木从土里生长出来,它下面的一横就是指土地。还有诸如上、下、元等等都是"从一之属"。"从一之属"中有一个非常重要的字"工",其甲骨文字形与现在同。这个字表达的是把天地连接起来,通天绝地,丈量天地之意。所以,"工"之义并不是做工和工商之工,不是简单地追求利润,而是要顺天应地,符合自然规律地去做。这也是《考工记》"考工"之义的由来。"工"字承

天接地乃是一个空间概念，再加上时间之维，汉字中的表述为甲骨文“巫”字（见图二）。巫是通神的，

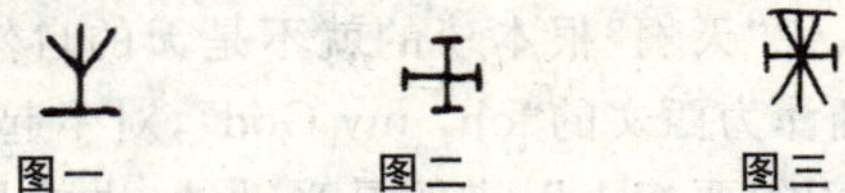

图一　　图二　　图三

是关心人与天、地、时间系统关系的人。汉字中凡跟“神”有关的字的偏旁都是“示”。“示”的甲骨文形象是一个平台，“一”在其上，表示来自上天之意。汉字中帝王将相的“帝”字也是如此。最早“帝”字上面不是一点，而是一横（见图三），因为帝王是秉承于天。研究甲骨文的著名学者胡厚宣曾考证，甲骨文中多次出现的“一人”、“余一人”乃是君王的自称。“一”者，天下唯一之意。后来演变成朕，孤家、寡人。所以，帝王的称谓也是来源于“一”，以示君权神授，天意。

“一”是天，天有常，它的运动是有规律的。所以，人类的行为要顺天，而不能逆天行事。古人了解天“常”，首先也是要看天，观天象。《周易·系辞下》有言：“古者庖牺氏之王天下也，仰则观象于天，俯则观法于地，观鸟兽之文，与地之宜，近取诸身，远取诸物，于是始作八卦，以通神明之德，以类万物之情。”观天以知天“常”，然后按照天“常”指导自己的行为。汉字中的“时”字，在造字之初便是与此义紧密相连。甲骨文中的“时”字（见图四），下面是一个中间有一点的圆，表示太阳，上面是两个小勾，表示脚。所谓天时，便是天运动的节奏和运动的规律。小篆的“时”字则更形象（见图五），上面是“止”，意思是

图四　　图五

脚，下面是甲骨文的“手”字。太阳出来了，脚跟着太阳走，手跟着太阳动，便是“时”。“日出而作，日落而息”，这是最简单，也是最简朴的天地之道。太阳的运动决定了万物的生长。整个大自然随着四时变换，随着天地系统的运转，丝丝入扣。春天，植物发芽出土，到了秋天，植物要结果实了。动物也是如此。二十四节气中的“惊蛰”，即冬天蛰伏起来的小虫要醒了，要起来了。花的嫩芽上有了蚜虫，瓢虫就来了；瓢虫出来了，小鸟也就来了。所有的这一切就是天时。天时不可乱，也乱不得。孟子讲天时、地利、人和，天时是第一位的。所以，项羽打败了要哀叹：“时不利兮骓不逝”。中国人的“时”绝不同于英文里的“watch”或“time”。英文中的“watch”是指计时器，

而“time”意为时间。它们的内涵远没有中国“天时”的概念意蕴丰富，即便中国的“天”也无法在英文中找到一个合适的词语来翻译。假如翻译为“the sky”，对不起，中国人说“天啊”根本谈的就不是天的自然属性，而是它的文化性和神性。那么翻译为西文的“oh, my God”，对不起，依然错误，中国人讲的“天”是“天要下雨娘要嫁人”，讲的是受动性，讲的是无可奈何。所以，中国人的“天”，既有自然的天之意，又有文化的天。

中国人的语言系统与西文的语言系统之间有一个天生的障碍，无法简单对接。汉语中还有一个典型的字是西文无法翻译和理解的，就是“道”字，即前面讲过的“惟初太始，道立于一，造分天地”之“道”。“道”与“一”是密切相关的。著名汉学家李约瑟就把这个“道”理解错了。他没有分清中国的“道”和道教的关系，他以为道教就是信奉“道”的教，由此认为中国的科学产生于道教。实际上，中国的道教形成于魏晋时期，而“道”要远远早于道教。“道”要先于天地形成之前，所以才能“道立于一”，并化生万物。老子说：“人法地，地法天，天法道，道法自然。”何为“道”？中国的“道”共有五义。“道”的第一层意思是本体。本体对应的英文是“onology”，“ology”为词根，所以，其本义为关于“on”的逻辑体系，所有关于“on”的学问翻译成中文叫本体论。本体论是现代哲学的三大构成部分（本体论、认识论、方法论）之一。中国文化里的“道生于一”，“道一”就是本体意义上的“道”，是没有天地万物之前，将要产生天地万物的本体。“道”的第二层含义是规律，也是一般意义上认为的“道”。规律本为西方哲学中的概念，指不以人的意志为转移的、客观的运动。事物都要如此运动，因为背后有个“道”，有个规律。“道”的第三层含义是信仰、理念和追求的宗旨。正是在这个意义上，中国人讲“道不同，不相为谋”，讲“朝闻道，夕死可矣”。“道”还有第四层含义，即方式、方法。中国人常说“以其人之道，还治其人之身”。这个“道”就是方式、方法，甚至指程序。“道”的最后一层含义才是指道理，指一套方法理论，及其组织形式和系统。所有这五种含义叠加起来才构成了中国文化里的“道”。中国的“道”，如果解字的话，意思为脑袋在走。实际上不是脑袋在走，而是脑袋里的思，脑袋里的魂，脑袋里的意志，脑袋里的神在走。更何况脑袋里的思、魂、意志和神是不受人所在的时空位置限制的。人在此而心可在彼，人在现在，心可以在过去或者未来。所以，中国“道”的含义极深。

上面讲的是形而上的，纯抽象的学理层面的“一”。“一”也有其形而下的体现。

《公羊春秋传》有言：“元年春王正月，公即位。”这句话虽然字面上简单，但里面却包含了很深的含义。其中“王”读入声，为动词，是统治天下，行使王权之意。董仲舒在《春秋繁露·王道通三》篇中对“王”字的解释：“古之造文者，三画而连其中，谓之王。三画者，天地与人也，而连其中者，通其道也。取天地与人之中以为贯而参通之，非王者孰能当是？”“王”与“元”都是“从一之属”。元者，元气之始也。“元年春”之“年”字的甲骨文（见图六），上面是

图六

一个禾苗的“禾”，下面是只手，所以“年”最早的意思就是庄稼收成，这也是为什么农耕民族都要祈年。年有四季，周而复始。春为一年的开头，所以为四时之始。“王”者为政之始。“正月”乃历法所定，为文教之始。“公即位”者，一国之始。此“五始”在中国文化中被称为大一统，即人的政治制度、统治者的行为、老百姓的农事，以及天地万物生长的节律要合在一块。天在运行，万物生长，人的统治合在一块才叫大一统，而不是现在通常理解的封建大一统。它背后强调的是政治制度和政权的运行要跟天地自然系统契合在一块，形成一个有机的整体。重庆有句话叫“归一”，即“九九归一”，把万物归到“一”。九九之数已到阳数之极了，最后又归为了“一”，既是开阔的，又是归纳的。“一”展开，生发万物，然后又能回到“一”，同时包含思维的两个品质：演绎和归纳。它是一个非常了不起的思想。

中国人最讲“天人合一”，不仅政治制度要从“一”中寻找其合法性来源，中国人的生活、生产也与“一”息息相关。比如采集，春天到山上去采橘子，漫山遍野也找不到，而秋天不用找，到处都是。天时决定了采集的时间。再比如鱼汛，江里面的鱼不是随时都能够打捞得到。鱼的生长受天时的影响，所以渔民大都懂得什么时候有鱼汛。游牧也是。风雪漫天，雪灾，好多牲畜都会冻死，而到了春天，草原上又是蓝天白云，牛羊满圈。农耕更是如此。关于“天人合一”思想与农耕社会的关系，钱穆先生分析了很多，他认为，“天人合一”是中国思想、中国文化对世界最巨大的贡献。农民常说：“有收无收在于水，收多收少在于肥。”有水无水，下不下雨，这是天；但施肥多寡，精耕细种则是人事。所以，才有了“谋事在人，成事在天”，有了“尽人事，听天命”的人生态度。中国人的成长也很注重“天人合一”。中国人过生日要吃面条，拜寿要称寿比南山，取意为跟山一块生长。生日题中应有之义为生命跟着阳光走，生长伴随着阳光，而不该是像西方的生日那样把蛋糕肢解了，把蜡烛吹灭了，但现在西方的这一套却大行其道。中国文化里，孩童成年要行

冠礼。孔子说:“三十而立,四十不惑,五十而知天命。”到了三十岁时,人就应该对天下的事情有自己的看法,有自己的解释系统;到了四十岁,不惑指这套想法跟世界万物的互动已经不会再轻易更改;知天命就是懂得了天地万物的季节更替,天地万物运动的规律。所以,中国人的人生历程始终跟天密切相关,始终要顺天命。

现代人的生活节律出现很多麻烦。比如中小学中有大量的早恋出现。早恋并不仅仅是孩子的心理方面出现了问题,并不是他们图好玩,而是他们的内分泌发生了变化。现在孩子们吃的大量的东西都含有激素。鸡、鸭本来需要长一年,现在二十几天就上市。不好吃,但长得飞快。平常吃的菜是这样,庄稼也是催肥的。现在大量宣传的反季节蔬菜莫不如此。这些都是非自然生长的,没有随着自然的节奏,是违天时的东西。人吃了,生理上自然也不会符合自然生长的节律。美国一个黑人小女孩 7 岁就来月经,开始步入了性成熟的阶段。据统计,香港孩子步入性成熟的年龄大约在 11 岁,远低于少数民族地区的 17 岁。中国内地没有统计,但是性成熟提前是毫无疑义的。有了性成熟,就会有性爱,一加一于是就不再等于二了,而这个结果是本身还处在生长阶段的孩子无法承受的,由此又出现诸多心理问题和社会问题。还有幼儿园,现在有些幼儿园搞炒作,把喇叭放得很响,大音量不仅使孩子心理上容易产生狂躁情绪,大到一定的分贝,孩子的鼓膜都要被震破。现在的媒体也很糟糕,做小孩子的节目,主持人都在跟小孩子调侃,什么帅哥、靓女。小孩无意之中都在说这种话。这种心理暗示的影响是整个社会的灾难。所以,一,食物结构上;二,生长环境上;三,舆论导向上,全都使孩子开始违反“天人合一”的自然节律。这样成长起来,人长大了,可是社会乱套了。

道生于一,造分天地,化成万物。这种思想是至为深远的,也是中国传统文化中贯穿始终的思想。实际上,衡量人行为的正确性,政治制度的合法性,就在于是否顺天意。顺天意之“天”不是抽象的天,封建迷信的天,而是万物生长的秩序,万物生长的节律。只有和天意,顺天命,王权、君权和政权才有所谓的神授的意思在里面。现在大量盛行的思想是人定胜天,“天”这个意思现在是被彻底地颠覆了,弄错了。所以现代人更需要仔细体会“一”,更要真的懂得“一”。“一”看起来简单,实际上却又不简单。

(本文根据作者在重庆工商大学演讲录音整理)

说“中”

汉字“中” 拼音：zhòng，zhōng。在中原这个地方，对“中”字的认识和理解可谓久已，在这个地方谈“中”，适得其中，恰好，可以说是当时当地。

“中”字是个独体字，在工具书里从“竖”旁，但是它的真正含义是什么呢？这就要从“中”字的起源说起，“中”在甲骨文里的写法有“[illegible]”“[illegible]”两种写法，意思是“旗杆”，上下有旌旗和飘带，旗杆正中竖立。那个上半部分往左往右是一样的，风一变这个旗子飘的方向就改变了，吹南风它就往这边飘，吹北风就往那边飘，所以“中”最早是“旗”的意思。它最正确的部首应该是“㫃”，“㫃”这个部首的字我们还可以找出很多，如红旗的“旗”，“旌”等，还有民族的“族”，把红旗的“旗”下面变成箭头，变成“有的放矢”的“矢”，所以“族”也在这个偏旁里。而“方”是什么部首呢？“方”本来的部首是“船”，并行的两船。再说“中”，正因为它是旗，这旗插在哪里呢？插在当中，因为它是旗，这才是中原这个地名“中原”由来的关键，因这个旗插在这里，这块地叫中土，旗正插在当中，所以它是中土，又因为它是平原，所以它是中原。下面从空间意义的中、时间意义的中和人事意义上的中三层意义上来讲“中”的含义。

一、空间意义上的“中”

1. 天之“中”

要讲天之“中”，我们先来讲讲中国古代的一个宇宙模型——天圆地方的模型。

河南省濮阳市出土的那个贝壳龙、虎图案，其基本结构是，在人的两边分别有左青龙右白虎，还有上下。其基本含义是，因为有了中，才有上下左右，即先以中作为基准和标准，而后才有上下左右。此濮阳出土的贝壳的龙、虎，以上下左右作为结构，证明中国古人早在将近 7000 年前，就已经具备了完整的这个“结构”的思想。什么思想呢？天地的结构，宇宙的模型，即天圆地方的空间宇宙的模型，地是方的，于是先找到中，而后确定上下左右四方，这个结构就是个“一点四方”结构。这个空间概念的形成，古人在认识它的时候，濮阳的那个贝壳龙，绝不仅仅指最早出土这么一个简单的意义，更重要的是那个贝壳龙旁边还有一个用人的股骨头、大腿的骨头加一点贝壳摆放的北斗星，有“斗”在里面。请注意，最重要的是“斗”。在古人的认识观念里，“斗”是人们确定天之中的关键。上面是天，下面是地，天中地中和在一块儿，才叫一个完整的天地、宇宙系统。

说到“斗”，我们首先想到的是北斗，那么北斗是什么？北斗的形状，是个勺，斗。这个斗的意思绝不仅仅是个象形的“斗”，我们以前有个错误的表述，而且这个错误的表述流传得相当广泛，中国四大发明，第一就是指南针，中间摆着勺，这个勺就是这个“斗”。其实它远远不只是个指南针，它有指南的作用，更重要的是，它是一个天地宇宙的模型，它是中国古人对天地的定位。

没有“中”，天地万物是没有秩序的。天地万物归其位，“斗”先要确定，也就是确定“中”在哪里。天中的这个“斗”又叫天枢星，因为它是天的枢纽，所以它转动，我们现在知道地球是围绕太阳转的，月球围绕地球转，但是古人认为地是方的，天是圆的，天圆地方。人们每天看到的天是圆的，天在转，于是思考是什么让天转的呢？古人认为是“斗”让天转的，所以“斗”是天中的所在。

我们从一个典故可以举例说明，我们的祖先黄帝，名轩辕，从“车”旁，轩辕皇帝驾的车就是这个天枢星，驾的这个车在行走打仗，所以是尊，他驾的这个车又称帝车。

皇帝驾的这个车——“斗”在天上转，这个转就有了四季的变化，斗柄东指，天下皆春；斗柄南指，天下皆夏；斗柄西指，天下皆秋；斗柄北指，天下皆冬。所以这样才有了一年四季，才有节气。比如昨天就是谷雨，尽管下雨有点讨厌，有点冷，但是谷雨非常重要，这个季节，对于黄河中下游平原、华北平原来说，大量的小麦要灌浆，这个时候谷雨正好应了这个季节，所以“斗”的运动有四季，四季有节气，节气紧扣农事，所以天之中非常重要。

这是在空间位置上，要确定空间、定位、坐标，天之中为“斗”，于是北斗星才有这样的诗句“每依北斗望京华”。杜甫是河南人，后因战乱逃难到了四川，困在奉节那个地方，又穷、心里又盼着回到北方，回到中央，所以看见天上出现的北斗星，就写了“每依北斗望京华”这样的诗句，因此有了奉节的城门叫依斗门；也才有了“抬头望见北斗星，想念恩人毛泽东”。渐渐地把它演变成了天上的北斗星所在地，便是地上中央的所在地。北斗不是北方的意思，它最简洁的称法就是“斗”，泰山北斗，泰斗是这个意思，是天之中，决定天的定位。

2. 地之中

前面说到，“中”是“旗”的意思，根据古文字学家、考古学家唐兰先生的考证说，“这个旗，插在当中，以聚众”，意思是把旗插在中，让大家看得见，召集起来，聚众，让大家看得见，所以这个“中”非常关键。河南有座主要的山——嵩山，嵩山又叫中岳，但是很少有人知道，嵩山旁边还有一座山，它的名字就叫插旗山，这个插旗山地名的保持，就是因为在中岳要插旗，为什么要插旗呢？

前面我们说天上北斗星所在地，便是地上中央的所在地，即先有天之中，然后再寻地之中。凡帝王，一定要寻地之中，所以对地之中的理解探寻，自古使然。开封就曾经被认为是地之中，所以做过帝都，洛阳也被认为是地之中，长安也被认为是地之中；后来认为北京是地之中，所以北京的地之中，我们站在景山往下看北京故宫，看到的中轴线，日坛、月坛、地坛、天坛，整个天地日月的这种分布和中间的这个皇宫，所有的这种对称所做的文章都在寻找地之中。找到了地之中，我是对应的天之中，我才“奉天承运”，我才“君权神授”，我所行的一切才顺应天意。

那么在古人的观念里是如何来找地之中呢？古人认为地是方的，找“中”非常重要，这个再从插旗说起，古人什么时候插旗呢？两件大事，“国之大事、惟祀与戎”，这是《左传·成公十三年》里的两句话，即国家最大的事情是祭祀和打仗，这两件事的举行，时间一定要准，否则有人先到，有人后到，无法集中进行。古时候没有时间，看什么呢？日中为祀，以此统一时间，并插旗号召大家这个时候来。假如打仗插的旗，插到不“中”的地方，一边走的距离远，一边走的距离近，来的时间就不一样，而且有可能一边看得见，一边看不见，我们知道打仗讲究团结，这边先来的，死了，那边后来的，又死了，但大家一起来，这仗就打赢了。所以“祀与戎”这些事情，一定要同时，怎么同时呢？插旗。那么为什么要把旗插在河南呢？地下的这个“扪参立井”，你看我们以前有井田制，中间有个“井”，这个方的土，就是中土，就是中原。四通八达，控制了这里，前后左右到达的距离最短，所以这个地方要成为逐鹿的对象，逐鹿中原。这些成语都是这么来的，是为兵家必争之地。那么所有这些围绕中原发生的事情，在以前，它背后所体现的都是这个意义。所以河南才会有插旗山，河南这个地方因插旗变成了中心。

接下来是国家的“国”，繁体字是“國”，中间是“拿着一块戈，保卫着一片土”。国的甲骨文，也是拿着戈保卫土地。这个“族”字的解释为：打仗的时候，凡我族类，带上一支箭，这个箭就是“有的放矢”的“矢”，带上你的武器，在我的旗下面集合，就是我族。我的旗召唤的时候，你来了即为我族，不来即为匪类[①]。不是跟我一类的不来，你能来的就是拿着箭到我旗帜下来，所以甲骨文的“族”字，下面画的是一只矢，所谓“非我族类其心必异”，意思就是凡我族类，你一定要到我的旗下来表示。

例如，直到今天在最重大的事情上，旗帜也是代表国家，比如今天全国致哀，降半旗，降的就是这个旗。中华人民共和国收回了香港、澳门，也是降的米字旗，升起的五星红旗。这个旗所保留的原始的意蕴，至今还在。因此旗竖在当中，竖旗的地方就代表中央，然后这块地方叫中土，这块地方又叫中国，所以中国人应该知道，中原人更应该知道。

因此，“中”的第一个含义，是空间位置上的中。上，天之中；下，地之中，天地对应。整个空间上的中，又同九州，九州的中间是中州，天上的斗划一圈形成一个圆[②]，把 361°每 10°算一个格，每一个格算一个相应的神，所以 36 天罡，《水浒》36 天罡，他是天上的某颗星下凡，地上相对应 72 地煞，所以《水浒》是一百零八将。这样天上、地上的合在一块儿，天上的把它按照四方分，每一方七个星宿，东方苍龙（角、亢、氐、房、心、尾、箕）南方朱雀（井、鬼、柳、星、张、翼、轸）西方白虎（奎、娄、胃、昴、毕、觜、参）北方玄武（斗、牛、女、虚、危、室、壁），28 星宿分为四方，所以“井”“参”代表西和南，例如从中原到四川，李白诗里的“扪参立井”，表示他只能看到西边的参，南边的井这些星宿，所以他写的是“扪参立井”，他不能写其他的，为什么呢？因为他走的是青泥岭，翻秦岭，越青泥到达四川，所以《蜀道难》他写的是“扪参立井”。天上的 28 星宿，36 天罡，这个天盘是在运动当中的，他的运动和地上的九州正好相合，那么天地的这个相合，古时候称为“临”，就是天上的这个星正好

① 这个“匪类”不是土匪的意思，后来才演变为土匪的意思，它的意思是“不是我类”。

② 中国的这个斗画的这个圆，准确的还不是 360°，多一点是 361°，跟西方的 360°有区别。

对着下面的这片土，因此皇帝到后宫叫临幸。我们由天上一个中，地上一个中，得到空间位置上的定位，天地系统的定位，中是它的中心点，是一切标准的基准。

二、时间意义上的“中”

时间上的“中”，意思为时间上的恰如其分，这是非常重要的。“时”的甲骨文是“時”，左边是个“日”，右边是手和脚(本来是圆的，但由于后来刻的时候不方便，使得我们的字，变成了方块字，后来又经历一个小篆，那个时候因为用毛笔写字，所以又把它变圆了，这样由圆变方，又由方变圆，很多字失去了它原来的意思)。我们现在文字当中，你看到的“寸”绝大部分都是“手”的意思。如“符”字，意思是一个人手里拿着竹子，你一块我一块，符合了，即是作为一个凭证。再说时间的“时”，意思是太阳出来了，我们该跟着它走，人的行为跟着太阳走即为“时”。如“日出而作日落而息”的句子，描述的是一个人事活动，要随着天体的运动而动，这就是“时”的含义。而英文里的“time”只是一个时间，一个计时的工具。

再比如说楚霸王最后哀叹“时不利兮骓不逝”，这里的“时不利”不是时间不对头，而是“天时”——整个天地万物运动都不顺我楚霸王的心，所以项羽才要败。到此我们才知道孟夫子讲“天时、地利、人和”，这个“天时”指人的活动，要顺从天地万物的运动。因为天是主动的(天行健)，天决定下面一切跟着天动。所以谷雨这个季节，天下雨了，风调雨顺小麦灌浆，用不着大家去抗旱，顺了天意可以省很多事。

天地万物都有一个生长的季节，都有一个生长的次序，又都有一个演变的周期，所有这一切，叫它“天时”。所以当我们谈饮食与教育的关系时，孔夫子曾讲“食不厌精，脍不厌细”里的一句话“不时不食”，顺天时节省能量，最省事，最聪明，所以当你这么做的时候，你是最聪明的，为什么呢？我们地球上得到的最大能源来自太阳，[太阳的运动，你从它那里得到的能量，你善于用了]。比如修房子要坐北朝南，这样冬天采光最多，以前家里没有空调没有电的时候，也能取暖、烧炕，要保持与家里同样的温度，以便适宜人居住。否则材料消耗会很多，旁边的山上被砍掉的树就多，环境就越来越不好，于是成为一个恶性循环。这个例子背后的道理，古人用风水来讲，实际上讲的还是一个“时”的关系，即人类怎么跟太阳的运动、天体的运动相适应——顺其时，所以孔子说“不时不食”这个话，真了不起。

一种物种生长起来，不单单只是这个季节的事情，它是所有物种的问题，是所有物种的最佳组合。还有老子讲的：顺自然，人法地，地法天，天法道，道法自然。这个话背后的含义是极深极深的。比如我家楼下有一小块地，种着一些花花草草，到冬天之后（北方很明显）万物萧飒，植物非常聪明，把自己的能量储存在种子里，藏在地里。种子破土，发芽，一定要到春天。现在的植物学家告诉我们，种子的开裂是由于内部的压力增大，怎么增大，这就需要水，春雨贵如油，所以杜甫说“好雨知时节”，正好种子要生长的时候，雨来了，种子膨胀发芽，这叫雨应了时，风调雨顺，然后蚜虫就出来了，吃刚长出来的嫩叶，蚜虫在这个时候知道孵化。现在生物学家说，这叫生物节律，实际上在古人看来背后都是“时”，这个小芽出来了，有了蚜虫，蚜虫出来了，有了瓢虫，再有了小鸟，所有这一切的气候古人认为都是“时”在起作用，所以有人把儒家孔子的学说叫做“时中之术”，那么“不时不食”的意思就是，不到这个时间的、没有长够的、不对的，都不要吃，但是我们现在大量的反季节蔬果，大量的饲料鸡（猪、牛、鸭、鱼）等，本来长一年的缩短为长 20 多天，被歌颂为农业的高科技。这会引出来很多问题，动物本来是自由地在野外生长，可是现在被关起来了，集中起来了，它自己要找的“时”被人类强制地给了它，为了不让它生病，又给了它很多抗生素，所以化肥、农药、激素等各种各样的东西，被冠以科学的名目，让它们去吃，动物吃了这些东西以后，进入了人的食物链，于是就有了美国黑人小女孩儿的性成熟，我们中小学生的早恋，其根本的问题是他们吃的东西不对，他们的身体发育使他们有了这个需求，他们需要跟异性去交往，所以才有了这些问题。为什么呢？“不时不食”这条没做到，吃了大量的不时之食，所以时间上的“中”、“时”的恰当是非常重要的。

三、人事意义上的“中”

孔子讲的“中庸”，是“中而庸之”的意思，“中而庸之”首先要“问中”，即天地万物的空间位置，现在的哲学讲时间、讲空间、然后讲运动，而中国古人用一个“中”字，把这三个涵义全包括了。一是这个“中”是时间上的中，二是时间上的“中”，三是运动的“中”，要研究万物的运动，必须知道它的最佳状态是什么？它恰如其分的火候在哪里？

在中国的《易经》里，一个非常重要的材料是蓍草，这是占卜程序的第一步，也就是“问中”，做事之前要先研究天地行，研究一个事物的运动，事物与事物之间的关系。这即为“问”，探问、究问、询问、研究、分析、观察，了解事物的一切，是否实事求是，这些思想都包含在“问”里头。然后才是“用中”，在汉字里，这个“周”字有个说法，它是从“用”字来的，甲骨文的“用”，这么写“用”，中间是一个中，然后上边天上一横，“用中”这一横是非常重要的，在这个“周”字里头，“周”就是周详、周密以及是否把所有的关系都考虑在里头了，（用之前，一个口，问），所以“周”是周密、周详、谋定而后动，这才是“周”的本意。因此问中是第一步，用中是第二步，执中是第三步，问中、用中、执中，也就是说一个事物、一个运动，处理各种关系、人、物，所有的问题当中有一种态度，找到了“中”，这就叫“中庸”，中庸是种非常深刻的哲学思想，绝不是折中，以前批评中庸之道就是不偏不倚，这是瞎说；“中”是恰当，当偏的时候要偏，不是不偏不倚，不是冒失公允。

四、中国教育之“中”

中式教育的核心思想，在中国传统教育里就一个“中”字。中国教育要讲的东西，是天地万物运动当中的模型的一个组成部分，文以载道，所以“禮教”。“禮”的核心含义不是见了人要有礼貌，“禮”的根本含义是对天地万物的根本态度，苍璧礼天、黄琮礼地，这就是对天地的尊重。中国古代讲的这个“禮”不是讲三从四德，它讲的是一个对待天地万物的态度，在这个对待当中应该怎么做，所以这个思想是中国古代教育的核心，因此中国古代才有“天地君亲师”，天是一、地是二，表示对天地的尊重。现在我们知道要保护环境，要可持续发展，知道不能随便说“人定胜天”之类的话了。从中国的教育强调的这个“中”，可以看出中国教育最核心的理念是研究每一个人，针对每一个人不同的个性，设计出他发展所需要的，用维果茨基的话说叫“最近发展区”。找到这个“中”的教育就是成功的，这样，老师给学生的东西才正是他需要的。

例如我们吃东西时，只有先熟悉物性，才能“食不厌精，脍不厌细”，才能把食物的特色烹饪出来，才能不把所有的菜、所有的物变成一个味儿，所有的菜都是一个味道，天天吃一个味，相信大家两天就不吃了。为什么要换口味？除了新鲜以外，本来大脑的结构就是兴奋、抑制，老是兴奋一个点，人很快就疲倦，所以要换兴奋点，这是人性，所以孔子讲“食色，性也”，这个“食”是讲厨师只要能找到它的物性，才能烹饪出好的东西，所以“食色，性也”不是讲享受，是讲认识物性。我们的教育更是这样，认识人性，认识每一个人的个性，找到每个人的个性特点，依据个性的特点去学习，只有这样每个人才能成功，怎么设计才有了基准点，这个基准点在中国话里就是“中”。

最后我们用河南话里的“中”来结束我的演讲，河南话里的“中”(zhǒng)，音调里的拐弯包含一个问的过程，所以河南人好好体会自己的“中”，居之中，要识之中，继而用之中，倘做到这样的学习，那么我们的发展就“中”了。

（本文根据作者在河南大学讲座录音整理）

我悟治学

所谓治学，对中青年教育理论工作者而言，当是指创立具有中国特色的教育科学体系。要实现这一目的，首先得有个起点，这个起点就是对教育科学现状的清醒认识。没有这样一个起点，该做些什么，怎样做都会稀里糊涂，遑论“治学”。

我对我国教育现状以及教育科学的现状的理解是有个过程的。20 世纪 70 年代初，我为生计所迫，到处代课，从体育、音乐到语文、数、理、化，可谓“十项全能”，无所不教。代课教师的职责是“缺什么，教什么”。不是你需要，而是需要你。那段时日，在饱受劫难之后，我算是对我国教育现状，有了一个清醒认识。1977 年高考改革，我考入西南师范学院历史系，4 年本科学习中，有一门教育学，这是师范院校学生必修的公共课之一。当时，薄薄的一本教育学，竟上了整整一学期。不少同学都是在考试前数日看看背背也就拿了一个较好的成绩，那竟是我接触的第一本“系统的教育学”教科书！于是，我又对教育科学的现状有了初步认识。当我把这两个强烈的印象组合在一起之后，我深深地震惊了。如此灾难深重的中国教育单靠这样的教育学——受凯洛夫体系影响极深的“四大块”教育学体系——就能得到振兴？就能很好地适应社会日益增长的对教育的需求？

国际上有诺贝尔奖，有菲尔兹奖（数学奖，有人亦称为数学方面的诺贝尔奖），有奥斯卡金像奖，有普利策新闻奖等，总之，名目繁多、盛誉空前。国内亦有不少重大科技进步奖之类的奖项。虽然这类奖项不是多了而是少了，但我却始终有一个迷惑，为什么这些奖都着眼于奖励某一具体的成果，而忘了奖励创造这些有形成果的人才——能成其为人才的无形的教育呢？在这些领域做出重大贡献的人无疑该得奖，但是，教育科学呢？教育科学是研究人的全面发展的科学，姑且不论其他，单就提高人的素质的学习过程而言，其复杂性就远远超出以物质为研究对象的学科如机械、物理、化学、地质之类；更遑论在研究人的全面发展方面做出的重大贡献，其影响和意义将远远超出教育界本身——将对每一学科领域的重大进展起到无可估量的作用。

诚然,国内亦有不少褒扬优秀教师的奖励,然而,只要透过这些光艳的表面荣誉,我们便能看到一个对教育科学发展的认识极为模糊的事实。

在我们宣扬的绝大多数优秀教师的事例中,我们看到他们兢兢业业,几十年如一日,或带病坚持上课;他们被誉为"蜡烛"、"人梯"、"园丁"等等。突出宣传的就是他们的无私奉献和鞠躬尽瘁的精神。毋庸赘言,在我们的教师队伍中,这类事例随处可见。在体脑倒挂、教师又最受人瞧不起的情形下,坚持执教几十年能不苦不累吗?但是,问题不在于宣传能吃苦,而在于不吃苦。发展教育事业与发展教育科学并举,才能使广大教师从根本上摆脱吃苦和耐苦的不利处境。教育应是一个充满生机、充满创造性活动的事业,一个心灵影响另一个心灵的过程应是极为丰富多彩的。教师这一行业应是个始终以追求科学、文化、美、善、真理和光明为目标,并有意识地作用于年青一代的神圣职业,教师决非像"蜡烛"那样燃烧自己、照亮别人;也非像"人梯"那样只是牺牲自己,供人攀登高峰。教师自己也要攀登科学高峰。教师的这种攀登是在带着更多的人一起去攀登人类文化的群峰时一同完成的。因而,教育也是一种更为伟大的科学事业。但是与这一倍加艰辛而又格外伟大的事业极不相称的是,我们对此认识极为模糊,只注重鼓励"蜡烛型"(即牺牲型)的优秀教师,却很少鼓励攀登型、探索型、改革型的教师。笔者认为,对发展教育科学以及鼓励发展教育科学的认识不足,也并非仅是中国的事情。为什么全球教育科学领域就没有一项类似于诺贝尔奖的国际性大奖呢?

另一方面,提高人类素质、发展教育科学又是现实极为需要的。随着科学技术的进步和人类社会的发展,对发展教育、发展教育科学的需求将更加强烈,发展教育科学的前景无可限量,因为,人的潜能的发展是无可限量的。可以说,投身于教育科学发展的前景也是无可限量的。这是一个需要教育科学家而又能产生教育科学家的时代。

我是学历史的,尽管当过教师,但正式"弃史从教"是 1982 年夏秋之交,当时我正在华东师范大学比较教育研究所就读。本科学历史、研究生再读比较教育似乎有"门外汉"转行之嫌。不过我倒觉得这次转行使我获益匪浅。世界史、中国史,从古至今,这些浩瀚典籍,短短 4 年的时间,除了让我对历史线索有一大概了解之外,便是让我学会用历史的眼光看问题,学会了从整体上寻求规律看问题。

比较教育学则又使我眼界开阔，在研究任何教育问题时，都把其放在一个更大的视野之中进行系统的比较。加之，在学习比较研究方法时，我的外语能力——尤其是阅读原文书籍的能力有了一定提高（导师不仅要求我们阅读原文书籍、且要求做笔记，并亲自批阅我们的读书笔记），这样便使我对国际教育研究的状况有了一定的了解。

历史学的知识和方法与比较教育的方法和对教育现状的广泛了解，这两者的结合，使我对教育科学发展现状的全貌有了一个清醒的认识：教育科学不仅应该发展，而且也有可能有一个较大的发展。

就广义而言，教育是人类文化的传承方式，故而，有人类社会便就有了教育。教育科学起源于人类对教育活动的理性认识，它经历了教育经验说，经验式教育学以及教育科学等发展阶段。教育科学是人类试图用科学——尤其是自然科学——及其方法来改造经验式教育学的产物。而且，教育科学已经不再是一个单数的概念。现在，已经有了一个由近五十门学科组成的教育科学学科群了，我们再把教育专业视为"社会科学"领域内的一个学科，很显然已经完全过时了。

教育科学是以教育实践活动为研究对象的。按一般科学理论的功能来说，教育科学必须具备 4 大功能：描述对象、解释对象、对对象的活动进行预测以及在此基础上控制（即作用于）认识对象，为此，教育实践的一些特征必将从根本上决定教育科学的某些性质。既然教育实践的主体是人，而人又有自然属性和社会属性；既然教育实践活动必须在社会进行，而开发人的学习潜能又必须用人以及人以外的一切资源（如利用现代教育技术、开发大脑潜能等），那么，教育实践就必然具有"社会科学"和"自然科学"的双重性质。这一性质必将决定并从根本上影响教育科学的性质。可以说，教育科学之所以必须摆脱经验式教育学模式，一方面是由于工业社会的发展对教育的需求日益增强，从而促使了教育科学的发展，另一方面则因为教育实践的固有性质决定了教育科学的这一发展。

然而，教育科学的现状——尤其是我国的教育科学现状，却仍然在传统哲学观念支配下的经验式的教育学领域内苦苦挣扎。顾明远教授对此分析道："教育科学在我国长期不受重视，甚至受到歧视和打击。1958 年以后，将近 20 年，教育科学一直处于被批判、被取消的地位。这里又有几种情况，一是用党和政府的教育方针代替教育理论；二是用经典作家的教育论述代替教育科学；三是用行政领导的决定代替教育科学研究。"（《中国社会科学》

1983年第5期第5页。)这样遂造成了中国教育科学现状严重落后的局面。当我们了解了国外新近30年内教育科学领域出现的不少新兴的学科时,竟发现不仅国内教育专业根本未开设过这类课程,甚至连名称亦未听说过。例如教育生态学、教育法学、教育技术学,教育人口学、教育人类学等等。我们教育专业开设的课程,尤其是主干课程——教育学,成了学生最不愿学的科目。

由于众所周知的历史原因,我们不可能再要求那些年龄和知识结构都已不适应转向的人们,来担负起创立具有中国特色的教育科学的重任。这一历史重任已经责无旁贷地落到了我们这一辈人身上。

这个想法是如此执着,读研究生期间它常使我兴奋难熬,而且,在一些学术会上同一些志趣相投的学友议论后,很能引起大家的共鸣。事实上,这样一个历史重任如果没有群体的崛起或崛起的群体那是绝不可能完成的。正如刘佛年教授所说的:“可能需要几代人的不懈努力,我们的理论体系才能逐渐臻于完善”。

这一想法有幸得到了四川教育出版社的大力支持,得到了刘佛年、顾明远、胡晓风等前辈的支持,我们办起了《现代教育丛书》,我们尝试着要摸索出一条创立中国特色的教育科学体系的道路,尝试着要用新学科、新观点、新方法来开辟新的领域,开辟新的道路。这种尝试,一方面注意汲取世界上的教育理论新成果,另一方面重于结合我国的教育实际。这两方面的结合,并非易事。对于思维敏捷,外语较好的年青学子来说,常常容易偏重第一方面,即着重汲取并介绍国外的教育理论新成果,这一工作无疑必须做,现在是做了可是大大不够。但是,介绍和引进国外教育理论成果并非最终目的。当然,有这样认识的人不在少数,很多人也知道结合国情的重要性,但由于这些人扎根浅、认识浮,常常意识到了位而行动却到不了位。故而,往往将国外教育理论框架(包括方法论的东西)搬了过来,再填充一些中国事例,搞了个“拉郎配”,实际上是浅层次的结合,不是有机的结合,这样做永远不能真正形成自已的体系。

中国有自己独特的教育实践,这一实践沃土对教育科学理论既提出带有世界共性的问题,也提出带有本土特色的问题。而且,更为重要的是,这些问题的产生都有其自身的民族文化大环境。中国的经济、政治、历史、传统、价值观念、生活方式,凡此种种是怎样同教育相互作用的?我想,这是我们更值得花大力气去研究的。如果说中国特色的教育科学体系能够形成,那一定是在这样的努力中实现的。如果说中国的教育科学家能在世界上有一席之地，甚至走在前列，那也一定是在这样的努力中成就的。

要说我对"治学之道"有所悟的话，那便是：如果你相信历史是进步的，在把这种信念化为具体行动的同时，从整体上把握你所从事的领域及其与其他相关领域的关系，然后，选准你的突破口。这时，便要记住著名科学家W·I·B·贝弗里奇的一段话："多样化使人观点新鲜，而过于长时间钻研一个狭窄领域则易使人愚钝。因此，阅读不应局限于正在研究的问题，也不应局限于自己的学科领域……"对于创造性思维来说，见林比见树更重要。这种创造性思维的沃土就在中国教育实践之中。

（原载于《教育评论》1990年第4期）

教育学的突围

——兼评《元教育学研究》

对教育的相信，就是对未来的相信。尤其是在21世纪这样一个变化急速、全球化进程愈演愈烈，而人们对这种愈发急速的变化以及毁誉参半的全球化难以把握之际，世界就只好把自己对未来的相信，更多地摆在教育之上。其最直接的体现就是全社会对教育的需求日益增强。

进入21世纪的中国不仅具有世界的一般特征，还具备被叫做“中国特色”的个性特征：

譬如，全球化背景中的民族统一与全球最大的族群——华人的认同问题；

又如，在远未完成由农业社会向工业社会转型的第一步社会发展任务之际，又必须得紧步那些早已成熟的工业社会向后工业社会过渡的后尘，致力于全社会的大规模转型；

再如，为融入世界经济秩序而展开的由计划经济向市场经济过渡的经济体制改革及其相关的法制建设、政治体制、社会保障体制等等改革；

诸如此类，不一而足。这些使命都堪称真正的“划时代的”、“历史的”，其性质前所未有，其规模举世无双。

这样的“划时代的”、“历史的”使命，最终都必须落到教育之上。从“提高全民族的素质”到“提高全民族的创新力”，都是对这一点的认识。

前所未有的历史使命，要发展前所未有的教育。如何在中国这样一个人口最多、底子薄弱、又深陷应试教育泥淖的国度里，发展前所未有的教育，“提高全民族的创新力”，便是时下教育发展的最大难题。

最大的难题必将对教育实践和教育理论提出前所未有的挑战。时下正全力推行的从应试教育向素质教育的转型、高等教育改革、构筑远程教育网络等等，均是面临挑战时，教育实践的应对之举。

教育实践的应对举措进而加剧了对教育理论的挑战。而且，更重要的还在于，这些教育实践对教育理论的挑战尤具紧迫性：

譬如，关乎教育本质的“教育产业化”问题；

又如，雨后春笋般冒起的"民办教育"或"私立教育"，以及教育立法等问题；

再如，因彻底改革基础教育而致的课程全新设计以及评估等问题；

又再如，由入世而加剧的产业结构调整而日渐突出的职业教育改革问题；

又再如，全球最大规模的远程教育的发展而带来的教育管理等问题；日益广泛地应用现代教育技术所引发的关于电子等"多媒体学习"与传统的"纸介学习"的比较研究问题；日益严重的德育问题……

这些问题，都是前所未有的，因此，不仅要求教育理论应对性地回答，而且，更重要的还要求教育理论创新，能完成其解释变化、预测发展、指导实践的使命。然而，我们的教育理论怎样了呢？

面对社会的急剧变化与教育实践的急速发展，教育理论头痛医头、脚痛医脚式地应付，或无语、失语、甚至乱语。之所以如此，问题恰好在教育理论自身——观念僵化、结构陈旧、关系颠倒、逻辑混乱。教育学陷入了重围。

在这种情况下，社会其他各界坐不住了，"客串"教育学理论者不绝如缕，而著名的科学家钱学森先生尤具代表性。他大力倡导"国家有关部门"应像科学院领导自然科学研究那样，成为领导教育科学研究的专门机构。在他看来，只有这样的组织和经费都有专门机构的保障，教育科学研究才能得到长足的发展。

"古今中外，事例千千万万，记载在汗牛充栋的典籍图书中，材料十分丰富，怎么就不能总结出教育科学的基础理论呢？"

"从古今中外，千百年来的经验总结出基础理论很不容易，但想到这是二十一世纪的大事，再费力气也是应该的。这需要大力协同，不只是教育工作者的事，社会科学家要参加，自然科学家也要参加。请国家有关部门来领导这一攻关吧。"①

事实上，对人类教育以及教育理论研究的不满，并非仅在中国。换言之，这是个具有世界性的问题。

如罗马俱乐部从《增长的极限》到《学无止境》两份报告中所表现出的根本性转变就非常典型。前者通过对人类物质资料生产力，尤其是科学技术

① 参见钱学森主编：《关于思维科学》，上海人民出版社，1987年版，第450页、第455页。

等的增长，与自然资源、生态环境以及人口等增长的关系的系统动力学研究，得出结论：自然资源日趋短缺、生态环境日益恶化以及人口增长日益加剧等外部极限，从根本上限制了世界物质增长的可能性。而后者的基本论点则是与外部极限论相反的自由的内部极限理论。该报告说道："打破这些恶性循环并且使人类走上坡路是极为必要的。因而，需要一种全新的事业，它既比得上先前使世界走上前进道路的事业，却又比这种事业具有更高的能力。这种新的事业的重心集中在人类本身，正如已经阐明的那样，它实际上必须把目标放在人们潜在的、处于心灵最深处的理解能力和学习能力上面，以便使事态发展最终能得到控制"①。

"消除人类差距的任何办法和对人类未来的任何保证，都不能在其他地方而只能在我们自身中找到。我们大家所需要的，是学会如何激发我们那处于睡眠状态的潜力，并且在今后有目的地、明智地利用这种潜力。"②

这两份报告所反映出的转变是很能说明问题的。如果说前者是危言，是对人类一味企图战胜并征服自然，调控外部世界失败的痛苦宣告，那么后者便是对转向人内部世界柳暗花明的激情奔涌。

2000 年伊始，著名物理学家霍金在接受关于新千年的看法的采访时(载于 2000 年 1 月 17 日的香港《明报》)说道："到目前为止，我们最复杂的系统，是我们自己的身体。过去一万年人类 DNA 没有明显改变。……在生物方面，到目前为止，人类智能的局限，是受人脑尺寸的制约……通过基因工程增加人脑的尺寸，最终会遇到一个问题，也即负责我们精神活动的化学信息的进展是相对缓慢的。因此，进一步增加人脑的复杂性，将以速度为代价。我们可以反应敏捷，或非常聪明，却不能两者兼得。"

"人类需要改进其精神和体能素质，才可以应付人类周围越来越复杂的世界和迎接诸如太空旅行这种挑战。我们也需要变得更复杂才可以使生物系统继续领先电脑系统。"

著名的美国物理学家弗里曼・戴森(Freeman J. Dyson)说："不论我们走进未来多远，永远都有新事物发生，新信息进来，新世界需要探索，这是一

---

① 参见[美]詹姆斯・博特金等：《回答未来的挑战——罗马俱乐部的研究报告(学无止境)》，林均译，上海人民出版社，1988 年版，第 5 页。

② 同上，第 6 页。

个生命、知觉和记忆永远膨胀下去的领域。”①

“了解脑是人类认识的最后疆界。……人类的脑，已被公认为我们全部思维和情感的掌管者，它本身是一个最撩人的谜团。”②

著名的诺贝尔物理学奖获得者，美国的物理学家盖尔曼（Murray Gell—Mann）更是以其科学家思维的行事风格，干脆提出：“复杂适应系统”理论，来试图重构人类的学习理论：

“不管是草履虫、狗，还是人，他们从经验中学习的能力本身就是生物进化的结果……生命进一步导致了像免疫系统和学习过程这样的复杂适应系统的产生。对人类来说，符号语言能力的发展使学习扩展成复杂的文化活动，从而在人类文化中又产生了新的复杂适应系统：社团、组织、经济和科学活动。……既然人类文化中出现了快速而又多功能的计算机，那么我们也可以使它们充当复杂适应系统。”③显然，这种情况中外概不能免。钱学森与罗马俱乐部是从全球发展现实的危机及其这一危机对教育发展的巨大需求来重新定位和要求教育理论研究的。霍金、盖尔曼等则是对之学科发展的前景，及其潜在的对人类学习的巨大影响，来重新定位和要求教育理论研究的。

然而，无论哪一种“客串”，都是一种压力，一种要求教育学理论重构的压力。

然而，教育学理论要重构，必须先从学科窘境中突围出来。

而要从学科窘境中突围出来，则必须到教育理论背后去，即在教育理论之外去看教育理论。之所以如此，不仅是因为身在庐山中，难见其真面目之虞，更重要的考虑还在于决定教育理论的往往是教育理论之外的东西。只有到教育理论之外，才能看清教育理论整体，才能看清决定或左右这一整体态势的那些背后的原因。我想这便是瞿葆奎先生致力于“元教育学”研究的初衷。

他说：“当前，教育学在元科学（或科学哲学、或[科学学]）的影响下，正

① [美]F. J. 戴森：《全方位的无限》，李笃中译，三联书店，1998年版，第127页。

② [英]苏姗·格林菲尔德著：《人脑之谜》，杨雄里等译，上海科技出版社，1998年版，第4～5页。

③ [美]M. 盖尔曼：《夸克与美洲豹——简单性与复杂性的奇遇》，杨建邺、李翔莲等译，湖南科学技术出版社，1997年版，第20页。

寻找着元教育学研究的新视角和新方法”[①]。

那么，整个教育理论，尤其是“具有中国特色”的教育理论是不是已经从这一学科窘境中突围出来了呢？应该说，单靠瞿葆奎先生的努力还远远不够。对此，刘佛年先生早在20世纪80年代后期的《现代教育丛书》的《序言》中便已说到，要建设具有中国特色的教育科学理论体系，需要几代人的努力。但是，我们必须看到的是，《元教育学研究》的出现清楚地表明了，这是整个教育学理论在陷入学科窘境的危机压迫下，要完成理论重构的强力搏动，是学术良知的呐喊，是学科重新定位的自律，是学术创新的饥渴与学科发展的自觉。而且，今后的重构努力必须以此为基础进行。

我想，一本书有此意义，足矣。

① 瞿葆奎主编：《元教育学研究》，浙江教育出版社，1999年版，第10～11页。

回归位育

——汶川大地震周年祭之教育反思

“在教育与灾难之间，存在着激烈的竞争”。已故的历史学家阿诺德·汤因比(Aronold Joseph · Toynbee)如是说。

一场前所未有的大灾难倘若不能引起对我们现行教育的前所未有的反思，我们必将在与灾难的激烈竞争中再遭劫难。

美国哲学家赫舍尔(Abraham J. Heschel)说：“对人的处境的最有价值的洞察，不是通过耐心的内省和全面的审视得到的，而是通过巨大的挫折时的诧异和震惊得到的。彻底的反思之所以出现，通常是在面对挫折、面临危机和自我觉醒时，而很少是人在取得光荣业绩的欣喜时。”①

由此，我们反思的更进一步的意义在于：更好地认识和实现我们作为人的自身的价值。倘不能在汶川大地震这种特大的灾难发生后，对我们人的处境进行“最有价值的洞察”，那么，从某种意义上说，我们就白遭了这么大的灾难。

2008 年 6 月 23 日胡锦涛在中国科学院第十四次、中国工程院第九次院士大会上的讲话提到：“自然灾害是人类社会面临的共同挑战。我国是世界上自然灾害最为严重的国家之一。我们必须把自然灾害预测预报、防灾减灾工作作为关系经济社会发展全局的一项重大工作，进一步抓紧抓好。要加强对自然灾害孕育、发生、发展、演变、时空分布等规律和致灾机理的研究，为科学预测和预防自然灾害提供理论依据。要加强自然灾害监测和预警能力建设，构建自然灾害立体监测体系，建立灾害监测—研究—预警预报网络体系。要深入研究各种自然灾害之间、灾害和生态环境、灾害和经济社会发展的关系，加强防灾减灾关键技术研发，强化应对各类自然灾害预案的编制。要建立国家综合减灾和风险管理信息共享平台，完善国家和地方灾情监测、预警、评估、应急救助指挥体系。要优化整合各类科技资源，将灾害预防等科技知识纳入国民教育，提高全民防灾意识、知识水平和避险自救能

① [美] 赫舍尔：《人是谁》，隗仁莲译，贵州人民出版社，1994 年版，第 13 页。

力。要广泛开展国际交流合作，既学习国外的有益经验和先进技术，也要对人类社会共同防灾减灾做出贡献。”①

国家主席胡锦涛讲话代表了国家层面的反思，而及时的反思必须转换为及时的教育。因为，防灾救灾的关键不仅仅是对人类外部知识的不断追求，更重要的是在促进人自身的发展方面来寻找突破点，这种内外结合的发展便是我们教育反思的基点。

工具与价值

反思一：教育的工具层面

按照马克斯·韦伯(Max Weber)对人类理性的“价值理性”和“工具理性”二分法，就其“工具理性”的层面而论，教育毫无疑问能“对人类社会共同的防灾减灾作出贡献”。

比如：四川安县桑枣中学叶志平校长从 2005 年开始，要求全校每学期组织一次紧急疏散演习。这次地震中由于平时的多次演习，全校 2200 多名学生，上百名老师，从不同的教学楼和不同的教室中，全部冲到操场，以班级为组织站好，用时 1 分 36 秒，无一人员伤亡。

又如：在唐山地震中，河北省青龙县通过多方面资料佐证可能会有地震后，县里通过广播、会议及其他一切可能的形式介绍地震知识、防震方法，把防汛和抗震结合起来，及时、广泛地教育群众，大大降低了死亡率和损失②。

这种教育在美国的旧金山、洛杉矶，日本及我国台湾等地震多发地非常普及。开设防灾、减灾以及救助等课程，进行相关演习训练等等。

这些事例证明在“人为事物”(赫尔伯特·西蒙语)丧失功效时，教育能起到更大的作用。因为教育发展的不仅是人的制造物，而且是人的自身。通过教育，不仅让学生知道了灾害和防灾的知识，而且通过长期训练，使学生有了防灾的意识和自身的救助能力。这些案例说明教育应该、也必须在救灾防灾上发挥应有的作用。但这种时候的教育仅仅是“工具层面”的教育。

事实上，推而广之，教育的“工具层面”比比皆是，有多少种人类的活动，

① 胡锦涛出席两院院士大会并发表重要讲话[J/OL]. 新华网

② 朱玉，万一，刘红灿. 新华视点：一个灾区农村中学校长的避险意识[J/OL]. 新华网. http://news.xinhuanet.com/politics/2008-05/24/content_8253945.htm

有多少种社会的分工，就有多少种“教育”。如“政治教育”、“军事教育”、“科技教育”、“法制教育”等等不一而足。甚至，由其派生的、更下位的诸种“教育”。如“卫生教育”中的“健康教育”、“性教育”、“婚前教育”、“产前教育”等等。但这些都是教育所能做的，而非教育本身。

教育的工具性方面仅仅关注教育的某一点或某些方面，而未在人的总体发展框架中关注教育发展人性的全部。教育的工具性方面都仅是人的某些机能或动力方面，而非人的整体性、系统性。这一人性的整体性和系统性便是教育的整体性和系统性，继而也是教育理论的整体性和系统性。这种重工具性的教育，在实践上是功利的、实用的，故而也是短视的，忽视长远的和整体的人性发展，故也就忽视了人类的、也即是社会的长远的和整体的发展；在理论上是分离的、静止的。其表现形式常为各行其是、自成体系的“学科”。学科的林林总总，分门别类，但其工具性的强调往往使其藩篱丛生、机械生硬，把不可分解的人性、尤其是人的精神性肢解了，故而离认识人性真谛越远，越无济于指导人性的长远的、整体的发展。

单方面强调教育的工具性，实质上是强调教育能做什么，能制造什么，以及教育做了什么，制造了什么；而未认识到教育本身是什么，以及教育的背后要发展的人性是什么，故而也就摒弃了教育本身是什么，以及教育的背后要发展的人性是什么。如果我们现在仅重教育的工具性层面，我们便仍在重犯将担负发展全部人性、发展全人类以及传承全人类文明的教育，置于片面认识基础上的错误。

反思二：教育的制度层面。

严格意义上的“制度层面”亦属“工具层面”，只是“制度层面”不是硬性的、物的形态的“工具”，而是软性的、程序形态的“工具”罢了。因此，为了将这两者区别开来，让“制度层面”得到更透彻的讨论，以便我们更能理解其性质，继而更好地把握其功能，故而将其单列出来讨论。

汶川地震引发的对教育的制度层面的反思是全方位的。对救灾应急制度的养成（如救灾队伍的训练，救灾物资调拨、配制、运输的实战演练），对救济系统的培训，对民间救灾意识的培育，对建筑质量规划、设计、施工、验收的制度建设等等。之所以在此强调“教育的制度层面”的反思，旨在考虑构建常设的、制度化的防、救灾体系，而教育无论在灌输构建意识、传播舆论、实施构建措施、贯彻构建教育等等方面都是不可或缺的。这一切现今都是严重缺位的。在救灾、灾后的重建中大量涌现的案例很能说明问题。

案例一:据报道,《"史上最牛希望小学"——八级大地震楼不倒人无恙》,这所学校的建筑商让不少读者纷纷表示赞叹。著名媒体人李承鹏先生在自己的博客爆料:除了刘汉希望小学,该建筑商还在绵阳承建了4所学校,这4所学校和刘汉希望小学一样,都经受住了8级地震的严峻考验,完好无损。因为,"修房时你要想到十年后的事","亏什么不能亏教育"。

案例二:据《21世纪经济报道》透露,据官方有关统计,截至5月26日,在汶川大地震中四川省学生死亡4737人,伤者1.6万余人,重灾区学校倒塌面积为199.7228万平方米。

上述正反两方面的案例说明制度层面的反思多么重要。前例刘汉在自己援建希望小学中,从选址、设计、购料、施工、验收等全环节都坚持了质量监管,其"坚持"的,本质上便是一种"制度",于是同样的地震,其损失极小;反之,同样的学校建筑,同样的地震烈度,很多特重灾情却发生了,其原因就在于制度的缺失。如果通过对制度反思,能建立一套防震抗震的良好制度体系,我们的损失肯定将大大减少。

对制度的反思,国内学者很重视,如北京大学中国教育财政科学研究所2008年第7期简报就发了宋映泉的《校舍安全何以保障?》的文章,对校舍安全的制度作了全面的审视。作者认为汶川地震引发的各界对校舍安全的讨论是记者和网民发起的,而很少见到"教育界和建筑界学者参与",于是作者质疑"这是否暗含了我国教育界学者对这个问题的根本忽视,或者认为校舍安全问题并非一个有学术价值的课题?"作者又通过对我国现行的有关校舍安全的法规文件的梳理及分析,提出"国家级的法律和规章,这类规范性文件与学校校舍安全没有直接的联系","我国系统专门的针对学校校舍建筑以及抗震设防的标准,对于学校建筑并没有特别的抗震设防要求"。此外,"由于2001年以前义务教育财政责任长期由最底层的乡镇负责,使得我国农村中小学校舍建设欠账很多,目前许多校舍靠中央转移支付并以工程方式解决,还没有形成良好的可持续发展的危房与新房之间的动态解决机制"。

上述反思一方面说明学者已经注意到制度层面,换言之,我们的制度存在着值得认真严肃反思的问题。另一方面我们不能就事论事,只看与防灾减灾直接相关的制度,我们要看到更深层的制度问题。譬如,我们现行的学校制度、学科制度等等。这些制度不仅是我国的,更是世界的,更被视为是国际主流的。这就具有了更高、更大的当然性、合法性;也就更能影响发展,一旦为害,其害也就更烈、更深、更广。因而也就更应进行剖析制度层面的反思。

譬如，我们现行的教育体制就是这种尚未被认真反思的深层的、有问题的制度。我们从小学便开始强调各学科的分门别类，总是从已有的、书本知识的学科出发制定教学，什么教学大纲、教材编写、测验考试、质量评估、学校管理、教师培训等等，都是以此为中轴进行的。到了中学愈演愈烈，干脆来个文理分科。时下虽有一些"选修课"、"综合课"之类所谓发展学生整体素质的课程，实际上在应试体制的重压之下，这些东西基本上是事倍功半，甚至是流于形式的摆设。好容易挤进大学，甚至没进入大学之前，还在填报"志愿"时，学生和家长们(其实辅导的中学老师们也在其内)便一头雾水地撞上错综复杂而又森严壁垒的"学科"。这一以学院、系科门槛表现出的"学科"，是众多学子，甚至是大学老师，乃至院长、校长们都以为是"当然的"、"神圣的"、"国际接轨的"学科，因此通常只考虑：录取可能性大小，学成后的出路——如就职的难易度及收入多少等等。总之考虑最多的是"消费的导向"，而非"兴趣"、"求知"、"探索"等等所谓"虚"的东西(实质上是人性自身发展的东西)。毕业后进入职场，又有了"专业对口"、"科班出身"等等说法，而这一切又是用人制度所保证的。以至于整个生活都被"文凭社会"的制度潜在地规训了。于是学生被定位于"器"，遇到问题便只知道从其所谓的"专业思维"看，而不知活的实际，故而也就不知"实事求是"了。一个分门别类的管理体制，所强调的也是部门的发展、行业的利益，这就难免肢解发展的整体，甚至背离发展的终极目的——人自身。于是，水利电力部看见江河就强调建坝发电，就很当然；于是，水坝和电站必建在第一阶梯与第二阶梯、第二阶梯和第三阶梯的接合部、过渡带，这些地方一方面地势高，水流多，落差大，流速快，势能大，故而发电量大；另一方面又呈现出立体多变的气候，复杂多样的地貌，立体多种的动、植物分布，脆弱多震的地质(甚至是地质断裂带)的自然特征，以及多民族杂居，多元文化交错的人文特征。

譬如5·12大地震的汶川便具有这种典型性：奔腾直下的岷江水量巨大，流速极快，从青藏高原的岷山5000米高处流下，到都江堰700多米，直线距离不足200公里，几乎平均每下降1公里，其落差就达200米，也就是说，100米距离，就落差20米，其势能自然大，其电能也就极其丰富。而这第一阶梯与第二阶梯的接合部、过渡带，其气候也立体多变。海拔高度的陡升陡降伴随气候立体多变。气温随高度下降，海拔每升高150米，气温就下降1℃，昼夜温差大，云雨雾气变化无常(2008年6月10日10时55分，成都军区陆航失事的171运输直升机便是突遇低云大雾和强气流，导致撞山失事)。这一过渡带的地貌也极为复杂多样,或终年不化的雪山,或高山草场,或急流深谷,或河谷苔地,或盆地平原。地貌更是以“龙门山断裂带”为代表的脆弱多震带。植被从温暖的成都平原到青藏高原,各种各样的阔叶林、混交林、针叶林、灌木林、高山苔原应有尽有。动物有著名的大熊猫、牛羚、白唇鹿等多种世界所仅存的珍稀物种。而人文方面有藏、羌、彝、回、汉等多种民族杂居,是著名的、历史悠久的多民族文化共生地。譬如单建筑就有世界著名的都江堰水利工程、二郎庙古建筑群、李白故居、羌寨、碉楼、村寨等等(据国家文物局初步统计,由于大地震波及的省份基本都属于我国文化遗产的密集地区,共有169处全国重点文物保护单位,其中2处已列入世界遗产名录,250处省级文物保护单位受到不同程度损害,共有2766件馆藏文物受损,其中珍贵文物292件)。第一阶梯与第二阶梯在人文上便是不同的生活、不同的生产方式的交接部,再加上盆地的农耕文明,创造了富甲天下的“天府之国”;高原的游牧文明,又养育了豪放彪悍的康巴人;而半农半牧的山地文明又生成了热情爽朗的羌族,凡此种种多元文化相互交融、互补共生。这些都是自然选择的产物,历史演进的化生。其背后透露的是天—地—人大系统的结构功能。

以紫坪铺水坝为标志的众多水坝电站工程的上马并建成的事实本身说明:最后的决策是选取了用其水力发电,而不顾其他显在或潜在、当下或久远的危害。或者那些危害,较发电的利益来说,都是次要的,或自信可以克服的、消弭的、战胜的。照常理这一决策是否科学?是否把风险估计足了?这些应是开工前的事,可是直到可怕的地震发生后才开始对此调研。2008年10月全国政协人口资源环境委员会对西南水电是否存在过度开发问题的调查,证明国家已开始关注这种只重水电而忽略其它生态的问题了。尽管震后的调查是亡羊补牢之举,但这毕竟是从人文的角度,从制度的层面思考问题的重要开端,这比起把一切归咎于从不辩解的自然的固有做法无疑是一大进步。仅据四川省公布的“直接经济损失”,就是8451亿元人民币。国家汶川地震专家委员会副主任史培军教授表示,根据近期调查评估,这次汶川地震造成的直接经济损失8451亿元人民币,四川最严重,占到总损失的91.3%,甘肃占到总损失的5.8%,陕西占总损失的2.9%。重建所需又要10000亿之巨。《国家汶川地震灾后恢复重建总体规划》公开进行征求意见。按照征求意见稿,恢复重建资金总需求经测算约为1万亿元,这个数字相当于2007四川省全省的国民生产总值。

然而这一问题的深层原因还在于，在思维方法上，从单一的、或简单的，即所谓专业的角度认识复杂事物、对待活的问题的思维方式，其根子在从小学开始到大学集大成的“器”的教育，强调“学科”、“专业”的“实用”，于是导致了从根本上肢解了问题的活的、运动的、有机的、极为复杂的联系，总是从“专业”、“理念”等出发，受制于“知识体系”、“学科门类”；在利益格局上，从管理政绩、部门发展、行业经济、单位实惠等等出发，加之体制保障的绝对垄断。这就导致了决策论证的先入为主，顾水电不顾其它。

一个是教育方面的学科制度问题，一个是经济方面的管理制度、决策制度问题。这两者合在一起钻进了“效益”、“技术”、“工程”的死胡同，算了经济账、科技账，忘了自然的共生，人文的和谐。

反思三：教育的价值层面

无论教育的工具层面，或是教育的制度层面，都有其用处，也都有其局限，亦就有其弊端，我们只能从其价值层面来反思，才能看到其本质。

2008 年 5 月 12 日的汶川地震，具备所有自然灾害的共有特征：灾害的发生形式是自然的，灾害的恶劣影响是社会的。从某种意义上讲，灾害毁灭了社会的物质存在、社会组织和社会结构。真正的救灾和灾后重建从本质上讲是社会的重构。如果前提成立，那么，在灾后社会的重构中，对于教育而论，我们要思考并实践的就不只是校舍的合乎防震抗震标准的重建；将与之相关的投入、设计、建筑、监控等等制度化；加强防震抗震救灾等方面知识的教育，而是这些教育的工具层面以及制度层面的东西将围绕什么价值重构。换言之，只有这个价值层面确立了，我们才有重构中轴。

所谓价值层面的反思，反思什么呢？在应对汶川地震这样的灾难时，我们的教育中，有哪些东西价值层面没有，而又应该反思的？价值的定位应在哪里？教育发展什么？

人与物的关系。这又可分为人与自然事物的关系，人与人为事物的关系。教育与经济、政治、科学等等。

先看人与自然事物的关系。

凡生命体都有其与之相互作用的环境。这个环境或是山川地貌或是天地系统，或是生物群体之间的依赖与竞争。这种生命体以及环境的相互作用是贯穿生物发展历史的。达尔文将其归纳为“物竞天择，适者生存”。美国的管理决策理论奠基人阿尔伯特·A·西蒙教授有个著名的蚂蚁比喻：一只蚂蚁在海边布满大大小小的石块的沙滩上爬行，蚂蚁爬行所留下的曲曲折折的轨迹,绝不表示蚂蚁认知能力的复杂性,而只表示着海岸的复杂性。换言之,蚂蚁行为的复杂是由其外在环境决定的。环境变化、障碍出现,使蚂蚁的适应系统指导下的行为方式发生变化。明白了这一道理,我们便可推导出:环境复杂性、多样性是人的认识、行动的复杂性、多样性的前提,如果,我们毁了自然环境的复杂性、多样性,我们就毁了人自身发展的复杂性、多样性。对于教育而言,就意味着教育自身的空间萎缩,发展的可能性锐减。

这一点,从人类生命的形成看,亦能证明。新生儿生下来时其脑容量的是成人脑容量的三分之一(平均 385 毫升),而猿是二分之一(平均 200 毫升),这一事实说明什么?婴儿为什么不能生下来就更成熟些呢?比如像猿那样也达到二分之一呢?

如要那样,就意味着"为 1350 毫升的智人的妊娠期是 21 个月,而不是实际经历的 9 个月",这在技术上是可行的。但问题出来了:生不下来,产道小了。那么,这问题也可以解决,比如剖宫产。这也就是说问题不在妊娠的技术方面,而在人这种特殊动物的复杂性、多样性方面。胎儿在子宫里只与母体发生作用,其作用的空间有限,时间有限,作用的形式也单一,其所先天生成的物质,便也有限,只能是三分之一。就是说后天需要的,仅从量上看,就是大部,是三分之二。更重要的是这三分之二,在复杂性、多样性方面,也就是质的方面,是先天三分之一绝对无法比拟的。这三分之二便是在母体外生成的。只有母体外的复杂性、多样性才能最终使人脑成熟。利基引用美国密执安大学的生物学家巴里·博金的观点:"人类孩童的身体生长速率与猿类相比是慢的,虽然脑的生长速率是相似的。但是,如果按正常的猿类生长速率发育,人类儿童将小于它们的正常尺度。博金提出,如果青年人必须接受文化的熏陶,那使之突增期的益处是与他们必须达到的高强度的学习有关的,如果生长中的儿童和成人的身体尺寸有大的差别,则儿童可以更好地向成人学习,可以建立起师生关系。如果幼儿身材是按照与猿相似的生长曲线所达到的高度,则可能产生对抗而不是师生关系。当学习期过去以后,身体便凭借青年生长突增期赶上来了。人类通过强化的学习变成人,人类不只是学习维持生存的技能,而且还学习传统家族关系和社会规律等,也就是文化。"换言之,人的生物性和社会性的两方面成熟必须要母体内外的共同作用、相互补充,才能完成。离开任何一方面都不行。这种人的遗传性和社会性的并存并重,便决定了教育的性质。同时,这也充分说明,人如不重视使人成为人的自然环境的复杂性、多样性，而使之消减，甚至毁灭，那么，我们就是在害人类自身，在消减、甚至毁灭其发展的复杂性、多样性。

重视人与自然环境的和谐关系的应有之义还包含一切自然事物。任何一种自然事物不仅是人类认识、改造、利用的对象或者资源，而且还是人类自身发展的对象和资源。现代"仿生学"建立的事实，便是这种意识已达到自觉的证明。如果我们认同任何一种自然事物的生成都是数以万年演化的结果，都有其自身独特的、不可或缺的奥秘和价值，那么，其与人类相互作用的形式和意义也都是独特的，不可或缺的。其与人类的关系在本质上都是共生的。

对此唐代荆溪湛然(711～782)撰《法华玄义释签》(略称释签，卷十四中之一节，收于《大正藏》第三十三册)提出的"十不二门"，便有"依正不二门"之说。日本创价大学学会的创始人池田大作解释说，佛法认为自然界本身是维系独立生存的生命的一个存在，人类只有和自然——即环境融合，才能共存和获益。此外，再没有创造性地发挥自己的生存的途径。佛法的"依正不二"的原理即立足于这种自然观，明确主张人和自然不是对立的关系，而是相互依存的。池田大作对现代化对人类环境的破坏提出了批评。他说，现代的科学文明是以对立关系来处理人和自然界的关系，它的出发点是为了人的利益去征服和利用自然。这是使现代的自然和人类的协调关系崩溃的一个原因。他举日本的例子，在古代日本的自然环境是保存完美的，但是到了近代，由于要赶上欧美的发达国家，结果把对待传统的宗教和自然的正确态度，特别是人与人之间的伦理观念都抛弃了，转而疯狂地追求物质欲望，使环境遭到了极大的破坏。

英国历史学家汤因比则认为，在基督教统治西方世界以前，希腊、罗马亦有"依正不二"的相似理念。源于犹太一神教的基督教则认为人和自然界全是由假想的神创造的。《创世纪》第一章第二十六至第三十节记载，神允许人类自由处置他所创造的万物，允许人类按其愿望去利用它们。这个教义就破坏了"依正不二"的观念，将人类从自然环境中剥离开来，自然环境过去的神圣不可侵犯性也丧失了。

《易·系辞下》有言"天地之大德曰生"。强调的也是对自然的尊重。但我们现代教育的偏重工具理性的价值导向及其为保证这一导向实施的制度，都是大有问题的。从教育价值层面反思我们的教育，首要考虑的是其与自然事物的关系的价值定位，要从根本上改变为了人的利益去征服和利用自然，甚至疯狂地追求物质欲望，破坏自然环境的制度设计理念。应该说时下提出的“科学发展观”、“以人为本”、“和谐社会”已经开始了转变价值观的努力，但与其相应的学科分类还未转变。我们的教育必须确立敬畏自然、尊重自然、与自然和谐共生的价值观，使任何工具层面、制度层面的东西都以此为主轴设计、运转，而不是反过来为了工具层面、制度层面的东西而忽视、甚至抛弃了这一最基本的价值定位。

再看人与人为事物的关系。

按照西蒙教授的分类，所谓“人为事物”便是人所合成的，从人创造的符号——形象的、抽象的、科学的、艺术的，以及符号运行的规矩、法则、习惯等等，到各种实在的物体——工具、建筑、用品、文具等等，再到法律、程序、组织、社会关系等等，总之，“人为事物”包含一切物质化的和智能化的生产、生活、精神事物。

西蒙教授认为以自然事物为研究对象的是自然科学，而以人为事物为研究对象的是人为事物科学（the sciences of the artifical）。其标志有四：

1）人为事物是人合成的。这种合成通常是人的意图的实现，但也有出乎人意料合成的；

2）人为事物可以模拟自然事物的某些表象，因其模拟，故在很多方面不及自然物；

3）可以根据人为事物的功能、目的和适应性变化等方面来刻画人为事物本身；

4）讨论人为事物的方法，通常是用描述性的方式，有时也用规范性方式。

人为事物科学的发展经历了人类演化至今的全部历史。譬如，我们通常把发明工具当作人类进步的阶梯。人通过调整自身行为来适应环境是被动的、消极的，而发明工具、创造性的改变环境则是人主动作用于环境。于是按工具划分人类发展阶段的思路便有了：石器—旧石器、新石器；铜器—青铜器、铁器；继而电器—电气化；数码—数码化。工具的发明和进步标志整个人类历史进步的中轴。工具背后的知识、探索、实验被推广。工具生产的社会化，又带来了社会、科学、组织、制度、生产关系的多种变化，以及与之相适应的文化的各方面的变化和发展。

人类取得的这一重大成就非常伟大，也是人类进步的关键助力。于是当人依靠工具及人类体力或智力的替代物或衍生物与其环境相互作用之际，人类与动植物相比，就极大地减少了依靠自身机体改变、能力发展来实现与环境的相互作用。所以，人类在得到其“人为事物”[①]的发展之际，也在以减低、退化自身的内在为代价。比如，笔者在美国看到美国小学生用计算器或电脑等外在工具学习四则运算，整个计算过程都依靠准确按键来完成，必然其心算能力受到了极大削弱。于是我们在教育中便要问，是发展人的心算更重要还是依赖工具更重要？同样的，我们发明了鞋、车等工具后，我们自身的跑步能力、登山能力及相应的心脏供血机能、身体供氧性是不是也在减退？这样的例子很多。我们在发明工具，大量地使用“人为事物”之际，还要不要发展人自身内在的“本能”？当我们这样提出问题、认识问题时，我们已抛弃了简单的直线的进化论，即简单地以现代化来划分人类社会的先进和落后的标准。

人跟其他生命体一样，与环境的相互作用是个永恒的过程。其与环境的相互作用应该包括两方面：一种是与动物性、植物性和人的本性这种比较低级的“本能”似的适应；另一方面是继续探索和创造更多更好的人为事物，即人的能力的替代物。这次地震引发我们的思考是：我们要不要发展“本能”的适应方式？如果要，如何发展？同时，我们如何处理发展“本能”与探索创造人为事物之间的关系？

适应与位育

所有的生物都与其环境相互作用。譬如，塔克拉玛干的胡杨在降雨量极其稀少、沙漠酷暑的环境中，开花播种。平时为了保留珍贵的水分，它上部的叶子是大的，表层有蜡，下面的叶子是针状、条状的，能有效地减少水分蒸发量。一棵树有几种叶子，是胡杨与沙漠作用亿万年变化的结果。而热带雨林则不同，其巨大的阔叶或者板根生长迅速，必须把多余的水分散发出去。望天树板根是保障树稳定、抵御大雨暴风的关键支撑。所有生物都有与自然适应的系统。

动植物的这种调节自身的行为来适应(adaptation)环境的变化是亿万年变

① 赫舍尔：《人是谁》，隗仁莲译，安希孟校，贵州人民出版社，1994 年版，第 2 页；赫尔伯特. A. 西蒙：《关于人为事物的科学》，杨砾译，解放军出版社，1988 年版，第 4 页；理查德 · 利基：《人类的起源》，吴汝康等译，上海科学技术出版社，1995 年版。

化的结果。人类与之相比，是最了不起的。人创造"人为事物"——发明工具，并通过工具为人类文明奠定了基础。但是，人付出的代价是极其巨大的。我们在以工具演进为标志取得进步的同时，却对人为事物的依赖性增强了，我们对自身内在潜能的发展忽视了。我们生命自身的弹性大大萎缩了。

一个生命体要面对环境变化时的适应不外乎两方面：一个是日常的渐变，二是巨变甚至是灾变。地震就是灾变，有些动物在灾害来前对地震有特异的反应，这种特异反应在平时能够使动物与其环境保持和谐，在环境灾变时也能使它们安度危机。

例如，据报导印度洋大海啸时，没有一只动物死亡，人类却死了近 30 万之巨[①]。

这次地震暴露的很多问题是发人深思的，进化得越多，人的"本能"越小。"猪坚强"的出现说明猪被驯化后也没有预感了。这个驯化的过程是动物本性丧失的过程，我们现在保护野生动物最困难的就是如何让动物恢复野性的过程。关了很久的虎、熊猫等珍稀动物没有野性，它们野性的丧失实际上是它们不需要寻找食物，不需要参与生物界的竞争，也不再需要去预感环境将发生的灾变，适应了舒适的人工饲养环境造成的。驯化其实是一种对动物的教育，驯化越完备，其野性越丧失，生存能力越降低，生命适应的弹性空间也越小。

人类同样如此，对人为事物越依赖，人的本能丧失越迅速，生存能力越降低，生命适应的弹性空间越少。倘若一旦失去人为事物的支撑，整个人类、整个世界将进入一个何等可怕的境地？

人原本就没有这种能力吗？人的这种能力是怎样在漫长的进化中被进化掉了？大灾之后没有对这些问题的思考和认识，就是没有认真总结和吸取人类惨痛的灾害教训。

所谓生命是什么？按照英国学者凯恩斯·史密斯（Smith，A. G.）的话说，"只说有机物与其他自然系统的区别在于，前者有一种复杂的整体性。要维持这一整体性，其部件，即分子，必须在某种意义上'相互认识'"。"也就是说生命是一种能把各部分有机地联成活的整体之力。一旦面临危机，各部分能相互感知，形成合力以摆脱危机。"对此，史密斯又说："意识中最基

① 孙晓慧. 第 6 感吗？斯里兰卡海啸后竟未发现 1 具动物尸体。http://www.people.com.cn/GB/keji/1059/3088116.html.

本的现象是感觉（如饥饿、疼痛）和知觉（如颜色的辨认），我认为使所有这些形式的意识得以产生的手段是不断进化的，疼痛与饥饿的感知能力经自然选择被不断完善，因为这种感知非常有用……进化功能得以发生的最终原因在于物质基因，在于脱氧核糖核酸分子中所储存的信息，而脱氧核糖核酸分子唯一可做的是改变其他分子的组织结构”。

这一段话很说明问题，极富启发性：其一，构成生命的基础在于感觉、知觉。感觉让我们感受疼痛、饥饿，知觉让我们知道是什么样的疼痛、饥饿，这两者合起来发挥作用，发现并认知危机，继而才能克服或躲避危机，从而保全生命。但是，没有生命的基础，一切都免谈，换言之，在生命面前，在生死关头一切人为事物——无论物质财富，精神财富，或科学形态，或文化形态——的价值都是次要的，用其来换取生命都是在所不惜的；其二，这种生命的基础可以“进化”，因其根本在于脱氧核糖核酸分子之间“相互认知”，一遇危机，便可“改变其他分子的组织结构”，即通过相互的信息交流，完成组织改变，建立新的联系，应对危机。所谓“进化”，就是这样一个过程。因此，这就意味着生命基础的发展可以通过教育实现。就像四川安县桑枣中学叶志平校长，对地震的预感和防震的意识，化为了学生的行为能力，化为了管理有序的集体反应。所有这一切都是从不会到会，从不熟到熟。对地震的预感和防震的意识是信息，不同的在于这一信息不仅改变了个体的组织结构，而且改变了学生以及全校组织结构，但其基础都是每一个体的生命组织结构的改变。

人类不能像动物一样，自身有预知灾害、抵御灾害的能力，人类能够做的也就是通过教育使大家了解灾害，在灾害来临之际有自救能力。这是减少人员、物资损害的最有效的办法。这不仅在知识层面认识了地震的强度、烈度，而且在地震来的时候人知道该怎么办，怎样能够毫发不损的生存下来，而不是灾后的救灾。“智者见于未萌”，因此应该在教育中增加对人本身的训练，而不只是发展人对人为事物的经验和创造。

但我们时下教育的基本定位在于：重视人为事物——即人创造出来的科学、知识、文化等等而轻视、甚至完全忽视了人自身的生命基础教育。

发展人为事物与发展人本身的关系，甚至发展了某一或某些方面，而伤害了人本身。赫舍尔的一段话说得很好：“我们关心的是人的整个的存在（existence），而不仅仅是，或主要是它的某些方面。大量的科学活动致力于探索人类生活的不同方面，比如，人类学、经济学、语言学、医学、生理学、政治学、心理学、社会学等。然而,任何孤立地探讨人的某种机能和动力的专门研究,都是从特殊的机能或动力出发来看待人的整体性的。这些作法使我们对人的认识越来越支离破碎,导致了人格的破裂,导致了比喻上的误解,导致了把部分当作整体。如果不考虑整个人的所有冲动之间的相互依赖性,我们有可能孤立地认识其中一种冲动吗?”这不仅是对人性认识中的误区,更是实践中的问题。汶川大地震给我们的最有价值的反思就是我们的整个发展,包括教育,只能定位于人的整个的发展需要,而不是服务于割裂的、支离破碎的“政治的”、“经济的”、“行业的”或“学科的”需要。

“归根到底,哲学是人创造出来的,却不是为哲学创造出来的”。岂止“哲学”,什么“科学”、“政治”、“经济”等等都是人的创造物,都只能服从人的发展,而不是让人的发展服从于其他。这涉及一个应用极其广泛的,而本质上是错误的概念:“适应”。

适应一词的英文是 adaptation,词根 adapt,其本意,按照《牛津高级双解词典》的解释,是“make something suitable for a new need”,即为了某一新需要使某种东西改变自己。打从介绍达尔文的“进化论”开始,就把它译成“适应”,可潘光旦先生认为这个翻译有问题,他不赞成。译成“适应”,只强调环境对改变自己的要求,没有体现生物也在改变环境,实际两者相似。所以潘先生,按照费孝通先生的话说,早在 20 世纪 30 年代就从山东孔庙大冲殿上的“中、和、位、育”中取了“位育”两个字来代替 adaptation 的翻译“适应”。他认为在社会位育的两个方面,“位”即是秩序,“育”是进步,“位”者“安其所者”,“育”者“顺其生也”。而且因为“中和位育”同时是儒家的观念,那么这种观念在文化上所表现出来的文化宽容、与文化共享的情怀,更是适应该词所具备的另外一层背后的含义①。

因此,“位育”的秩序强调了环境周围的世界对生命体的规定,而“育”是进步,强调了主体既调整自己,也改变环境以适应自己的进步。所以这两个方面完整的意思应该是潘光旦先生所理解的。牛津大学的生物学家利基在深入研究这个问题的基础上,不仅提出了“利基基因”这样一种概念,他还认识到人类的文化的适应还存在着文化的 DNA,他把它叫作 minic 这样一个独特的东西。minic 概念的提出很有意思,尤其是一个生物学家,开始把人这种生物与其他生物区别开来,他发现,只有人不仅仅有基因的遗传,还有

① 参见费孝通:《三两跳中的文化思考》,《读书》,2001 年第 4 期。

文化 DNA,即 minic 的遗传。正是这种"生物基因"和"文化基因"的互补结构,才使人成其为人,才使人在自己的教育中可以把人自身生命基础的发展同人利用制造物(即人为事物)的能力的发展有机地结合起来;才能把发展人认识活的事物与学习已有知识的关系解决好。做到这一点,我们的教育便可从只重视人为事物,而忽视了人自身的生命基础的适应教育上,回归位育教育上。

位育教育包涵四个层次:人类与自然位育(即相互作用);人类群体与群体(如国家与国家、民族与民族、文化与文化等等)的位育;个体与个体的位育;个体自身内在的(情感与理智、愿望与现实等等)位育。

于是,在时间上古今贯通;在空间上中西融汇。按照学科分类的教育,无论强调古抑或强调今,无论突出科学抑或人文,无论是"政治挂帅"抑或"为经济服务"、抑或"为科学奠定基础",其本质上都是单纯的"适应",都从根本上为人或为物的关系。

如果我们明白了一定的植物、动物乃至人类都是与其环境相互作用的千年、万年、亿年、亿万年的位育结果,我们就不会要求单方面适应,就不会武断地"改造"或"征服"什么。

这次大地震便有惨痛教训:地震伊始,交通、通讯系统被彻底破坏,没办法获得消息就无法安排一切。这是因为我们现在的进步极其浮躁,我们不断地把自己旧有的成果扔掉,把旧有的适应方式抛弃,然后捡拾西方的,像寓言里那个掰包谷的猴子,掰一只,丢一只。我们抛弃以前的交通、通讯形式,是因为我们以为现在的一切更先进,可以替代原来的"落后"的方式。但是,我们对西方科技成果的依赖性越强,我们选择的余地越小,生存的空间就越窄。这种依赖在常规情况下可以,在灾难情况下就不行。如果在地震时村村有鸽子,每个城市有鸽子的通信网,什么地震都震不垮。交通方式也如此。汶川等地自古有茶马古道,马帮是当地人适应天地系统、满足出行需求的最好方式,是人与自然长期相互作用的结果。就马而论,当地的马适应当地地形,并且熟悉道路,负重能力强。发展现代化交通的同时不排斥马帮,养起来以备不时之需,这是极其必要的。这些本来就产生过,就发挥了重要作用的事物,我们现在为什么要一概抛弃?我们的民族性和教育理不应该如此。这种适应永远不是千篇一律的东西,必须因地制宜。特定的天地系统、人际关系有特定的适应性,因此必须进行特定的"位育"。"位育"就是在特定的位置上与之适应,自己生长发展,"遂其生"也。四川安县桑枣中学叶志平校长做到了这点。他的学校、社区处在断裂带上，他就意识到要防范特定的灾害。

位育的另一层意思是，必须要因时、因地制宜。也就是不同的时间、空间，因对象等不同所形成的场合不同，因此任何看起来对的东西，都不可照搬，都有一个具体化的问题。在教育领域就必须推行位育的校本化。而不是袭用“校本课程”。“位育”即“安其所有”，“顺其生也”。这个“化”到每个学校都不一样。要结合实际来寻找发展之途，才能出现千千万万个好校长，学生才能保存生命；而不只是贯彻指示、大纲，学习也不只为上北大、清华。而是在它的土地上生长出健康、和谐的人。安县桑枣中学叶志平校长给我们的启示便是，称职的校长不只是上情下达，或下情上达的校长，而是能动脑筋、主动开展位育的校本化的校长。这一职能是任何其他人都不能替代的。

震后，必须从根本上反思怎样发展人性，怎样从人性的本能出发来发展完整健全的人。事实上人的工具方面的发展是人应对环境变化的“用”的方面，是非常有价值的，但它现在却成了唯一的价值和价值导向中的核心价值，这便背离了以人为本的价值取向。人性中“本能”看上去是落后的，其实它是使人成为人的最恒定的基础。比如数学上对心算、空间感和时间感的训练，自然课上对社区周边动植物的认识和利用，体育课上对人体素质的锻炼，远远比看钟和测量这类依靠人为事物的训练更重要。对人性本身的学习和训练被忽视了，而这些又是在应对灾害时最重要的方面。这次地震中11岁的哥哥救出压在树下6岁的弟弟，步行2天半获救①，以及11岁的哥哥背3岁的妹妹走了12小时脱险②。城市的娃娃行不行？为什么只有农村的娃娃行？因为农村的“落后”，娃娃长期在农村跋山涉水背负重物，运动量大，家里人少，当哥哥的还要照顾小的，于是背着、抱着，走遍山间，认识山里的动植物。6岁的娃娃也有几十斤，11岁的哥哥背了近3天的时间，走山路，辨方向，找水找食物，还要躲避不时袭来的自然灾害，总算兄弟俩都脱险了。城市的孩子是无法做到这些的。这些山区孩子看起来“落后”，实际上山区生活使他们在山地的生存力加强了。

---

① 佚名：青川哥哥张自强勇救6岁弟弟张平勇 抗震救灾感动中国。http://www.5ilog.com/cgi-bin/sys/link/view.aspx/6273505.htm.

② 佚名：11岁的张吉万，背起妹妹走出生命的险区。http://renwu.baidu.com/0806/st-4.html.

因此在教育中要增加学生与自然相互适应的课程。尤其在数码时代,可以通过数码模拟、影视再现来替代自然的丰富性、真实性,这是对人有切肤之感的教育。这不是去农家乐的体验生活,而是真实的人生教育,是对人所处环境关系透彻理解的教育。倘若做好,我们再遇到灾害时,应对会更好。

认识、继而提升人的价值是我们大灾后反思教育的更重要的意义。赫舍尔说:“我们的困难在于我们对人性知道得太少。我们知道人制造的是什么,但我们不知道人是什么。对人的特点的许多描述,例如把人说成是制造工具的动物或是能思维的动物,都只谈到人的机能,而没谈到人的存在。我们的全部文明建立在对人的错误解释的基础上,……对人的无知不是缺乏知识,而是由于错误的知识。”①

赫舍尔认为人的历史发生了极大的变化,也犯了个很大的错误,我们现在的文明史把重心放到人类做了什么上,却没有告诉我们,也没有把重心放在人是什么上。面对大的灾难后,我们应该思考的是人是什么,我们不能仅停留在人做什么上。人的价值和意义在于他有价值理想。为什么海德格尔发出“诗意地活着”的感慨,这也是为什么后现代思潮风起云涌的原因所在。维也纳学派的马尔库塞反对因制造工具而把人变为“单向度的人”。我们教育体制中的学科专业分野就是把人变成“器”的弊病。一方面我们应该意识到这种“分”有价值,有对问题深化的认识作用,更应该认识到它只是人的工具理性发展的一个方向,而不应该过分强调其专业性、学科性的经济利益,背离了以人为本的取向。

地震的灾难应该让我们重新反省问题。法国让一雅克·塞尔旺一施赖贝尔(Jean—Jacques Servan—Schreiber)在深刻地研究了二战战败的日本如何重新崛起后,提出了一个极有意义的问题,他说:“那么,难道说只有经历了广岛的殉难,才能够像释放出原子能那样,解放每一个人的精神创造力吗?”②我们遇到了前所未有的8级地震灾难,它的重建绝不仅是房屋建筑的重建,更重要的是我们应该重新思考我们的教育,重新培养我们的新一代,重新做“人”,只有这样,我们才对得起那些亡灵。

2008.2.4.

---

① [美]赫舍尔:《人是谁》,隗仁莲译,贵州人民出版社,1994版,第2页。

② [法]塞尔旺一施赖贝尔:《世界面临挑战》,朱邦造等译,三联书店,1984年版,第247～248页。

教育理论的更新与现代教育的发展

世界面临挑战，教育首当其冲。这是一个不以人的好恶为转移的事实。不仅落后的中国，即使是超级大国，也不敢对教育有丝毫懈怠。“美国的教育如果沦为世界第二流的，那么，她就不可能保持其作为世界第一流强国的地位了”①。

无论是为了回答挑战，或是为了抓住机会，明智的人们都把眼光投向了教育，这是个世界性的问题。

力量的竞争就是科学技术的竞争，而科学技术的竞争，说穿了，就是教育的竞争。这一简单的真理人们已普遍认识到了。

中国，要摆脱落后，跻身于世界先进之林，面临的是一个竞争更加激烈的严酷现实。因此，从本质上说，也就更加需要教育。然而，中国的教育却远远满足不了中华振兴的需要。

中国，有着近四分之一的人口是文盲和半文盲，拖着这个沉重的包袱，中国是无法跨入现代化的门槛的。

全国中小学的教师学历完全合格者，不到40%，中小学的危房还远远没有消除，教育的发达显然是无法实现的。

教育经费的增长明显落后于通货膨胀率的增长，教育经费被大量挪用，加上教育系统内部的浪费，经费使用不当等等原因，教育经费严重短缺，且愈发加剧。

教育自身生产方式的落后。几百年来我们基本上还是沿用老师满堂灌、学生被动听的手工操作式的中世纪生产方式。教育始终是一个劳动密集型的产业。这一点是与以创造科学知识、传播人类文明的教育功能极不相称的。教育这个以发展文化为己任的群体，最令人不解的就是最少或最晚用自己发明、创造、传播的科学知识，来改善自身的生产方式。在我国的教育中占绝对统治地位的还是这种传统教育。

---

① 哈待：《教育与美国的未来》，载《现代美国》，1983年第11期。

全社会对教育的轻视已使得教育问题成了社会的严重问题。诚然，这些年来，对重视教育的呼声，“尊师重教”的口号不绝于耳，而教育发展的实质性问题仍然未得到解决，有些甚至愈发严重。在很多为官者的心里，都没把教育当一回事。支配其行为的一个至关重要的原则就是急功近利的短期效益，而教育效果的滞后性却永远无法满足短期效益。相反的，对教育的忽视或者损害也不会在短期内显出恶果。因此，对于那些一心想在自己任期内干出点名堂(更不用说那些混迹官场，或者贪赃枉法者)的“改革型”官员来说，把有限的财力、物力以及精力投在那短期内总难见效的教育之中，无论如何也说不上是“明智之举”。同时，由于教育效果的滞后性质，使得教育的交换价值无法直接实现。因此，在市场经济日益发展之际，教育系统在社会商品化的大趋势中呈现了奇怪的二重性质。一方面是大量的失学、流生、童工，另一方面是奉如神明的“中国小皇帝”们；一方面是新的“读书无用论”泛起，出现了建国以来从未有过的为数不少的研究生退学的现象，另一方面是不惜一切手段弄个学历的“文凭热”；一方面是研究原子弹的教授收入比不上卖茶叶蛋的老太婆，另一方面是农村大抢科技人员这个“财神爷”的报道屡见报端。总之，这种情况一方面反映了教育系统无法直接进入市场经济与之进行交换，以获得与其劳动相称的报酬，从而，只得依赖国家输血的不适应性；另一方面反映了社会商品化、现代化，又急需教育的紧迫性。

在这种形势下教育向何处去，对这一问题的思考已成了振兴中华、立足改革的有志有识之士们思考的热点，也成了中华是否真正能够在“改革、开放”中取得成功的关键。

捷克斯洛伐克的一个未来学家雷齐塔(Richta，Raclvan)提出了一个生产力进化的优先律，即：技术先于工业，而科学又先于技术。根据雷齐塔的生产力进化的优先律，我们可以进一步推论：

“教育发达超前于科学兴旺。当一个国家刚进入科学兴旺期，即该国取得的成果占世界科学成果总数的25%以上，而这些科学成果都是由其平均年龄处于最佳年龄区(25—45岁)的科学家作出的，这些科学家都是受教育的。因此，我们可以推知在该国进入科学兴旺时期之前的25—45年，该国应达到教育发达的时期。”[①]

---

① 查有梁：《控制论、信息论、系统论与教育科学》，四川社会科学院出版社，1986年版，第7页。

因此，我们可以得知，民族的振兴、国家的现代化，不仅必须让其必不可少的子系统教育振兴、让教育完成现代化，而且，教育的振兴和教育的现代化还必须率先实现才行！

于是，这里就有个教育现代化必须超前于整个社会的现代化问题。所谓教育现代化超前，不能仅仅理解为是教育先行的问题，它包含的内容相当广泛。因此，我们首先得有一个全面、正确的认识。这就意味着先得有个理论上的突破，所谓现代教育，首先，这是个历史比较的概念，意味着要同传统的和过去的教育进行比较。

其次，这是个发展比较的概念，意味着要开放看世界，要改革开放，要同一切民族、一切国家的教育，尤其要同那些先进、发达的教育进行比较。

这个概念既包含着同自己比，也包含着同人家比；既包含着单维的纵向比较，也意味着两维乃至多维的横向比较和立体比较。这就是个不断演变的动态过程，就要以不断发展的现代先进水平作为自身发展的参照系。

在这层意义上说，我们要实现的现代教育是不可能从任何过去的或现在的经验中去寻求样板的。要对现代教育有正确的认识，必须依靠正确的理论知识。

现代社会与过去社会的重大区别就在于，对智力的依赖性、对知识的依赖性日益增强。现代社会的一个重要标志就是科学技术的高度发达，而科学技术的发达无不依赖知识。可以说，整个现代化社会就是围绕知识组织起来的社会。同时，由于现代社会必须以不断发展的现代先进水平作为自身发展的参照系，它就得不断地进行革新，实施变革，就得力求预测未来、对自身进行有计划地控制。这种制订计划、预测未来、不断变革的需要都必须借助理论知识才能奏效。所以理论知识是至为重要的。

美国著名的社会学家丹尼尔·贝尔(Daniel Bell)教授经过多年的精心研究后指出："一个领域的日益发展有赖于理论工作的优先发展，它汇集整理出已知的内容，同时为经验验证指出了方向，理论知识正日益发展成一个社会的战略源泉，即中轴原理。"[①]

教育领域也是如此，所谓现代教育是前所未有的，它的参照系只能是世界各国不断发展的教育的先进之处。它必须据此完成不断的变革与革新。

---

① Daniel Bell: The Coming of Post-industrial Society-Aventure in Social Forecasting, Basic Books, Inc, Publishers, New York 1973, P. 32.

因此,要发展现代教育,则首先必须发展关于现代教育的理论,没有关于现代教育理论认识的突破,就不可能有现代教育的发展;而现代教育理论则是现代教育发展的“战略源泉”。

那么,应该怎样认识现代教育呢?我们认为可从以下几个方面入手:

从时间上看,一方面我们应该看到所谓现代教育总是一个相对的、运动的、演变的过程。它的产生和发展,不可能是凭空而来的。它是在过去教育和传统教育的基础上发展而来的。我们不应该、也不可能一刀切地把现代同过去、同传统割裂开来。我们主张现代教育决非主张虚无主义。反之,我们认为只有在对过去和传统教育深刻反思、正确认识的基础上,弃其糟粕、取其精华,才能发展现代教育。另一方面,现代教育更不是个静止的概念,它必须同未来紧密结合起来。正如过去决定现在一样,现在亦将决定未来。而“未来”这个表示关系的术语,表示的正是现在的未来。由于教育效果的滞后性、由于教育总是在用今天已知的东西为未来培养人才,因此研究现代教育与未来的关系便尤其重要。

从空间结构上看,教育是社会大系统的一个组成部分。就教育系统的外部环境而言,它的发展和运动必然会与社会大系统的其它子系统发生各种各样的关系。无论是与政治、经济、或是与文化、科学技术等都会发生不可避免的相互作用。所以,要发展现代教育,就必须研究教育与社会、教育与政治(包括政策)、教育与经济、教育与文化、教育与科学技术等等相互作用与相互关系。就必须借助这些学科领域内的各种知识、各种研究方法来丰富教育科学。就教育系统的内部环境而言,要发展现代教育所涉及的方面也是极为广泛的。它包括教育内容、教育技术、教育组织形式、教育设施、教育管理、教育制度、教师素质、学生心理、学习过程等等若干方面。总之,一切与人有关的、与开发智力有关的领域都包括在内。

因此,发展现代教育,要从理论上有所突破,绝不是一个单向的、平面的思维。而是一个多向的、立体的思维。这是一个庞大的系统工程。我们必须从各个角度,由外及里、由里向外、里外结合地来完成这一认识。这就必须利用人类创造的一切可以利用的文化知识、科学技术来完成这一理论认识的突破。这就意味着要尝试用各种新学科、新方法、新观点来探索和解决现行教育中的种种问题。这样的尝试一方面要注意汲取国外的教育理论新成果,另一方面侧重于结合我国的教育实际,启迪我们教育改革的思考,开拓我国教育实践的沃土,打开教育研究的视野,取得教育理论的突破,最终以现代教育的理论——为具有中国特色的教育科学体系的建设作出应有的贡献。

要完成这样一个伟大且又十分艰巨的历史使命，绝非是“伟人”、“大家”，或者几个权威者可以胜任的。这应该、也必须是所有有志于我国教育发达而致力于理论研究、实践探索的人们的奋斗目标。

纵观当今之世，近几十年来，无论是发展中国家还是发达国家，要在竞争愈演愈烈的今天，为自己的民族和国家争得一席之地，无不致力于教育改革。因而，各种关于教育改革的理论也层出不穷。以至于，有人干脆把当今之世称作是“教育世纪”。然而，我国的教育理论研究却与之盛况大相径庭。教育科学的现状远远不能适应教育事业发展的需要。如果说，建国几十年来社会科学战线都受到了极左思潮严重的影响，那么，教育科学就是重灾区。东北师大的王逢贤教授指出：“教育学的贫困主要表现在它作为一门科学至今还没有形成自己一整套明确的概念、术语、范畴；没有充分揭示出教育发展的客观规律；没有很好地对已发现的教育规律进行科学表述和科学论证；没有提出将教育规律运用于实践的有效的程序性规则；更没有形成自己严密的逻辑结构和科学体系。在相当长的时间内，我们把主要精力用在马克思主义经典作家有关教育的语录、教育方针政策和教育经验的汇编与注解上。”①

因此，可以毫不含糊地说，在国家尤其需要教育事业的发展，而教育事业的发展又尤其需要教育理论突破的时候，教育理论园地一片荒芜。要在这样一片荒芜上构筑我们的现代教育理论，任务不可谓不重。所以，这必须依靠老、中、青教育理论工作者的共同努力，尤其是中、青年教育理论工作者。

要完成这一使命，我们必须摒弃教育科学研究中统治了我国教育理论界几十年的苏联凯洛夫教育学体系，克服教条主义、克服经验主义。

要这样做我们还必须改善我们自身的知识结构，用新思想、新学科、新方法来武装我们自己。教育的核心是人与人的相互作用，是在一个特定的物质环境中的人与人的相互作用。人既有生物性也有社会性。因此，研究教育就不能就教育（我们现在所理解的那个狭义的“教育学”中的“教育”）而论教育，我们的视野必须既看到教育系统内部，也看到教育系统外部。就现

① 《教育科学应该有一个大发展》，载《中国社会科学》1983年，第5期。

在而论，更重要的是看到教育之外的东西。可以说，教育科学理论的突破、工夫当在教育之外。——纯粹的狭义“教育学”之外的自然科学和社会科学的广大领域。教育理论如果有什么突破，其突破口一定在教育学与其它学科（或自然科学、或社会科学）结合之处；如果教育思想上有什么新颖之处，其新颖之处也一定在借用了其它学科的研究方法上。

要完成这样的使命，我们还必须走向社会、切实了解中国的教育实践，并以自己的研究成果去指导实践，让实践来检验自己的理论。当前解放思想，完善自身的知识结构，深入教育实践的重任责无旁贷地落到了中青年教育理论工作者身上。中青年教育理论工作者也只有通过这样一个过程，才能在完成现代教育理论建设的同时，提高素质，成为中国教育科学研究的中坚。

原载于《教育评论》1988 年第 5 期

教育学理论到底应该怎么发展

刚才孟院长也是言过其实，盛名之下其实难副，绝非虚言。在教育研究领域，恐怕已经有人说咱们都已经成家，在教育学研究领域堪称权威，我看为时尚早。不仅我自己，我说这个话，其实算是一个基本判断，绝不是一般的谦虚。为什么呢？我要讲的题目便是，我们教育学理论到底应该怎么发展，这是一个很大的命题。

昨天在人民大学参加海峡两岸高等教育的一个研讨会，会上听原教育部副部长、现任高等教育学会会长周远清，以及人民大学校长纪宝成——这两位可以说是中国高校扩招、高等学校体制改革的始作俑者、具体的操刀者——的报告。尽管事是他们做的，但他们也意识到有很多很多的问题。如纪校长这次讲的是高校质量管理的问题，周远清也讲了五六个问题，这些问题都很严重，不是简简单单的一道行政命令、一个所谓指示可以解决的。那么到底我们的教育面临着什么样的挑战呢？

一、教育理论面临的重大挑战

一是国家太大，人口太多。

13 亿人口，这个教育怎么搞，人口素质怎么提高？这个需求集中在哪里呢？集中在教育之上。总体来讲，是怎么提高全民族的素质；分解开来讲，是我们的产业结构调整。我只讲几个极其简单的数字。1956 年，中国那时正在反“右”，美国当时第三产业（第一是农业，第二是工业，所谓的第三产业即工业、农业之外的产业，我们现在也这么分，西方学者现在把第三产业继续分，如运输、服务、餐饮、旅游这些叫做第三产业，金融、通信、计算机、银行业、保险业叫做第四产业；第五产业呢，还有我们从事的教育、文化、健康等。因此第三产业包括了西方学者说的第四、第五产业所有的这些门类）占到国民生产总值的 56%。也就是说，1956 年美国工人和农民不再是主体，社会的主体是中产阶级。现在呢，美国中产阶级的人口，所谓第三产业的人口是多少呢？占83％。农业人口占不到2％，工业人口占不到15％，加起来勉强占17％。也就是说，现在美国人口的绝大部分不再是工业、农业人口。除美国之外，日本第三产业人口为78％，其他是工业、农业。我们国家呢？最新的统计即去年的，占65％的是工人、农民，占35％的才是所谓的第三产业。这意味着什么呢？意味着农民要进城，第一产业的大量人口要往城里涌。工人要干嘛？要下岗。为什么要下岗呢？因为生产线落后了、生产方式落后了，所以纺织机要砸掉，钢铁厂要改造。凡此种种，落到工人头上就是下岗，下岗干什么呢？学新的武艺。凭什么学呢？教育。我们占65％的农业人口中一大部分要转到第三产业，靠什么？靠教育。哪一个国家的教育面临着这么大的挑战？世界上其他国家没有，历史上也没有过，我们的教育面临的社会需求前所未有！没有哪一个国家有那么多的人口嗷嗷待哺，需要高等教育，中国有13亿人口！

1978年我们入大学的时候，当时的高校招生名额27万，后来追加，动员各种措施增加到35万。这是1977年高考恢复时的招生数量。昨天，纪宝成讲现在招了多少？在校的几届学生加在一块是1600万，从35万到1600万，这个发展速度惊人！因此，不仅仅是中国高等教育，包括初等教育面临的挑战和社会需求前所未有！招生规模空前地膨胀，速度空前地大，涉及的家庭人口空前地广，动用的社会资源也空前地广泛，而且从来没有那么严重地把进不进大学等同于是否能改变社会地位的一个关键因素。这个门槛迈不过，社会地位就得不到改善。并且，这个压力现在还从分配转到就业。有的学生毕业就开始失业。这种状况造成教育与社会适应的矛盾也空前地尖锐。上述这些问题，都不是哪一届政府简简单单就可以解决的。我们的农村教育极其不发达，现在搞一点“两免”措施，教育经费向农村倾斜，等等，但这些措施几乎都是杯水车薪。为什么呢？因为这个账是建国五十几年来一直欠下的，城乡教育条件没法比，差得太远。说起来大家会不相信，我去调查的民族地区的学校学生一年的学费，小学二十几元、三十几元，老师两支粉笔用一个学期，这当然是极端的例子，还有好多例子惨不忍睹。这样庞大的农村人口、农村教育的矛盾空前突出！也就是说，像这样的问题还仅仅是人口素质提高、产业结构调整、城乡结构改善引起的对教育的需求问题。这只是一个方面。

二是数码存在的高科技挑战。

孟院长说院里的老师都有笔记本电脑，笔记本电脑在我看来很快就要被取代。为什么呢？计算机的发展，核心技术说到底是数码。数码是什么呢？以前西方学者讨论“to be”，动词是“be”，为什么是“be”？现在看见的柳树刚吐新芽，很美，可是冬天呢，是干条甚至冰条，以后呢，是柳絮扬花，烧掉变成灰、木炭，所有的这些我们看到的是它的“ing”的形式，我们总是现在看见这个“to be”。英文里的“to be”很重要，它有时态，有单数、有复数，也就是所有的变化都在“to be”的原形里包含。因此，“to be”，“be”加“ing”看见的是现在，以前的“be”是什么呢？是物质。我们搞生产的是物质的，遇到的是物，有长、宽、高。要生产什么东西，原料、运输、库房储存、工人加工生产流程，这些都是一套对物质进行加工的东西。现在是什么呢？现在不再是物质存在，我们学教育的遇到一个很大的问题是数码存在的挑战。比如我的声音被数码录音笔录下来就变成一串数字存在，我的形象刚才被拍照，就变成一串数字存在，经转换而成了图像，这个图像是什么呢？一串符号——“码”。计算机、录音笔、照相机，迅速地把物质存在编码，然后通过“码”传出去，经过解码后马上还原。不光是图像、声音的传递如此，从物质存在转化到数码存在，这是一个来势极其凶猛的所谓高科技的挑战，即所谓全球化的过程。

今后，我们身上带一个小的东西——存储器，五分钱的硬币可能就比现在的光盘大一千倍，这个磁信号现在很容易就解决了，于是带块手表就可以带走整个大英图书馆，即使图书馆、博物馆再大，信息都可以这样转化。我们做教育、文化，搞这些活动的人也有个数码转换的问题。现在在网络上下载软件很容易，软件是一套用语言编程的想法，可以马上下载，有人说今后可以下载硬件。为什么呢？软件下载的同时把材料变成最小的分子纳米，把这些纳米按一定的程序去组合，就出现了新的硬件。于是人类的生产、生活、学习全都发生了巨变，这是来自高科技的挑战。这个挑战太大了，它不仅只是把物质变成数码，而且还是全球的。发展是全球的，传递是及时的。现在在这里说，纽约马上就可以知道，只要传输速度足够地快，编码器、解码器足够地快，就可以马上做到这一点，尖端的只不过材料贵一点、技术昂贵一些。月球上探险的东西可以马上传到地球上来，不要以为这些遥不可及，太容易！为什么？越是高科技的东西生产的手段越高科技，但遇到的情况是越是到了后来成本越低，刚开始很贵，因为研究经费贵，到后来为什么低呢？因为生产手段重复很容易，“just copy，simple”，是个“copy”的过程，因此非常容易再重复。这个挑战正在急剧地改变整个世界，由此引起的产业革命，传统的生产方式要不要信息化、数码化？传统的交通方式要不要信息化、数码化？所有这些东西最后都集中在哪里呢？集中在人会不会做了，因为以前学的武艺是对付以前的社会，现在社会变了，凭什么去适应？要依靠教育！

而当教育在这个巨大的挑战到来的时候，我们的教育学者在做什么呢？怎么让我们自身素质提高呢？我们在做这件事时唱的什么调？陈词滥调！我们把以前的教育学简单地梳理一下，我们祖宗有一套，不叫教育学。老祖宗的教就是教，学就是学，没有双声词。为什么呢？因为刻甲骨文很难，把一句话用两个字来表述，既浪费材料，也浪费时间。中国古人因为有了刻画符号，这才产生了专门用于书写的“文言”，不难刻画的口水话即白话。于是，说和写就分开了，这个分开有好处、有坏处。教育学这个领域，我们从事的这个行当，学这点知识是哪里来的？有什么神圣性？我们该怎么掂量它、思考它？是个大问题。“to be or not to be”，哈姆雷特也在不断地问，能不能“to be，not to be，why?”为什么不能够，这里的“to be”出了大问题。为什么？你面临的挑战前所未有。

刚才我从宏观角度讲的。我们人提高的学问，教人学习的、提高自身素质的观念、方法完了，出了大问题。我们的老祖宗、刚才说的教、学那一套被赶出了现代学校，为什么呢？它不是现代学校分科体系，大学里没有，把这块赶到了古文、古籍整理中去了。中文系学一点古文，教育系顶多选一点中国古代教育史的参考文献，这当中的思想让你了解一丁点。我们自己几千年怎么教人的东西没有了，没有进行整理、进行耙梳，把它渗透到现代学术殿堂中来，这个没有做，或者说做得很差。西方的教育学呢？瞿葆奎先生的《元教育学研究》做了一个梳理，教育学以前是哲学的，所谓哲学的奴仆，这个说法不冤枉。为啥呢？是从哲学里看这套教育学是什么？这是一个问题。

二、教育工作不能简单地量化

贝尔纳，英国的科学学之父，他审视了人类所有的知识、科学门类，说：“只有当教育学开始用比纳—西蒙的智力量表之后，才勉强算得上是一门科学，即是说科学承认教育学是一个门类，是因为其用了比纳—西蒙的智力量表。”为什么呢？我教了，你学了，我教了多少，你学了多少，这都不知道；量表先量，教增加了知识，再测量，证明你做了。因为现代科学的基础是实验科学，试了才知道，所谓实证，哲学是实证主义、分析哲学。这一套东西是实验科学，方法是实验。这种思想长期影响科学，所以科学长速发展。但教育学呢？贝尔纳说使用了比纳—西蒙的智力量表可以让教育学得到证明，因此是科学的一个门类。贝尔纳的观点是个历史的话，他从科学主义的观点来看有一定的道理，但在我看来是个错误。因为人的素质或精神的发展没法量化。大家思考一个问题，真正能量化的是什么？一定是物质，只要思考一下就能马上清楚这个道理。只有物才占有时间、空间，空间才有长、宽、高，时间才有过去、现在、未来，这几个维度凑在一块，才是关于物质的研究。这些所谓研究物质的性质、运动、体积、数量等，是关于物的研究，而精神呢，没办法变成一个物，精神假如能量化则意味着其发展是有限的，我们只能从思辨的角度去推理它。同时，人在这里，但他可以想到美国，想到古时候，什么都可以想，所以精神是人在这里，心不一定在这里，口上说的和心里想的完全可以是两回事。我们做的几乎所有的教育工作，从本质上讲都不能简单量化，这是我们最难的，而又是人最了不起的——其发展无限，更没法量化。有研究者曾经也想用科学主义的东西来改造它，所以，20 世纪初西方出现了实验主义教育运动，也都是想找到它的规律，找几条跟物质研究相似的规律，想找一个一劳永逸解决问题的办法，这个想法很普遍，可是这条路走不通。前苏联搞了一个凯洛夫体系，我们那时学凯洛夫，学了凯洛夫以后觉得没必要，取消，干脆用领袖的语录代替。文化大革命中教育学不要，心理学也不要，因为它们都没法看得见、摸得着，那两句“一不怕死、二不怕苦”就够了。这个东西甚嚣尘上。

三、教育学要有哲学创新

改革开放以后，我们意识到这个问题了，把学教育学当成一个职业，这里是指“职业”，不是学学术性的东西。在西方的学术制度里，学术性的学位通常贯以 PH，Philosophy，Doctor degree。PH. D 一定要有哲学思辨，在学术上能够有创建，能够有哲学上的追求本体的突破，而不是一个职业。我们讲教育学的发展方向，是讲教育学在哲学意义上的学术突破，而不是谈具体的办法，更不是简简单单的职业。“Profession”，这翻译成专业。教育学作为专业进入大学学习从什么时候开始呢？它的词根，后面是 s—i—t—l

—e,这个词根是什么意思?“公众”;“pro”,意思是“前”。也就是说所谓一个专业是能够把它摆到公众跟前去证明的东西。在这个专业里很能干的人,Number1,所以就称为“Professor”,这个“Professor”里的“sir”在港台电影里经常用,现在足球先生就是这样来的,足球先生只能有一个,所以英国学制里的教授只有一个,不像我们现在满天飞的教授,搞政工的也是教授,他懂什么专业!

教育学作为一个专业领域、学术专业领域,它的前景在哪里?我们解放、改革开放之后,研究者对这个问题的思考多了,做了很多努力想突破,但做了什么呢?中国社会科学院在20世纪1980年左右有个会,说要建设中国社会主义的教育学理论体系,这个事唱了一通没有了。不能说几个领导人的讲话就成了学科体系,因为领导不断在换。领导换来换去我们学术领域还有没有稳定性?学术领域到底该怎么发展?对领袖语录的解释大有问题!我举一个例子,张维平老师和我谈起这个问题很感动,他刚出了一本书——《美国教育法研究》。这本书从哪来的呢?1979年写硕士论文的时候,马骥雄先生给他定的题,1979年,当时思想还没有怎么解放。马先生说要研究美国教育立法,这个多有眼光,当我们现在要搞教育立法的时候,借鉴美国的法制有什么经验。因为美国在这一块是最成熟的,对它进行系统的研究很有必要。现在拿出成果来,看得出学者当时的眼光,他做学问不追形势,不迎合谁。另外,再看同时代的华东师大老师,他要求学生研究前苏联,自己搞了赞科夫的研究,以后让学生做有关巴班斯基、苏霍姆林斯基的研究,前苏联搞垮了,这些也没有用,因为它没有“学”,不是从一个结构建设的角度去考虑学术发展。

这个话题引出来,我们怎么做学问?教育学怎么发展?回到刚才的问题上,为什么讲不能跟着领袖的讲话走呢?比较教育学里有个经典的比喻,做研究的要超越开船的,因为我们不是政策制订者,你开船制订政策是你的事,管你船上运的是什么。毒品,坏事;军火,坏事;粮食救灾,好事;药品治病,好事;不管你的价值和动机,只要你开船就一定得遵循航海学,不能撞暗礁,不能说运的是粮食所以要撞暗礁,没有这个理由!我们的研究就要成为这样的研究,即研究暗礁怎么分布、潮流怎么运动、茫茫大海怎么辨认方向,这些东西才能使教育学研究站住脚。教育学整个理论体系怎么才有这样的眼光,构筑这样相对超越政策、不是跟着领导人走的学术规范,有点所谓哲学的追求,这就是问题的根本。看看我们做了什么,我们抛弃了政治、抛弃了哲学之后，教育学的研究者急功近利，做什么呢？新“三论”出来后有《信息论教育学》、《教育信息论》、《系统论与教育学》——一段时间甚嚣尘上，这些东西是把西方科学里的东西照搬到教育学里来，两张皮，没有结合，走了这条道，但这条路走不通，只有死路一条，因为没有回答我们的问题。有的学生在做论文时已经有了一套理论体系，开题时就讲我的理论体系怎么样，其实这个理论体系一弄就把自己搞死了，仔细一看处处都是空的，离开了自己的问题，没有从活的教育中去升华理论。这个方向偏了，不好做，处处碰壁。为什么呢？因为写下来是空的。

大家都知道，刚才我讲数码进入教育技术领域有这么几个阶段，一个是hardware，因为这个 ware 在当时就翻译成“件”，所以有“硬件”。现在我们很多学校的发展停留在这个阶段上，检查学校是否现代化，看的是有多少设备、什么跑道，这个检查本身荒唐透顶。因为它只能检查物，不能检查思想、精神，但又要做形式，要所谓的公平，这可就麻烦了。把对物的质量管理的东西硬搬到对人的精神发展、心智发展上来，是荒唐。只有硬件不行，所以有了“software”，即软件。有了软件后怎么办？于是就出现了“underware”，这个怎么翻译，很难，为什么呢？因为硬件、软件很好译，有硬件，软件教育技术还是做不好，为什么呢？因为课件什么时候给学生看，学生的认知情景需要研究，需要心理学；课件怎么组合，效果怎么区分，有教育学，要服从课程。于是，有硬件、软件之下的“underware”，这怎么译？我译为“潜件”，看不见、摸不着，“under”，译为“潜件”，实际上就是相关的其他领域的学习。后来我译成“融件”，你是指挥官，前线打仗，用步兵、炮兵，怎么用、怎么组合，有一个在现场融合的过程，有了硬件和软件，枪炮就能动了吗？还得有战场指挥理论，可是不能替代指挥官。因此，在教育技术的应用中，技术不能替代教师、学生的选择，要把这些变成理论的有机构成，所以“wnderware”我译为“融件”，有一个融合(integreate)的过程。

刚才讲的教育学的东西，永远有个“integrate”的过程，因为教育学绝不将别人的一套理论“老三论”、“新三论”讲得很热闹，到头来自己不知所云。你的理论体系卖完了，学生没有一点用，我们的教育没有一点改善，这样的问题太大了。现在我们教育学面临的挑战，反过来教育实践对教育理论的需求是空前的强烈，可我们的理论家在干什么呢？在解释领导的讲话，我们跟着他们走，我们在报职称、在完成评估，在搞这套东西，接触的全是远离我们发展实际的东西。这个经念歪了，影响多大！到现在为止，可以说我们还没有吃完 1952 年高等院校调整的苦果。大学，“university”，词根是什么？“universe”，宇宙，探询天地万物的，这个才叫“university”。为什么呢？哲学的本体是探讨“to be”，“to be”既有物质的“to be”，也有精神的“to be”，绝对不是只有这一类的“to be”，没有另一个“to be”。“to be”不以人划分，这才有了电学、物理学，所有的这些不过是物质运动的学问。而要解决问题只靠物理学绝对不够，数学、化学、生物，都需要。我们研究这个“to be”，大学里因为人划分，讲起来方便、学起来方便，所以就成了教材，变成了课程。课程“curriculum”，跑道，围着一圈一圈跑的；“subject”投掷的，投的。它们不过是为了从属于学的、用的，不是天生的。所以重大的突破总在边缘地带，这个就是学习。这样的东西在大学里既然有创造精神、创造文化、创造科学的，就应该互相碰撞，而不应该死守学科的藩篱。可是院系调整把什么邮电学院、机械学院、语言大学都当成了大学，这些都不是什么大学，只不过是大学的一个组成，There is no university，它已经变成了一个高等职业培训所。这个调整什么时候干的呢？1952 年；以什么名义呢？革命的名义。学谁的呢？学前苏联。这造成的几个祸害可以说现在还没有消亡：一个是学校里的政工系统从此庞大，二是学校的后勤系统雷打不掉，三是学校里的大事、学术发展，教授做不了主。谁都在做主，一个什么官就改变了大学教育，即使他根本就不懂教育这个学术问题，教育有很深的道理，关乎国际名声、关乎所谓科学发展；以前弄遭了，现在又开始搞大学合并，这个合的规律又在哪里呢？根据是什么？谁在研究？我们搞理论的人说不上话。他们不需要研究，他们只需做决定，他们有权。他们关心的是下一任院长是谁、还有好几个校级干部的位置——这东西非常荒唐。

四、吸收多学科营养，建构活的教育理论

再来看我们现在面临的更大的举动——中小学课程改革。共和国的所有的中小学的课程都换了，用新的，根据是什么？谁在做研究？有的做起来了，有的做得还很好，想法也不错，也有很多新的突破。但有的呢？瞎整，里边的问题相当多。我们的理论研究远远落后教学实践。我们跟在后面不断地写书，为什么呢？我们要出成果、要评奖、要报职称、要挣钱。我们的学者完全堕落到丧失了学术发展、知识分子的良心的地步。当然，前段时间江泽民的讲话我很赞成，社会科学研究很重要，真要意识到——它对中国造成的

影响绝不输于原子弹、氢弹的发射的影响。高等教育体制这个中国人才精英生长的土壤被破坏了，怎么才能让他们生机勃勃，像春天似的；怎么让我们千千万万的学子进来学新的东西，通过我们的共同探索，去构建、去开发、去找新的问题，进而构建自己的理论体系，这才是关键。假如这么做，我觉得我们中国的教育、教育学才有希望，才能突破这个瓶颈。

现在一些研究者的这个学养很差。为什么呢？研究人的学问的发展不是读几本教育学教材就行的，那些东西读了没有多大用。我从来不鼓励我的学生读那些东西，把它扔开，应付考试也不用看。因为教育是研究人自身发展的东西，需要有其他学科的营养。再仔细看教育学发展的营养，几乎很少来自自身学科的突破。这个功夫在教育学之外，工夫差了没办法突破。要研究、要丰富、要拓展、要广博，然后把所有这些东西“化”到我们当前的这些问题中去。我们教育发展的沃土可以说存在许多问题，世界上没有任何一个国家、任何一个发展阶段可以比。这么多的问题应该产生伟大的思想，应该产生真正的教育学，这才是我们发展的关键。这个领域，方兴未艾，可以说曙光正现，还期待着千千万万在座的年轻的同学们的努力。这个领域做好了，人类真正有突破，我们国家的发展有突破，教育学理论建构才有希望，你们能做得到。这个领域没有什么真正的权威，别看有的人现在是权威，那都是蒙你的，没多少真才实学，剥开一看无非是唱着洋人的调调。这个我历来不赞成。深入下去，抓我们活的问题，继而在这上面引起思考，消化吸收其他学科的营养，这样，去构筑我们活的发展问题的教育学，教育学才有希望，才能突破重围。这个重围不是瞎说的，一是现实的压力，二是政治运作的考量，三是哲学的附庸，四是科学主义的盲目崇拜，五是技术的冲击泛滥。这些都要了解、都要学习，潜下心来，最后化为我们自己的东西，只要大家意识到这一点，都动起来，就有希望。

（本文根据作者 2005 年 4 月 5 日在首都师范大学讲座录音整理）

活的教育与教育学的活

教育不只是学校教育，它无处不在，这种活的教育的性质决定了科学主义的研究方式、方法是不可能保证教育研究的科学性的。只有在一定理论、规范指导下，深入活的教育之中进行田野考察，才能获得构建有中国特色的教育学的资源，民族教育研究尤其如此。

活的教育比比皆是。我们每一个人，无论是家长还是孩子，无论老师还是学生，都经历着一个人生命的成长过程，这个过程中充满了教育。长辈的教育，家长的教育，教师的教育，大量的媒体也在影响人的发展，也是在教育，所以，不是学校里才有教育，更不是课堂教学才是教育。我们研究学校里的教育是应该的，并且现在研究得还很不够，但是，如果把学校教育作为人类教育的全部，只把研究学校教育问题当作为教育研究的全部任务，那就错了。我们仔细观察和思考就会发现，人有很多的思想、观念、知识、能力、习惯、特长，或者人的一些消极的东西，它们并不是学校教育有意识给他的，哪儿来的呢？是像空气似的弥漫在人的生活中的教育因素影响使然。可以说，教育就在我们的生产和生活中，它无处不在。我们在座的，都是做了孩子然后做家长，做了学生然后做老师，我们被教过，也教别人，我们都生活在教育中，那么是不是有了教与被教的经历我们就懂教育？当然，我们每个人都可以对教育谈论一通，谈教育、谈教育学或教育的某个学科该怎么样，甚至我们中的任何人都可以去做某一级教育部门的主管人员，去对教育发号施令，去对教育如何投资做出决策，去对学校应该怎么办指手画脚。问题在于，这些谈论、号令、决策、指挥的根据又在哪里呢？教育的背后有没有一些道理呢？哪些人关于教育说的话是有益的，因而可依其决策来改革教育？我认为这些问题是十分值得思考的。

众所周知，自从有了人类就有了教育，相比而言，学校教育的产生则是晚近的事情。现实生活中，教育并不是一个玄而又玄的事情，正如我刚才所说，它无处不在。既然它无处不在，那么，它是有意识、有组织、有计划的教育，反过来，它也是没有意识、没有组织、没有计划的教育；有的教育有固定老师，有的则没有。如此，教育意味着什么呢？意味着它像空气一样时时刻刻地在影响我们，意味着只要我们对它关心了、思考了，就可以对它谈出点道理。每个人都可以对自己经受的教育谈出自己的道理，这是别人难以替代的，因为每个人的经验有独特性。教育不是科学实验，然而，在我们教育研究领域，经常有些似是而非的提法，相当一部分人要把这些教育搞成教育实验，说什么"没有教育实验就没有教育科学"，说什么"你们教育学，不做实验，不用科学的方法，就不能算是科学"。实验是什么呢？它背后的所谓"科学性"无非就是实证，过分强调人文社会科学上的实证方法，早就为哲学上的实证主义所提倡，这是一种有极大局限性的方法论，后来逻辑实证主义予以修正、补充，但是仍然没有逃脱出科学主义方法论的泥沼。实验的前提是离析出整体的、复杂的研究对象中的个别因素，予以控制，人为地予以布置，以便抽象出可以清楚、精确测量的因果关系，看看人为地施加一个"原因"能引起什么样的"结果"。这种科学实验你做也行，他做也行，只要那样做，就能得出一样的结论，这就是它所谓的实证性。这样的实验，因为客观、精确，能消除研究主体带来的"误差"，能保持价值中立，能得到精确数据，能够切实地证明假设，也就是能够实证，所以由此引发了实验科学。这样的实验，在自然科学上非常有效、非常重要，以至于成了衡量自然科学是否为真正科学的标准。然而，把这样的方法搬运到教育研究上来，用它来衡量教育研究的科学性，那就错了，就是唯科学主义的做法。

教育学是什么呢？教育学是研究人的培养，是从培养人这个角度研究教育的。培养人的什么呢？我们常常认为教育就要教人科学知识，这样说显然是不够恰当的。如果所说的科学是指西方科学的话，那无异于说在中国历史上没有教育，因为所谓的科学从西方传入中国才短短的几百年，变成所谓系统的学科时间更短。那点科学知识与人类的其它文明、与人的发展的全部相比，分量很轻，可是，长期以来我们把它当成主要的。这点科学非常有限，用它来处理我们具有独特性的生产、生活和研究更是有很大局限性。用这样一点科学来教育、来研究教育，恰恰就谈不上真正的科学。教育学的"学"在哪里，有哪几条、哪些规范才算是个"学"？恰恰那些有着实证主义思维方式的人弄不清这个问题，弄不清教育学的"学"的独特性，这是真正的不懂科学。他们"缺什么就吆喝什么"，科学不够就吆喝科学，可吆喝了一通还是不科学，充其量是一个不自觉的实证主义者、唯科学主义者。

我之所以要在这里批评这些人，甚至是一些被人们看作专家的人，因为这是个大问题。为什么呢？这并不只是简简单单一个科学不科学的问题，而是一个大的人生问题、社会问题。在教育当中搞科学实验，在一定范围内，在一定层面上，是必要的、有效的。但是教育中充满了价值问题，那种价值中立的实验就可能忽视这样一个问题，即你有没有权力把这部分人当实验对象，不让那部分人去接受实验。人的发展都是平等的，从法律上讲，你没有权力这样去安排别人的命运，左右别人的命运。并且教育实验是以将研究对象简单化处理为前提的，而我们现在面临的教育环境是什么？现在的孩子们都是在电脑、电视等庞大的媒体网络轰炸下成长起来的一代，他们的认知环境、所思、所想跟我们以前大不相同。我们不能想当然地建立一些假设去实验，然后再根据这样简单化的实验结果去看待教育、安排教育。这样的教育太复杂了，我们几乎找不到一个灵丹妙药，像自然科学一样找个定律、规律去推广，所以教育实验结论经常难以服人。让人家常常觉得你认为“科学”的东西其实没有什么科学性。

教育学不是像自然科学那样的一门科学，因为它是研究人的发展和培养的。把教育学当作一个科学门类，与其他学科并列，是科学分类上的一个误区。教育问题具有综合性，教育研究就具有跨学科特征。跨学科不等于多学科，跨学科并不是几个学科简单加起来，也不是有关的几个学科各自研究自己关心的特性，把结论加到一起就是教育学。“跨学科”这个词汇，虽然建立在现有的学科分类基础上，其实是一种对其涵盖的学科领域界限的模糊，是一种多个学科在综合性原则下的结合，不是“各自为政”的那种多学科的简单累加。这就像对于瀑布的研究一样：物理学家可能看到的是势能，化学家可能想到的是其构成、是水分子之类的东西，地质学家谈的是地质地貌，气象学家想到的可能是雨水与瀑布水流大小的关系。可谓见仁见智，但仔细想想，人类要真正认识一片瀑布，就要综合各个学科对瀑布的认识才行。否则，就是片面的，就像寓言故事中盲人摸象一样，只抓了一部分。分学科研究，是典型的“屠夫”式的研究。而对人的发展和培养的研究是不能将研究对象“切开”进行的。仔细想想，人的发展很多是“隐”的，是慢慢显现出来的，而且还伴随着不断的变化。“隐”的东西不一定能说得出来，更不一定可以用确切行为表现出来；不断变化的东西，就带有不确定性，用普遍主义思维方式去研究它就不能奏效。

在教育学研究领域里，著名的美国学者斯金纳发明了教学机器。他以前就是想研究人的灵魂的，研究以后发现研究灵魂不可行，应该研究抓得住的东西,那就是人的行为。所以他说控制人的行为进而实现人的发展,于是他的研究重点就放在了研究人的行为上。这点是他从研究动物身上得到的启示,这就是著名“斯金纳箱”实验,工具性条件反射由此产生。这种简单的刺激与行为的关系问题,心理学可以实验,因为他控制的是行为,并且可以根据需要调节这种行为。但是,人的发展和培养问题不是那么简单,大量的人的发展和培养的过程并不是简单的行为问题,人比动物要高级得多,有关的问题要复杂得多。仔细区分人性的东西,可以看到,理性思维只是人性的一部分,按照以前的传统分法应该还有感性。在我看来,这种两分法还有问题,恐怕除了理性与感性外还有激情和冲动。在人类的很多活动,包括创造活动中,这些多方面的人性都会参与进去或表现出来。正因如此,用我们现在的科学知识去研究人类及其活动太不够了!

人类的活动充满了活的教育,研究它不是从我们现在的书本、学科规范出发,而应该实实在在地走进生活,只有走进去得到的东西才是真实的。但研究教育的人与不研究教育的人走进去的结果是不一样的。没有经过学术训练的人谈的只是零散的感受,充其量只是思想的火花,这不是研究。我们强调走进去,不是要抛弃理论指导,任何研究,不可能没有一定的理论前提,不可能没有个方法论基础。但是,不走进去,不去研究那活的教育,只逗留在既有理论圈子里,怎么从活的教育中找出能够升华的东西?研究活的教育,走进活的教育,才是“学”的发展之源。教育学的发展只能从活的教育中来。在这一点上,我认为我们做得不够好,整个教育学界做得都不够好。田野考察就是要走进活的教育,它不只是民族教育研究的一种特定研究方式,对整个教育研究来说也是重要的研究方式,是其他研究方式和方法不可替代的。从事田野研究,看似打乱了教学计划,获得的是一些不如书本上系统的知识,并且成本高,难度大,但是没有这样的研究,就不可能研究活的教育,就不可能发展出真正的教育学。

人类发展到现在,正开始前所未有地重视提升人类自己的价值意义。而人类与万事万物打交道的时候自己的能量从哪里来呢?我认为只能靠教育。可是教育学却做得不够好,没有有效地研究教育,提升教育的质量。尤其是师范院校里讲的那些所谓的教育学,近乎是陈词滥调。在那里学的只是一些过时的体系,并不能解决任何问题。但人类的教育需要理论指导,需要去研究它,这个活的教育中的活的问题太多。现在的多媒体带来的巨大变化给人类学习、心智、情感的发展造成很大影响,这些活的东西我们不去研究，还在遵从由前苏联、日本、美国传过来的教科书，把中华民族的教育大业建立在别国的理论基础之上，这不但是不明智的，而且是危害极大的。所以教育学要活，只能从自己的土壤中去“化”人类已有的知识，去研究活的教育，才是建设具有自己特色教育学的正确道路。“学”的发展只能通过一个转化环节——田野考察，走向生活。没有这个活的研究，很多话则是空的。所以我们在掌握学术规范后，一定要身体力行，走进我们活的教育当中去，从而整合、检验、提升自身的知识。这才是具有中国特色的教育学。

教育学的活来自于活的教育，它的转换一定是实实在在的田野考察。教育不可能像科学实验那样人为地布置，它一定程度上是原生态的存在状态。尤其是民族地区，这个“田野”还不是狭义的民族考察，民族考察只是对宗教、族群以及各种风俗习惯的一个集中体验罢了。倘若我们的研究者们眼光真的向下，走进活的教育，解决它、思考它，哪怕失败了，不能上升到“学”的层面，那也没关系，但是一旦提升出来，它就是我们自己的，就是具有中国特色的，就能够经得起时间的考验，这才是有生命的，这样才能使教育学“活”起来。这次会上我们仅仅是在这条路上开了个头，主要是提高认识，提出一些问题，要说做，那还早得很，要能做好，就更须时日，但是不做就永远没有光辉前景。

问题与方法

——在博士生毕业论文开题报告会上的讲话

首先，我要谈的是对待开题的态度、对待别人意见的态度问题。

请来的评议老师，各种“武艺”的都有，对我们开题人来说，不要说那个老师说话说重了，那些话不实，而你只听对你有好处的那部分；不要计较别人的态度，不要计较人家是不是都是客观准确的评价，更不要因为一个老师说我好，就不服气其他老师的否定和批评。亦即，要端正态度，此其一。我们开题不针对任何学生，不针对任何老师，若考虑，就把学术问题偷换成人际关系了，因此，不要说这个老师的学生过了，那个老师的学生有几个没过等等。

其次，我们很多人开题都是临时抱佛脚，并且希望老师配合他，这样的临阵磨枪是不行的。

所以我在这里讲要端正态度的同时，还有个更大的问题，很多同学在学习的安排上的问题。

一方面，口头上都说博士学习很重要，要非常认真地学习，可是每到关键的时候，都有各种各样的理由，而每个理由、托词，我用一句话概括，都是以革命的名义。所以，这是个麻烦的事情，也就是在安排上没做好。很多同学在入学的时候都跟老师说，学习非常重要。一定要好好专门安排时间学习，一定珍惜这个学习的机会，请老师务必考虑，可是到时候就不是这样了。在整个安排上说他不认真，他感觉到冤枉，可是这个认真决不是形式上的读了多少篇文章，弄了多大一堆材料，这不是量的问题。中国社科院经济所有个女老师写了六百多字的东西，在我看来这个六百字超过了好多长篇大论，因为她抓住了一个破产小公司骗取国家财产的报道，揭示了现行经济中的大问题。虽然她只用了六百多字，但是她需要做的东西是很多的。所以这个核心的问题是你的思维是否严密。这个话题本可以不讲，似乎跟开题没有关系，但我觉得我们同学做的最不好的就是这个问题。有些同学不在实际学习上下功夫，想通过其他途径混过，只要我把关，绝对不可能。博士生开题要解决什么问题呢，我认为有如下几点：

第一,研究的领域也就是研究域非常重要。研究哪一块,干些什么,这一块原来是哪些人在研究……请注意这个问题,在开题的时候,要弄清楚这个问题到底是不是教育类的问题。这个话题的背后,是说这块研究领域划归到哪个学科,用法学上的概念就是说主权是谁的。这个问题又真又假,说它真,是因为它确确实实被划归为很多学科的领域,这个是实实在在的有一个标准的,有一个所属学科范围,但学术的领域是真又是假,上升到哲学层面就会明白。比如这个问题看起来是法学的问题,是经济学的问题,是教育学的问题,但是,我怎么就不可以研究呢,社会学可不可以进来?人类学可不可以进来?产权是通过法律的形式授予你对这个东西的主权,这个是可以授予的,是人为的行为,是可以明晰、划定的。学术问题,从来没有说哪个领域只许这些人研究,不许其他人研究。就算他说了,这个授权也没有法律效力。同时,人类对研究领域的划分是相对的,当我形成了一套话语体系,有概念、有术语、有定律、有专家群、有方法……那么我可以说这是我研究的领域,这个话是对的,这是真的一面。当其他人要进入这一领域,其中包含的术语要懂,工具要懂,要用他的话语、方法等进入这一领域,研究问题。

学术领域是人类对其认识的主体的划分,不是永远不变的。但是当博士生申请学位的时候,是在这个话语体系、理论框架中去获得认可。所以,我提这个问题:你这个问题是不是教育学问题?到底是哪个领域的内容?因此,弄清楚学术领域,研究领域是一个很重要的问题,应该认真思考,而我们不少同学并没有搞清楚这个问题。总的来说,在学术研究上总还得有一个范围,这就是说要给自己的研究划个界,这个非常重要。我们讲"时"、"空"两大关系,万物都在运动,凡运动绝对离不开时间和空间。东方的天地,实际上也就对应于西方哲学上的时空,确立了这个亦即确立了坐标。所以说有的同学的开题不对头,凭什么就定个1978年后,这个不是搞政治运动,又不是因为十一届三中全会以后颁布了什么政治文件,引起了事情的变化,所以就只研究这后面的一部分。你所研究的农村教育的不公,以前没有吗?为什么你只取这一段,这个是完全错误的。时间坐标没弄懂,这个划分是乱的。我们经常犯这个错误,我们长期宣传的"1949年10月1日以后,天是明朗的天",这个是政治宣称。不能说从那以后,一切事情的性质就变了,这个是我们经常犯的错误。政权的性质变了,但中国的历史文化传统的很多东西没有变,可以以这个作为坐标,但是千万不能把这个理解为可以一刀切,昨天和今天截然分开,我们犯这样的错误太多了。还有,以这样的划界，资本主义与社会主义，资本主义就一切黑暗，以前我们就论证了这个问题，以这种逻辑的话就会得出非常荒谬的结论：宁要社会主义的草，不要资本主义的苗。这是荒唐的，草和苗哪有阶级性？这个概念偷换过后就公然成为口号。邓小平就比较聪明，他就提出，“不管白猫黑猫，抓住老鼠就是好猫”。我在这里不是给你们讲政治，也不是讲“文化大革命”，我是谈我们同学作研究的思维方法跟这个问题的共性。在开题、答辩中，这个问题比比皆是，同学们莫名其妙地偷换概念。所以，研究领域是我们同学开题、研究问题第一件要做的事情。

在我上课的时候，几乎每个年级我都讲过本体的运动、本体和认识的关系这些话题。这是西方哲学的一个非常重要的观点。从我们中国的传统文化的视角，我也曾谈过。西方人对本体的认识，西方哲学的这一块，本体包含了一切。英文中的这个词，我曾专门从词源上谈过这个问题。本体它是无所不在，连续相继不断运动的系列，这是把它抽象成哲学概念，这一概念包含了什么呢？天地万物以及人的精神，都包括进去了。然后再抽出人的精神、人的认识，于是为了研究方便，便确定了这一关系。哲学里面非常关键的一个问题是，本体在运动，人在认识，本体在前，人的认识在后，人的认识受本体挑战，本体变，认识就变，认识如不能涵盖本体，就是错的。所以当本体不断地运动的时候，我们去认识它，去划分一些学科领域，那不过是你的认识理论体系。它(本体)没有因为你的划分，就变了，恰好因为它在不断运动，所以产生了很多边缘领域，出现了交叉学科。那么在你们的开题和研究中就应该思考这些问题。比如：教育纠纷、受教育权利等等，这些只是教育问题吗？法学也可以从受教育权去研究它。当我们弄这些问题的时候，我们会发现，其实单从某一个领域去谈它，我们都谈不清。举个例子来说，把教育比作外贸，这只是把教育作为产业，有贸易的某些相似的特征定义，这是执其一端。很早以前就有寓言讲过瞎子摸象，犯的就是这种片面性错误。要看完整的象，为什么要只把象认为是个柱子呢？对领域的划界非常重要，这就是我们常常说的研究的逻辑起点。比如说，民族的节日、本祖、传承这些类似的问题，它是什么领域？最早我们国家把它划成民族学，然后发现好像这个只谈民族学比较狭隘，现在民族学几乎不大谈了，因为西方谈的是人类学，这样人类学又冒出来了，所以这个领域开始又变了，然后是社会学，再然后是文化学，还有宗教学。现在教育学者发现其有很强大的教育功能，我们为什么不研究呢？就这个问题，就可以涉及这么多方面。假如你在研究，思想学、民俗学、文学、艺术都可以在里面找到一块地，它是个巨大的林子，所谓“林子大了，什么鸟都有”，这样你就知道你的研究领域的包容度。我们很多同学不大思考这些问题。比如说，有的同学研究西南人力资源与教育，这两大块涉及哪些？很多人没有梳理，当研究画了个圈的时候，这圈里包含哪些，搞动物学的马上去查查动物志，搞植物学的马上去查查植物志，它所生长的那块地的土壤学、地质学、气候学涉及的东西多了。同样的研究领域，问题是你怎么研究。你进入这个领域的时候，要做的最起码的一件事，尤其是对所谓的科学研究来说，就是要清楚都有谁进去过，已经有些什么东西在那里长期生长了，这个学有哪些主要的东西，那个学有哪些主要的东西。比如说，文化学涉及哪些，宗教学涉及哪些。

第二个问题，资料去哪里找？都有谁做过这个研究？

做博士研究，对于那些浩如烟海的资料，到底看哪些、看多少都必须清楚。很多不会做资料研究的同学，往往只注意了形式，比如按字母排列资料或者按笔画排列等等，我们很多人把资料理解成摆盘子，先上什么，后上什么，谁坐哪里，这个是资料的排序。

首先是对这个领域的资料的了解，这就是所谓的基本功。一看书，马上知道谁是权威，谁是抄的；我看谁的，不看谁的，不要认为看的多就好，可以看一本就解决所有问题，这才是本事。像邓小平处理文件一样，很大一摞可以一会儿整完打桥牌去。勤奋永远不是形式上的勤奋，而是及其敏锐地抓住问题然后把它分门别类。当然，那个形式上的勤奋还是需要。一定要善于根据领域确定研究的问题。

第二，跟着来了第二个概念，叫做问题域，为什么是问题域呢？其实问题域最核心的问题，处于中轴的那个核心的问题，也就是毛泽东经常说的抓主要矛盾。对这个问题，反应特别明显的有两位同学，抓不到中心问题，于是平面铺开，整个就显得麻烦。像这样的东西，你们要抓住中心的问题。围绕这个核心问题来探讨，全盘皆活。比如好的画家画葡萄，决不是硕果累累，画了一筐葡萄，而是运用几种主要的颜色，这几种颜色跟另外一种颜色什么关系。所以要考虑，在你的谋篇布局中怎么注意这些问题，中心问题一抓，虚的、实的、需要调查的、需要文献梳理的、需要个案研究的，浑然一体。好多人不是这样，他们是为了调查去调查，为了统计而弄点统计数据。在中心问题确定之后，还不要忙着写作。这个问题是个真问题还是个假问题呢？我们同学心中全然无数。我很爱举这么一个例子：比如卖东西，我们会争论怎么卖的问题，拍卖？摆到铺子里寄卖？走到街上兜售？一家一户推销？所有这些卖全是假问题。为什么呢？没有产权。先要弄清楚是谁的，别人的东西，你凭什么卖？关于拍卖、寄售那些都是假问题，没有前提，站不住脚。这个问题你解决不了，下面的问题就都解决不了。因为你提出的问题是怎么卖？为什么说是个假问题呢，是因为你没有权力卖。同学们的研究中出现了多少这样的问题。首先要把你的问题做反复的思考，它是个什么问题，怎么产生的。为什么我要批评有的同学，他的研究问题的由来，简直全是废话。三大原因，一是宏观的，再是自己的，自己主观的可以考虑这个问题，也可以考虑那个问题，有什么必然的联系？有的同学说我到过加拿大，就研究加拿大教育，那要到过美国呢，就研究美国教育？像这些呢，都不是充分理由。有的同学是白族人，就研究白族。那如果按照这个理由，我们汉族人不能研究白族吗？那个可以作为一个条件，是你的方便，但是请注意，这个不是必然的，不是充足的。学习，都是从未知到已知，这个里面的分寸需要把握好。对于问题的由来，很多同学几乎不知道怎么说，为什么你要思考这个问题？这个问题有什么现实的矛盾？有哪些重大的危机？有哪些紧迫性矛盾？同学们说这些才不是空话。

我们很多同学一上来就是东风吹战鼓擂似的，比如世界正在进行全球化……好多人写这个东西，这些全是废话。要写最实在的，全球化跟你的问题有什么相关。我也写这个问题，比如，我写民族认同的问题。我曾经在美国做过一次演讲，就说全球化下的民族认同问题，华人民族认同问题。这个我也在北大发表过一篇文章，主要的观点在上面。我那个文章，说句不谦虚的话，为什么美国人叫好，好多美国教授，至今和我保持很好的关系，很多人主动给我帮忙，就因为他们觉得这个东西做得好，有些佩服。我们有的人，尤其是一些出国的教授，在国外讲话，动辄教训我们的老祖宗：中国因为礼教，所以怎么怎么样了。什么叫礼？什么叫教？什么叫德？全然不懂！都是以极左的腔调在定位，这个价值坐标，在理论上就是简单的进化论。现在提的进化论是广义的进化论，觉得以前的狭义进化论不对头了。社会没有那么简单，我们经常提的很多问题就是假问题，比如，搞德育的人，说德育现代化，听这个话好像很对头，以为什么都现代化了，为什么德育不现代化呢？没有现代化的德育，怎么有现代化的人呢？听起来似乎很有逻辑，仔细分析一下，所谓德育有几个要素？人性有哪些些东西？仔细分析才发现，核心的命题，德的现代化，美的现代化，美的科学化，真正的人性的进化，在我看来，很难说。假如人性进步了,“孔融让梨”的故事到现在用来教育人就没有价值了。因为那是封建社会的,但是现在看来很有价值,是因为它所表现出来的德,很有价值。人性有很多共性,冰海沉船,救人时让儿童妇女先走,不会因为他是美国人、英国人或者是大亨就不同。所以这个德育现代化,常常是假问题。经常弄起来就是一通胡说。像这样的问题,一定要说清什么是真问题什么是假问题。这是写论文中的第二大问题。

我们有一个大的团队,我们的同学发展阶段不一样,兴趣领域不一样,自己走过的人生历程也不一样。确定核心问题时,问题是否找准,是否思考成熟,为什么不请教一下相关方面的行家呢?比如谁研究的东西多一点,就跟他反复磋商这个问题,请他批判。其实这个开题,你们很多人心里都有数,知道谁好、谁不好。也知道,谁评得好、谁评得不到位。你们心里都有杆秤,但有时候东西为什么出不来呢?这个时候尤其需要听人家的意见,尤其需要和同学们反复讨论,不要顾脸面,这个很重要。这才可能由此产生你整个论文的逻辑起点,才是你整个论文中的眼。有此眼,全局皆活,否则,就算摆很多规规矩矩的子,都是废棋。

现在开题一定要弄清楚关键问题,所以,我讲的第二个问题,就是确定你的核心问题,这个非常重要,事关你论文的生死。这个跟平常写什么工作报告、宣传材料、文学作品绝对不一样。确定这个问题后,跟着来的就是,这个问题是证实,还是证伪?比如,民族节日的教育功能,题目叫什么,对我而言,这不是很重要,不是说它不重要,而是说相对而言,问题更重要。因为题目一下子定得很满意不可能,但是问题在哪里,这个问题的核心成不成立,是论文的眼,这个问题有了,下面的研究范式基本有了。其他的问题,在我看来是次要问题。有核心问题,那么就可以做论文,没有的话,就不能做。这才是决定你开题顺利与否的关键。因为那个问题你做不了,比如,那个本祖,调查了很多东西,但是核心的问题是什么?是本祖的文化教育功能研究,或者是对民族认同的研究。把这个问题域弄清楚了,涉及哪些领域,看谁的书,他都说了什么,这个时候的书绝对不是罗列作者,而是关注哪些问题研究过了,哪些问题还没有研究。哪些问题研究的时候方法是老的,结论是错的,哪些材料是做过调查可用的,这里面涉及的问题相当多,这就要牢牢把握自己的问题。如果你的问题是证实类的,证明确实有这个教育功能,这个教育功能是独特的,而不是说在这个节日穿什么衣服,跳什么舞等等,要凸现其背后教育学的意义。比如说节日的教育功能,我们现在的节日怎么样，做个梳理，研究的基本功就来了。分个类，从形式上分，法定节日，非法定节日，这是两大类。这种分法很简单，但是这也是一种分类体系。第二，还可分为经济类的、文化类的、民俗类和其他各种各样类别的，按范围大小分，是全民族的还是部分村落的。分类之后，找出共同的问题，看看有谁在关注这个问题，教育学领域里是否有人研究过这个问题——没有或者很少，这个才敢说是问题的由来：这个问题没有人研究，或者很少有人研究，我们只注重了学校的这块教育，而严重忽视了这块的教育意义。在说到本祖这块，可以调查人们在节假日花了多少钱，占了整个村落经济的多少，然后在学校经费上又投入了多少。本祖这块这么大，花了那么多时间，时间是可以量化的，投入了多少经费，这个也可以量化，还可以理清在人们心中的排位，这个可以通过调查很多人得出。这个这么重要，可是对它却没有研究，那么这个研究就是填补空白的了。这个不用你说，写评语的老师就会自己给你摆出来，就不用自己去吹。关于本祖，一个村子，有多少人参加，用多少时间？不是让你去把那些庙的资料弄下来，而是研究它起什么作用。昨天我还看到有关资料说它起法律的作用，排解纠纷。假如我们把重心再偏到对村民的教化作用，那么，我们可以找个没有本祖、但经济情况差不多的，犯罪率比较多的村落去调查，再去发达地区调查，再去其他地方调查，这样研究方法不就出来了吗？这个出来以后，跟着出来的就是这个村子里，为何犯罪率那么低？这个时候让你得到一些结论，那就是不能简单地取代本祖。这样才不会只是简简单单地告诉我们一个常识，这个村的本祖怎么来的，那个村的本祖怎么来的，如果是这样，那就是你在转述给我们有关资料，根本不是你的研究。我刚刚说的那样才是研究，这个功能，由多少要素构成，仪式怎样，占多少时间……为什么研究个案？要素同构，普遍性问题就出来了。这样就既有前人的东西，又有自己的研究。所以中心问题的确定非常重要。这个问题确定以后，要是证实，就要考虑怎么证实，或者证伪，也是同样的。比如，这个学校的德育不行，这个怎么证伪？我们很多人就是因为领导人说了，所以不行；他都得出结论了，那要你研究做什么？这个不能取代你的研究。他说此事，你只能把他当作你的调查客观对象之一。

刚刚说的问题域，是个大的范围，中心问题确定以后，其他的问题就跟着出来了。然后，要分清，哪些问题是第二层次的，哪些问题是第三层次的，不能一股脑儿地收罗。很多同学都犯这个毛病，没有主线，没有解决的主要问题。比如那个人力资源，人力资源和教育应该是一对什么样的关系，这对关系中谁起作用。以前是教育无条件服从政治，现在是教育服从经济，所以我们整个西南民族地区教育发展都这么定位。我们很多同学是政府官员，也读过这些文件，因为经济发展的需要，西部大开发，所以我们要建什么学校。这个完全是荒唐的。没有“211工程”就不建大学了？这种报告，把这个学校换成任意一个学校完全一样。核心的问题也是独特性在哪里，没有解决好。人的发展才是永恒的，教育研究的根本是人的发展。这个人的发展，既可以在纳西族，也可以在白族，在整个西南民族，摆在一块来看，都一样。要明确抓哪一块、哪个问题、哪对关系。现在说科学发展观、和谐发展观等等的话，不等于这个问题得到了解决。这只是说明中央层已经有了认识，下面怎么做，还是没有转过来。比如有的同学，他研究民族关系是怎么解决的。他就要找一个例子，以说明怎样形成了良性的关系，这个例子是经过你深思熟虑、反复调查得到的东西。别人看你的研究方法就可以知道那不是简简单单的抄袭。统计资料不叫研究。我们同学经常引用《辞海》怎么说，《辞海》哪个时候编的？那些东西在专家看来错误百出，而常常作为你们立论的依据。《辞海》这么说，所以我这么说，这个逻辑前提是错的。你们要证实，证的就是这个核心的关系。这个例子证明了这个关系成立，于是，理论的东西出来了。这是什么关系，什么新理论？教育不仅仅是为经济服务，反过来它作用于经济。在这个知识密集、信息化的时代，它创造新的产业。知识分子在文化、技术、知识等方面的创造会规定今后的社会发展方向。这个才是一个核心的命题。然后在这个进程当中，我们的民族文化以及以前的东西该干什么，有哪些东西我们该留下来？这几个问题就出来了，这就变成了一个融合的有机整体，而不是东一块，西一块；满纸的感受，那种凑起来的东西不叫研究，一定要注意这一点。这是统帅你问题的关键。然后把你的问题分层。既然要回答的是节日的功能，那节日的分类、节日的运作机制、现在的操作情况、对节日的投入、组织形式、影响人群，这些层面的问题就跟着来了，同时还会出现很多问题。这样才把问题形成一个体系。这些没有思考，拿出来的开题报告就没有问题的层次。所谓问题域，不是一个平面，而是一个金字塔，最后服从你的核心问题。

第三，刚刚讲的是两大类方法，证伪类和证实类，背后的方法论是什么呢？

注意，通常我们用的方法论，就是所谓的逻辑实证主义。有的同学弄得一塌糊涂，贴一块马克思主义的方法，这样谁都不敢说话，谁敢说不用马克思主义方法？然而这种标签似的方法论，根本没有内化。方法一定是服从于方法论的，我曾经讲过这个问题，我们这次的博士生考试，很多人答不出来这种题。上次研究生答辩的时候，孙振东老师也提到过这种问题。比如，十个男老师一个女老师比教学，男老师有三个不合格，女老师有一个不合格，看上去女老师的教学不合格比例大，这样就可以说女老师教学成绩就比男老师差吗？分子、分母都不一样，根本没有可比性。一定要注意这个问题，可比不可比？这个比较的前提是什么呢？注意，它的方法论的基础是农业的投入产出，所谓秋后算账，收了多少庄稼，用以证明我的耕作比你好，比你勤快。西医分了很多科，背后蕴涵着什么东西？中医不这样看，中医的方法论就变了。黑箱不看中间，中间怎么运动是黑箱，所以只有阴阳、五行、正邪，怎么正怎么邪，挑两段，一个看输入，一个看输出。这个方法论背后是什么东西呢？这才开始谈到黑箱，阴阳五行平衡制约的关系。你们注意，你们在用很多名词的时候，这些东西都没弄清楚。用了很多后现代的东西，后现代的核心的命题是反现代化。科学搞的是去“魅”。比如黄梅戏中的天仙配，树是媒人，这个是神话，神话是科学眼中的迷信。树怎么可能是媒人呢？树能开口说话吗？但这个不是谈科学，谈的是背后的东西，科学就把这些东西去掉了。于是没有寓言了，全是日本的那些玩意儿，什么金刚等等。在我们教育上这种问题很多，我们究竟用什么发展我们的儿童。当我们开始思考人性的时候就会发现，发展儿童需要想象、需要审美、需要同情、需要爱护，需要好奇，需要这些神话，这些“魅”的作用。现代化把这些东西搞掉了。后现代主义意识到我们需要这些东西，所以叫后现代。背后的方法论是什么东西呢？于是开始分析话语霸权，你的话语一说，非得是因果链条，我非得按你这样说；讨论这个东西就不要说其他了，就要用这个程序谈话。这叫话语权，而且是话语霸权，不许你引进其他领域、其他的思维，所以后现代理论反对这种思维。这个话语形成的一个语境，让人在这个里面思维，它谈的是这些东西。你们往往不大考虑、不大思考，就用上来了。我希望同学们要把其背后的方法论弄清楚。方法和方法论是两回事。方法论是价值定位，方法是具体的。这样的东西要考虑到，然后才是你的方法。你们写的那些东西，好多人在研究方法这块都是贴的标签，我批评过若干次，不外乎是文献法、田野调查法……谁看书不用文献，但是有的文献根本没看懂。刚刚说了，你的研究域，决定了你的文献方面，这个时候你呈现给我的文献综述，要让我知道，这个方法和你的研究合在一块才行。你都没有分析人家的文献怎么叫文献法？文献法怎么用的，极能看出个人功夫。为什么呢，说明你看了很多，说明你看懂了，说明你不光看懂了，还能拎出关键来，让没有看的其他人懂，而不是像你们那样堆在上面。把刚看的东西全都堆在论文里面，是典型的堆砌。要根据你的问题域，你的核心问题是什么，确定主要文献。要找对关键的书，几本书让你一下子清楚这个领域主要涉及些什么问题，而不是把你列的书目往上堆砌。很多人花了不少功夫，平时也很辛苦，要说呢，还是个好学生，可是不知道怎么读书。你的问题域才决定你下面的研究如何进行。比如经济领域，我不如人家，我就不作突破，明说我借用谁的；白族的历史，我不作研究；文字学的东西不懂，甲骨文的东西从来也没研究过，只是学了学，我就用其他人的结论。然后谈什么地方是我研究的，什么地方是我创新的。我们不可能把人类的东西都弄懂弄透，引用人家的东西非常关键，引用谁的，都要一一地列出来。这是个科学态度，要用注脚，要知道出处。这个才叫学术规范。这种引用就不是堆砌，这个时候谈你引用文献的文献法你会谈得头头是道。这块文献，我用了谁的，为什么要用这些人的，他们做了什么研究，缺什么，哪些不足，我需要做什么。这才不是在那里瞎说“我用了这个方法那个方法”。然后，田野调查，为什么我要选这个点？比如，有的同学确定了研究加拿大高等教育——这个点，用了同构，里面有哪些要素。这个是很小的枝节上的方法，不是你通篇的东西，不是像有的老师研究得那么复杂，那个是整个教育观的改变，像那种基础性的东西挑战性很强，要读很多书，证明这点很不容易。具体的研究方法就慢慢展现出来了，在这些方法上你也可以有创新。同构是个早就有的数学概念，但是我能合理用到这个研究上来，这个用得好，就是一个小小的创造，就有点创新了。或者至少说在这个研究方法上动了脑筋的，不是把人家的东西胡乱拼在一块，这个非常重要。选什么点，你想证明什么问题，而决不是出去跑一通，回来就把资料列上去。好多同学在选点问题上存在这一共同的问题。而且还要处理好局部与全局的关系问题；一个个案与要研究的整个大问题的普遍性的问题。比如，一个县的乡土教育怎么跟整个艺术教育结合起来，如果是两张皮，各谈各的，最起码形式上都没结合起来。一个地方的研究怎么跟整个研究结合起来。还有的同学，大东西是有了，反过来，小的点不知道在哪里。这个东西非常重要，要落实到实实在在的点上。这个跟法律的东西一样，法律也常常从案例出发，一个案例，引出一个普遍的东西。真正深入实际后，就会发现我们要研究的眼相当多，能抓住很多问题。

研究域—问题域—方法，这才是你的架构。你分几大块，哪一块研究什么问题，哪一块是前面的逻辑上的延伸，再下面是什么内容。所有这些合在一起，是个什么问题，理论上是什么问题，证实了什么，得出了什么新的理论？我们的教育对民族节日严重忽视，既把这些资源浪费了，又引起了民族认同的危机。理论上做出这个研究，算是有点建树了。经过这个推理，得出来的结论才能站得住脚。在整个教育领域中，没有其他人研究过，我就敢说有创新了。这种创新非常不寻常，不是抄的别人的书，不是介绍外国人，是立根于我们的本土，形成了研究方法，得出的结论。这个架构，是个逻辑体系，我们同学现在写论文没有这个东西。有的同学因为看到别人的论文有问题由来，所以我也弄个问题由来，别人弄了那几条，我也差不多弄上那几条。比如有的同学的第一条：建立学习型社会是终生教育的需要。这个跟谁都有关系，这话说了等于没说。第二条：素质教育的需要。这两个同义反复了。逻辑关系上是自己打架的。这就反映出他逻辑思维很差，素质教育难道不是终生化学习的一个部分？抠这些字眼，比比皆是。没有一条能证明这个问题能必然产生，这一块完全是空的。问题不知道是从哪里冒出来的。这个架构，再将文献综述罗列出来，看看你们的那些八股腔，这样的理论、那样的理论，跟你的研究究竟是什么关系？全都没有从你的问题产生，形成一个有机的整体。只要你确定了你的核心问题，总有几块工作要做。思考问题的整体，抓问题的关键，平常看什么书，确定里面的材料。这些问题确定后，才形成问题的必然架构。我这块为什么去调查，调查了哪些材料，调查用的什么方法，然后，引出对问题的讨论，然后通过这个证明了什么，得出了什么结论——一层一层必然递进，这要让人家看起来觉得你的每一个东西都是自然而然的、连贯的。在开题报告当中，你把这些东西思考了，自然就知道什么地方最难。比如人类资源与教育的例子，难点就是找到一个用教育引起新的经济增长点的案例。这有没有？民族地区多得很。好多东西一下子就形成一个新的产业，找到这个恰当的点很难。下一步，抽出普遍性，同构，抽出些要素，找到我们的民族多元文化的东西跟加拿大的比较，这些才是难点。我们的比较教育，千万不要把比较教育当作对外国教育的介绍，要做实实在在的比较，当你把一个地区的多元文化教育跟加拿大的某个地区比较时，这些都是创新点。还有，这个层次里面，整个研究有个梯度，这个梯度中，最后才是我们关于政策的建议，关于立法的思考，千万不要把这个当作重点。在我看来，这个在你们整个研究中，有点教条味。为什么提这个问题呢？我们这里学法的同学很多，弄出些法律条款。一条条都很站得住脚，概念也扣得死，方法也是一整套，国家也需要，这个叫做研究？希望你们以后实实在在地找几个问题，这才抽得出研究的东西。有的同学搞研究，到这个村子考察一下，然后到另外一个村子考察一下，方法一点没变，不过就是换换地名。这个不叫搞研究，搞研究要保证你研究的东西是独特的、唯一的。这个要求比较高，分清你的层次，最后建立关于立法的、政策的那一部分，这不过是前面研究的产物。

第四，再说最后一个事情，通过这次开题，我相信同学们说的都不是虚话，我也说了，没有谁不认真的，有的是没认真到点子上，有的是质量太低，有的是短时期认真……冰冻三尺，非一日之寒，希望你们把功夫用足。究竟反思自己的哪些问题呢？

一是，自己的学养够不够，有的同学进来的时候一塌糊涂，出去的时候还是这个样子。外语也是，不要老是没有长进。文献综述有个前提，前人对它有什么研究。既然许多学问体系上都是来自于西学，所以西学要看，人家的很多学术研究走在前头，学术规范比我们做得好，如不看，就反映出学养比较差。另外，论文中是否有硬伤，评论文的人都可以给你逮出来，这个问题暴露得很充分。二是，我们学外语的同学，口语什么的都很好，可是哲学思维等其他方面的东西很差，这可不是针对某一个同学。看看我们同学的构成，学其他学科的、学教育的，这么几大块；从中学来的，在大学里的。这次还暴露了一个很重要的问题，坦率地说，从中学来的，学术规范要差得多，基本功要差得多。所以外语要强，语言功夫也要强，其他学科的知识也要增强。我希望同学们能花点工夫，补补自己的不足，终生受益。其他同学，要在外语上好好花花工夫。学外语的同学，要补的东西更多。要给自己定个书目，看什么书，怎么补，再围绕你的论文，多学习，多听听开题也有好处。多和同学探讨一下，然后再明确你的问题，再划定你的研究领域，那个时候才集中研究。你们暴露出来的语言功夫问题极多，做学问，不要那么多废话，语言要干净，这是一个语言的功夫。认认真真地改掉任何一个多余的字，然后进一步才会有文才、有思想、有见地。我们做博士，一定要踏踏实实地做好这些方面的工作。开题一定要从严，我要求我们的同学开题一定要听。听听人家的东西，对你有好处。今天的报告，是针对这次开题的主要问题讲的。

另外，我还补充几句，关于方法论问题，研究的视角很重要。我们同学经常借用国外的理论，这里面问题最多的是“食洋不化”。背后的问题就是你用它的这些东西看问题的视角如何。比如,文化场域虽然用了域,但不是个地理概念,这个是汉语跟英语翻译中的重大问题,这个问题没弄透。用这些来解决整体宏观与个体个案的关系,出发点是对的,但是找错了东西,用它的东西来立论就麻烦了。比如说,有的同学谈教师的教学,这个教学用了很多其他的话语,这一块,既不是书本理论知识,也不是简简单单的操作,它包括了教师很多内隐的东西。怎么思考研究,看不见摸不着的怎么证实,这是个很难的问题。这个问题可以做,但是关键要找准。在阐释学里的隐喻是要将其解释出来,证明背后其他的东西。这个隐喻,涉及好多其他的话语。你从隐喻上切入,假如你不解释,人家永远看不懂。另外的同学也有这样的问题。你想解决的也是这样一个问题,整体的与局部的关系,你找到了一个文化场域,文化场域不是一个地理上的整体与局部,实际上是个人与整体通过文化的碰撞交合的那块,也是个看不见摸不着的问题。从这个当中抽出专业发展,这个问题就假了,因为作为整体,你抽不出来,你既然没有将其界定,怎么抽的出发展教师专业?为什么说这是个假问题呢,是因为你们没把国外的理论弄懂。我之所以举这个例子,是说我们同学研究中的视角,社会学、人类学、法学、教育学、哲学还有其他各种学科综合交织越来越多。那么你将你的研究定在哪一块,你这个东西是不是定在这里行,这是你们要反复思考的问题。到底你这个研究从什么视角考虑?另外的几个人研究中,是否有从宏观角度考虑,比如白族的这种宗教与文化,能不能在现在的社会促进一个民族的认同,保持传承一个民族的文化,有共同的东西,有宏观的东西,也有微观的东西,他们为什么可以做呢?因为这个区域,这些东西可以把握。节日也是,可以找几个具体的节日,可以将教育功能结合起来,而且找的这个眼合适,因为有原始的,有一直延续到现在的,形态比较完整,那么就可以做这个研究。这个视角是什么东西呢?有人类学的,其核心的教育学。这决不仅仅是讲了一个法学的问题,因为讨论的是节日的教育功能,文化的传承。这是个典型的教育问题,教育有几个功能:发展人、传承文化等。研究这一块,看起来是民族学、人类学、宗教学等其他学科的问题,但背后的问题是教育学。回到我们的领域上来,是站得住脚的。所以视角的问题,同学们一定要考虑一下。

我希望通过建立这样的学习风气,创造一个学习的好环境,能够使我们的同学得到长足的发展。

给博士生上的一堂课

编者按：课前张老师布置所有博士生阅读了《读书》杂志第九期的“关于大学改革专题”的前五篇文章，分别为甘阳的《华人大学理念九十年》，韩水法的《牵一发而动全身》，程宝燕的《教育“与国际接轨”》，李零的《前提最需要讨论》，李强、陈平原等的《大学改革，路在何方》。十七位博士生和一位以大学教育改革为自己研究专题的博士分别谈了自己的想法，同学之间展开辩论后，张诗亚教授进行评论和分析。

听了大家的发言，说明大家已经在认真地思考这个问题了。对于这个问题的思考结果，我们不要只限于讨论，讨论完了，大家把它形成文字，但不要人云亦云，要有一点个性的东西。因为我们要讨论的不仅仅是北京大学的改革问题，大家已经开始触到这个问题的要害——中国大学，甚至大学究竟是什么——这样的问题上去了。这个问题至关重要。亦即，在现代社会的发展当中，大学的地位到底应该是什么，我要谈的首先是大学的定位问题。我们常常开玩笑说，农民种庄稼管吃的，工人在工厂做工管用的，大学做什么呢，什么也没有，不生产具体物质，只生产脑袋，生产这个民族的脑袋。因此海德格尔明确提出德国大学的民族特征，那么像这样的问题其实摆在每个民族面前。这个话题在你们前面的谈话中多少已有触及，不过都是浅层次的。

《读书》中好几篇文章也已谈到，将甘阳的“华人大学理念”排在第一篇，后面张鸣又呼应了这个问题，编者也是别有一番用心。但是在我看来这个问题仍然停留在表面。为什么呢？比如我在思考这个问题时我就想到了，为什么在这个时候，提出大学的民族精神这个问题，有几个重要原因：一是加入 WTO 以后，对原有的计划体制形成根本性的冲击，而现有大学体制赖以存在的基础正是这种计划体制；基础已经不在，中国的教育体制又该如何自存？整个教育体制正面临全面挑战，中国的教育还能这样办下去吗？这不仅是高等教育的问题，还是整个教育理论建构的核心问题，这个问题不触及，遑论其他。抓不住问题的要害，搞得是头痛医头，脚痛医脚。所以这个时候已经到来了，无论你愿不愿意与国际接轨，都必须加入这个世界竞争的、公平的游戏规则中。这是个法律程序，没有讨价还价的余地。这是一个现实的挑战。

在这种情况下就引出第二个问题：我们自己在哪儿？正因为你加入了，你备受人家的居高临下，盛气凌人，你全面投降，就是甘阳引的胡适的话，“这是我们奇耻大辱”。中国本是人类文化、精神的生长地，现在的世界史还在讲几大源头，我们是源头之一，可到现在呢，我们到哪儿去了，我们绝大部分校长、学生满脑袋全是洋玩意，这个非常可悲，我们整个民族面临着中华民族精神还存在与否的危机。这个危险到来了。

第三，我们的大学状况非常糟糕，没有人满意。请注意，这次无论人们怎么争论，赞成怎么改和反对怎么改的两方，前提却高度统一，都赞成必须改。这个共同点所预示的是所有人对大学制度、现状的严重不满。其实这个改革远不是从北大开始，只是你西南民族学院、西南政法学院“小跳蚤掀不起大被盖”，可北大那个“跳蚤”大。就是西南师范学院教科院，我上任伊始就推行了许多改革，可那个能量太小。又比如前段时间华东师大推行的终身教授体制改革，引起了一点轰动，可远没有北大的轰动大。北大的能量太大，自它诞生伊始，每一次它动，整个中国，不仅是教育界，中国文化界都要为之一动。

刚才我说了，我们讨论北大改革的实质不是北大的改革该怎么改，只是涉及而已。我这里要说的是，计划经济崩溃后中国的教育改往何处去？中国的高等教育怎么办？我们现在的孩子，唯恐自己的头发还是黑的，我们的大学老师、学生的审美取向，已经丧失了，完全跟着广告走，惨不忍睹。这些细节折射了大学精神的丧失，很可怕。长此以往，这么大个民族，这么大个国家，非常危险。所以大学精神的背后是：大学在人类社会发展中的位置和应该实现什么功能，这才是大学精神的实质。我们这个悲哀古已有之，它是以一种极端的方式表现出来的反抗。如王国维，他早就意识到了中国文化的危机，陈寅恪在《王观堂先生挽词并序》中的一段话你们应该去读一读：“凡一种文化值衰落之时，为此文化所化之人，必感痛苦，其表现此文化之程量愈宏，则其所受之苦痛亦愈甚，迨既达极深之度，殆非出于自杀无以求一己之心安而义尽也”。王国维是在没有一点外在压力的情况下选择了痛苦地死去，而不是安乐死。就是因为他感受到了民族文化精神的大幅度衰落。

这个危机到了现在这个程度,有学者提出来了,比如甘阳提出华人大学,开始明确提出大学应该办成中国人自己的大学。胡适之这个以前被骂为洋奴的人,提的是什么?“留学是耻辱”,他不是谈该不该留学的问题,他谈应该把留学当舟,最终留学是为了不留学,是要办出自己的大学。也就是说,打从中国大学还在襁褓中时这个问题就出现了,只是当时还不明显。大学体制的僵化、臃肿,向钱看,学术的虚假、腐败、浅薄,到处充斥着庸俗、低级趣味,那时这种现象远远没有现在这么严重。那时一个大学还能产生很多大师,还能允许鲁迅这样的“坏人”到处说话。清华有四大导师,学术还有一定自由。现在的北大人最怀念老北大,北大之所以成为北大是因为老北大而不是新北大。这也正是北大人,包括闵维方感受到的危机。他想恢复的就是老北大,这里已经有人提出,别提改革,就是能恢复就已经很不错了。这话一针见血,并不是简单的今不如昔,北大魂的丧失是根本问题,拯救刻不容缓。为何北大改革成为导火线,牵一发而动全身,仔细思考其背后,是中国文化华人认同,民族精神的培育。大学如果无法给社会提供这些思想,大学就完了。只有在大学的定位完成后,接下来才是大学功能的具体体现,然后才是技术环节和子系统:管理、人事、分配制度,如今却颠倒了。

对于北大这次的改革方案,我是既肯定,又批判。肯定的是改革应该搞,而且这只不过是一场巨大文化改革的风波的前奏。你们作为博士生应该有所察觉,应有这个文化自觉。以前的改革,从农村到城市到企业,做的都是最实在的部分,也就是经济。农村也很好动,因为都是小农经济,从来就没有所谓“大农业”,事实上都是小农。从景帝开始就是如此:“休养生息,无为而治”,贞观之治也是这样。无论现在打什么旗号,骨子里仍是“别去惹农民”,少去干预他们,给他们种田的自由。可这种还地给农民的方法只能用一次,由此对生产力的刺激也只有一次。用学术语言说,“靠生产资料的再分配来刺激生产力的有效性是有限的”。于是农村再进一步发展靠什么?当碗里有了,锅里也有了,农产品的价格很稳定,涨不起来。这里牵涉到一个很深刻的问题:我们把整个改革的成本转移到农村,农民是天生的“二等公民”,在其他任何国家都无此种现象。这种将人生下来就分等的作法绝不亚于种族隔离。这样靠牺牲广大农民的利益作为改革的代价,可以允许大量的工人下岗,就算是拿微薄的下岗费也能维持生计。技术改革大潮到来后,大量城市工人下岗,再就业怎么办?中国的教育面临前所未有的压力,又以高等教育首当其冲。但这个金字塔形的高等教育结构,最核心的部分已不适应了,这也是计划经济改革的最后堡垒。特别是高校扩招后,来自社会各界的批评非常多,包括我们的一些大学教师。大学本身定位不准,大学精神缺乏。中华民族精神发展的动力之源在于大学,而并不仅是科学技术。但最可怕的是,我们如何认识社会、自己,如何认识这些人文精神的缺乏。

现在的大学存在许多问题,首先是管理方式,该管的不管,不该管的管得很死,这个体制是核心,然后才谈到学术自由。人类的很多新产业来自精神财富、知识创造,而不是传统的制造业等,这样的新产业还将大量产生。推动文明进步的两种动力:一是科学转化为技术,对此当局已认识到。现在中国大部分的大学校长都是理科出身。"养鸡场"似的办大学却很有问题。另一个动力是人类的精神。大学是民族精神的源头,传承和创造是大学的两大使命。大学的学术自由不过是保障创造的基础。创造是人类发展的魂,思想是自由的,是不可能被管制,也没有空间或时间的限制。这就引出另一个问题:评估系统。如果创造与传承同等重要,就不是发表文章数、刊物级别等可以量化的东西,不是简单的分数可以代表的了。如何评估创造精神这种无形的成果,是个世界难题,如教师的上课如何评估,无法量化。西方做了一个重大原则让步:终身教授,让一部分人不受评估体制的限制。学术自由天经地义,最早的大学——德国的洪堡大学在法律上都有自治权。另外,学术民主是个假问题,学术不可能民主,学术不可能举手,伽利略、哥白尼如讲民主的话早就被烧死了。看到问题本质的只有少数人,是先知先觉者,是社会的良心,大学就应该保障这些人的孕育和发展。我们现行的评估体制绝对是在培养庸才,砍杀、践踏这些出类拔萃的人。看待"海龟"、"土鳖",主要应看有无那种精神。佛教有句话:"法无定法,然后知法非法也。"只要他有大学的精神,不管他从哪里来,即使是"蚯蚓"也行。蔡元培就敢于聘从未上过大学的梁漱溟为北大教授,可见其眼光和胸襟,只有没本事的人才看招牌,因为这样最简单。

大学改革的核心和首要问题是大学的定位,及对这个定位背后东西的讨论。他们要求建自己的大学,批判一味的崇洋媚外,出发点是对的,但方法错了,留学是为了不留学。世界发展相互交流,向人家学习也永远不可能少。大学是继承与创造相结合的。在人类的发展中,一个都不可能少,而且一定是动态、互动的过程。所以,即使是胡适、甘阳提出的问题,也仍是个假问题。方法问题不仅是定位,还有背后的问题,留学永远不可能取消,当然人家来也应该有。

关于历史、历史观，以及中世纪的大学，今天不展开讲了。《英汉大词典》、《甲骨文词典》，博士生都应该有一本。老北大拥有厚重的历史资源，新北大虽然折腾得很多，但现在仍在享用其传统。三代以后才有 gentleman，要有血统、文化积淀，所以要求读《读书》。为什么老北大没有了？五十年代的大学改革，院系调整整死人，当时以苏联高校马首是瞻，很多出于政治上控制的考虑，对中国的伤害无法估量。大学应成为民族精神的培育之源、动力之始，但给毁灭了。苦头现在仍在吃，大学需要许多学科发展的交叉，性格发展的交叉，不能把大学当工具。

最近大学里所谓改革合并，假如以前是政治主导下的，那么现在是经济主导下的，受过教育与懂教育是两码事。在教育研究中，以前教育的发展是哲学的附庸，受哲学影响大，哲学有什么流派，教育便受其影响。《元教育学研究》应人手一册，应该读一读，看看教育、教育学的历程，哪些问题应该改进，哪些问题可以客串。人类现在为止对教育的研究极其浅薄。人不外乎两个目标：一个是改变外部环境，一个是改变自身。人人都在吃饭，但懂得吃饭的美食家却很少。教育很复杂，人类发展至今，前几百年是向外部世界进军，形成现在所谓的科学技术，但其实早就有一个势头，对人类自身的内部世界的关注。二十世纪七十年代，联合国教科文组织颁布的《学会生存》等丛书就是例子。专家与杂家的关系是学教育与客串教育的关系。

改革的策略触动中国文化的变革，大学精神重构的前兆，我想北大闵维方应该已经认识到，但认识有限，定位不准，最大的事情不清楚。当初，美国的南德公司研究中国政府会不会出兵朝鲜，其结果只有一个“会”字，拿出的东西不等于研究的东西，要画龙点睛，北大的策略有点问题，策略与定位脱节，引起了前所未有的对大学改革的关注和讨论，也是善莫大焉的了。

北大有些假问题，北大想通过此次改革达到：天下英雄尽入彀中。但这个想法根本有问题，这种尽收人才于一处的现象如今已不可能再有了。大学应该有自己的个性，个性不是什么都干，北大与全国其他大学的关系仍要考虑，北大不是全部。

有针对性的比较

《战后美国教育研究》一书，以战后的美国教育的改革为经，即以关于教育改革的理论争论为经；以各方面的具体改革，即以教育改革的实践为纬，全面而深入地研究了美国教育。

二战以来，全社会对教育的需求激增，无论国家、企业或个人都必须依靠教育提高竞争力。美国众院教育与劳工委员会委员威廉·福特(William D. Ford)说道："如果美国的教育沦为第二流的，那么，美国就不可能保持其作为世界第一流强国的地位。"

对于国家，国力的强盛在于科技，科技的强盛则在于教育；对于企业，能否以高科技提高竞争力，意味着其生死存亡；对于个人，一生中更换四至五次职业成了正常，这得靠教育。

凡此种种，成了教育不断改革的动力。教育改革的实质，在于更好地适应美国经济的发展和社会的变革。譬如，中学的作用是什么？进步主义教育认为是"生活适应"或"社会效率"，而要素主义教育则主张"学理教育"和"理智训练"。这种争论从本世纪便开始，二战后愈演愈烈。被进步主义教育强调的教育机会"平等"，(或曰民主化)，被要素主义认为是"平庸"的同义语。他们主张一定的"英才教育"。

从教育改革的实践看，主要集中在课程改革、教学组织形式改革、教育技术改革等几个方面。

随着现代教育技术的发展，人们的视线又大为扩展，提出了一个至为关键的概念，即利用现代科学技术中一切可以利用的成果，开发人以及人以外的一切学习资源，对教与学的总体过程进行系统化的设计、实施以及评价，以达到最优化的教育效果的目的这一概念。

于是，什么印度的瑜伽气功、现代的脑科学、生物化学等均成了开发学习资源的新领域。前文中提及的美国众院教育与劳工委员会的委员福特深感震惊。他说道："世界正处在令人难以置信的科学技术先进的门槛上！那些我们在短期内获得的电子学、科学、医学及工程学等领域内的巨大进展，大概也会在即将到来的一切之前，黯然失色吧。”

而教育心理学家大维·克雷奇(David Krech)则干脆把传统的“教育”(Education)一词改为Psy-choneurobiochemeducation，即“心理神经生物化学教育”。他认为教育必须成为包括上述几个方面组成的综合性学科，否则，就将失去继续发展的科学基础。

除了上述教育实践方面的改革之外，还有学前教育、师范教育、高等教育、职业技术教育、特殊教育等多方面的改革，一言以蔽之，二战结束以后，美国教育就没停止过改革。又正如本书总序中所说，“战后世界各国在教育方面涌现了许多新事物，如教学、科研、生产一体化，远距离教育，终身教育，回归教育，合作教育等新思潮新理论，教育改革至今方兴未艾。”

对此，美国哥伦比亚大学教育学院的教授黛安·娜维奇(DianeRavitch)博士干脆就以《惹是生非的改革》为名，来概括1945年至1980年的美国教育。

娜维奇博士的概括不无道理。从二战至今的美国教育确实是以改革为主的教育，而改革就难免不“惹是生非”。可见，以改革的争论为切入点研究战后美国教育是抓住了“纲”。

如果《战后美国教育研究》一书仅停留在对美国教育的研究，它的价值就将大打折扣。尽管在篇幅上“比较”仅占一章，但在意义上则堪称全书的重心。

大凡谈外国教育都有个通病，口头上谈一通“他山之石，可以攻玉”，而运作上则不着边际地“比较”一下，或干脆让读者自己去“心中比”。另一种情况则是，不问根由、不顾左邻右舍武断地“拿来”。即所谓逛花园式地东采一枝花，西摘一片叶，满以为这便可以博采众家之长，装点自身了。殊不知，这种“寒号鸟”式地用捡来的羽毛装扮自己是靠不住的。不问土壤、不问气候到头来是移而不植的。

本书作者深谙此理，他在一本专论美国教育的书中，用有限的篇幅把美国战后的教育同中国现行教育作了比较。这里的关键在于针对性三字，这一针对性的比较集中在五个方面，即：学制问题、树立学术独立观念问题、地方高等教育的重点问题、造就什么型人才的问题以及“尖子”与“大众”问题。

上述诸方面问题浓缩了我国现行教育的热点。同时，又能从美国战后的教育中找到相应的参照系。这样，其针对性便有了坚实的基础。实际上，所谓比较研究，关键在于建立两个系统间的对应点系统。由于这些问题是双方都有的，因此将其作为对应点系统便顺理成章。这样，战后美国教育的研究便有了实际上的参照效用。

（原载于《读书》1992 年 10 期，又被收入《战后美国教育研究》，马骥雄主编，江西教育出版社 1991 年版）

教育之本与教育之用刍议

——兼评“科”“教”关系认识中的误区

在科学技术与教育的关系上，视教育为科学技术的基础，并为其服务的观念相当普遍。一种典型的说法便是：“科学技术的基础是教育”以及“教育是发展科学技术的摇篮，也是科学技术转化为现实的生产力的中介”。因为，“在当代世界新格局中，国际以综合国力为基础的经济竞争，在很大程度上是科学技术的竞争……而归根到底是教育的竞争。哪个国家的教育发展，哪个国家就有人才，也就能在激烈的国际竞争中取得战略主动地位。”

这类提法，反映出一个普遍的趋势，即当前的国际竞争的着眼点因要发展科技而都开始重视教育的这样一个趋势。是的，因发展科技而重视教育确实是国际趋势。但问题也就出在这里，因为是“国际趋势”，理论上就正确吗？左邻右舍都这样做，我们也有这样做的天然合理性吗？诚然，科学技术的发展必须要教育，但是，教育的存在并不只为科学技术。须知，教育的本质在于发展人自身。而且，科学技术的发展最终也必须是、也只能是为了人自身的发展。这意味着，一方面，科学技术作为第一生产力，其所直接或间接创造的巨大物质财富是服务于人的；另一方面，科学知识、科学精神、科学方法等，在人的现代发展过程中，亦将起到无可替代的、至关重要的作用。这就是说，如同教育具有巨大的经济功能、政治功能等一样，教育也具有巨大的发展科学技术的功能。但这决不意味着就只把教育定位为“科技的基础”。照此逻辑，教育也应该是“经济的”、“政治的”、“军事的”、“环境的”、“艺术的”等一切的“基础”。这类在理论上只取其一（尽管是“基础性的”功能），将其定位的作法，很容易导致以偏概全的误区。事实上，在科学与教育的关系认识上，这样的误区已经存在，并导致了相当严重的后果。

上面的提法不仅在谁为谁的关系上，犯了主次颠倒、以偏概全的错误，而且，其在认识上犯了一个重物轻人的错误。所谓重物轻人是指这种提法重视以自然为研究对象的科学技术，而轻视，甚至根本就看不见以人的自身的发展为研究对象的教育科学。这种观念——不仅在中国——认为，而且常常是用“系统论”的观点，“科学地”认为，科学技术和教育分别是社会大系统中的两个子系统。因分工不同而各司其职。既然共在一个大系统中，谁能离得开谁呢？但是，这是一种什么样的分工呢？科学技术是“高、新、尖”的，是“攻关”，是“国际接轨”；而教育呢，则是“两基”、“两保”，是“扫盲”，是“解决教师工资拖欠”，是“普及”等等。前者是后者内容丰富及进步产生的“源泉”；后者只是前者发展所需的人才的“资源”。而前者之所以能成为后者的内容丰富及进步产生的“源泉”，是因为前者在“探索自然”的过程中能获得“新认识”。而以人自身的发展为己任的教育呢，只需等待前者在“探索自然过程中获得的新认识”源源不断地施与就是了。不幸的是，这里却有两个问题不甚清楚：第一，教育进步的源泉（人的发展）是不是就来自“探索自然过程中获得的新认识”？以及有多少“探索自然过程中获得的新认识”能够成为这一进步的源泉？第二，教育的进步是不是就只有外来的“新认识”为其“源泉”，以人自身为发展研究对象的过程有没有“探索”；以及由此产生的“新认识”？如果有，究竟哪一种更重要？

我们同意人类的发展是其与外部世界（也就包括了自然界）相互作用的结果。那么，这就包含了两方面的探索，既有对外部世界的探索，也有对人自身的，即内部世界的探索。因此，其本质就在于人自身的发展的教育，要取得任何进步，以及其已经取得的任何进步都充分表明，其“源泉”决不仅来自“探索自然过程中获得的新认识”，这是显而易见的。无论从学校的起源和演变，或者从关于教育的学说的发展来看——毫无疑问，这些都应是“教育的进步”——致使教育进步的，除了“探索自然过程中获得的新认识”之外，恐怕更多的还是来自探索人自身活动中的新认识吧。比如，为班级授课制及教学理论奠定基础的夸美纽斯、赫尔巴特等人是从哲学以及心理学角度为教育发展提供理论骨架的；再如掀起“进步主义教育运动”的杜威、及其在中国推行“生活教育运动”的弟子陶行知；又再如对现代教育产生重大影响的认知结构理论的提出者皮亚杰，以及“最近发展区”理论的提出者维果茨基，等等，不胜枚举。可见，教育的进步，决不仅是所教知识的增加（这一部分除了来自“探索自然过程中获得的新认识”之外，还有大量来自探索人类社会的新认识），更重要的在于对人的身心发展的探索，这便是教育科学。此外，人不是机器，学校更不是工厂，在人的发展过程中，艺术之类的作用亦是相当重要的，而与之相对的便有艺术教育，这更是自然科学所不具有的。

是的，教育必须吸收自然科学（还有社会科学）中的许多成果来充实自己、发展自己——这还做得远远不够——但是，任何采自它学科领域的、知识、方法、技术等等,都必须有一个经过教育研究整合,才能用之于教育实践的问题。

对此,美国教育心理学家大维·克雷奇(David Krech)创立了一个新词Psychoneurobiochemoeducation来代替,在他看来,早不适应教育蓬勃发展状态的,其他的反映作为一个专业(Profession)的"教育"一词。例如Pedagogy,Education等等。在克雷奇的新词中,我们稍加分析便可看出,这一长串字母实际上是有英语的好些学科的词头组合而成的。如Psycho是心理学,Neuro是神经(脑科学),Bio是生物学,Chemo是化学。因此,组合起来便是"心理神经生物化学—教育学"。

这个新词是很有意思的,从词的构成看,前面诸学科都是修饰"Education"(其词根是来自其拉丁文的"Educere",意即"引出",可见教育的本义便是以人的身心内在为起点的)的;而从该词背后所反映出的观念则说明教育必须大量吸收其他学科的成果来丰富和发展自己,否则便不能顺应时代的挑战。但是在从其他学科吸收养分来丰富自己之际,教育必须要保持自己。即所吸收来的成果只能是为了人自身的发展的,而不是相反的,让人的发展去为其他。哪怕其常常以"科学"的名义来颠倒这一不容置疑的关系。这就是说任何吸收来的成果最终都必须落脚到教育上,要作到这一点就意味着,这些成果必须经过专以人身心发展为研究对象的教育研究的整合,否则,就不能成其为教育基本的源泉。还必须明白的是,来自其他学科(包括自然科学)的成果,实际上是以两种形式进入教育领域的。一种是以该学科知识的原生形态,作为教的内容进入的;另一种则是以该学科知识(包括其观念、方法等)的变化(转化)形态,作为教育理论,或方法进入的。两种形式进入,都存在教育研究的整合的问题。

在第一种情况中,某一学科的知识进入教育领域时,必须根据具体的教学对象、教学条件、教学方式、教学目标、教学评估等等各方面因素来重新组合该学科的知识,这是其作为教育内容进入所必须经过的最起码的课程性整合。

在第二种情况中,某一学科的知识(包括其观念、方法等等)进入教育领域时,情况就要比前一种复杂得多。例如,利用计算机网络、多媒体技术、卫星传输系统等等现代教育技术来进行教学时,其所涉及的自然科学成果(包括若干技术成果)不可谓不多,对学习者产生的影响不可谓不大(在美国已有教育家认为单是看电视已经成为学生的"首要课程"),以及由此引出的问题也不可谓不大。除了明显不适宜青少年身心健康发展的色情、暴力、商业性的广告等之外，还有长时间沉溺于视觉形象前所造成的亢奋，对其他事物的冷漠的情感方面的影响；注意力高度集中对抽象思维发展的不利影响；单向接受的语言主动性发展的不利影响；播放内容泛对象化所致的儿童心理发展期被剥夺的问题，等等。总之，当这些成果被应用于教育，作用于人的身心发展之际，就有个遵循身心发展规律，需要教育研究对其进行统率性整合的问题。

可以看出，教育的进步有来自自然科学的“新认识”，但更有来自社会科学，尤其是教育科学的“新认识”。而且，更重要的是，如果承认“人是万物之灵”，那么，我们有什么理由只把研究物的科学当作至高无上，以至于摆在人的发展研究之上，一味要求教育为其“基础”呢？事实上研究人远比研究物“高、精、尖”得多——还必须看到，其现状还远比研究物的科学落后得多——因此，更应把国家发展的重点摆在其上。所幸的是，一味埋头于物的研究的黑暗隧道似乎已到尽头，目前已有不少重视这方面发展的声音。例如，哥本哈根社会发展世界首脑会议所发布的《宣言》和《行动纲领》均强调“以人的发展为中心的社会发展”。

我国学者——从哲学界、到社会学界、再到经济学界——也有不少关于“从以物为中心的发展到以人为中心的发展”的呼吁。而最有意义的是，自然科学家们从科学研究发展的角度，也得出了对人的研究已成为自然科学研究的中心的认识。

例如，中国工程院院士、“863”计划智能计算机系统专家组组长汪成为先生指出：“我们认为：物质的构成、宇宙的起源、生命的本质和智力的形成是全人类正在攻克的四大难题”。

在“四大难题”中，“生命的本质”与“智力的形成”都是直接“以人为中心”的研究；“物质的构成”与“宇宙的起源”也间接与此课题有关。可见，就是自然科学也发生了从“以物为中心”到“以人为中心”的研究的重大转折。对此，钱学森先生的几段话格外典型：

“教育科学中最难的问题，也是最核心的问题是教育科学的基础理论，即人的知识和应用知识的智力是怎样获得的，有什么规律。解决了这个核心问题，教育科学的其他学问和教育工作的其他部门都有了基础，有了依据。”

“古今中外，事例千千万万，记载在汗牛充栋的典籍图书中，材料十分丰富，怎么不能总结出教育科学的基础理论呢？”

“从古今中外，千百年来的经验总结出基础理论很不容易，但想到这是21世纪的大事，再费力气也是应该的。这需要大力协同，不只是教育工作者的事，社会科学家要参加，自然科学家也要参加。请国家有关部门来领导这一攻关吧。”

如果说，前面提及的“四大难题”中关于“以人为中心”的研究，仍是从自然科学研究的角度讨论问题，那么，钱学森的呼吁便已明白无误地是从“教育科学”的角度来倡导对这一研究的加强。一个终身从事自然科学且功勋卓著的科学家，晚年能这样地认识，实在是意义非凡。对于那些至今在科学技术与教育的关系上，仍把对物的研究置于至高无上的位置的人来说，这又意味着什么呢？

实际上，一味埋头于物的研究，只把自然科学视为“科学”者，在本质上同只把经济发展当作中心者，是如出一辙的。都是对人自身发展的异化；都只看到教育之用，而未认识教育之本——发展人自身的价值。明白这一点，对新世纪的教育发展至为重要。

2007年全国博士生(教育类)学术论坛论文集序言

2007年金秋之际,我们在重庆北碚缙云山麓嘉陵江畔召开了题为“多元对话:和谐教育构建”的博士生论坛大会。此会开得有意义,开得好。现将与会论文择其精华结集出版,既是对会议的一个总结,也是对同学们学习成果的肯定。

所谓对话,有话则对。只有在对话中才能有交流,才能有思想的碰撞,才能有不同观点的讨论,继而,才能生成新的思想。这自然引发了一个我思考已久的问题,即博士培养问题、对博士生的指导教育是件大事。博士生写一篇论文,拿到学位就算毕业了吗?在我看来并非如此,这是对博士生培养的误解。比如关于学制就存在不同意见,有的将三年学制同硕士阶段的三年结合起来看,认为总共六年已足够;有的认为硕士阶段三年时间偏长,应压缩为两年,而博士阶段三年短了,应为四年或三到五年、三到六年,甚至更长。这里涉及一个问题,即博士教育阶段到底应该让博士具备什么能力,达到什么水平。这个目标倘若没有确定,那么整个教育、整个培养便是想当然的。因此,讨论这个问题的根本在于是否按现有培养目标,让博士生通过论文撰写来实现一定意义上的创新。倘若此,那么博士论文研究的问题要么是新问题,要么是用新的视野去研究旧问题,要么是用新的方法研究老问题,要么是对前人的研究成果加以推翻、修订或增加。一句话,就是要有你自己的东西。这对时下的大规模招生、对博士生学习是个重大挑战,若所有的博士生都能做到这一点,则很不简单。

当然,要创新首先要完成一定的基础学习。基础学习便是学分、课程,对于老师来说便是课堂讲授,指导读书。单单如此并不能使学生达到创新的目的,而博士生论坛则是解决这一问题的一个很好的尝试。因参加博士生论坛的都是同龄人或大致同龄,其学习经历大致相同、面临的学习任务大致相似,有很多共同点。他们之间的碰撞不是老师给学生上课,老师讲、学生听;也不是简单地看人家的东西,通过阅读、资料研究来和作者对话,来和前人或其他人对话,而是面对面的对话,是同龄人之间的直接交流与碰撞。

有不同观点，可以争论；有不足之处，可以补充；有相同的地方也可以融合，生出更多的东西。此次博士生论坛虽然历时很短，但对话的程度、思考的问题却是深刻的。其中当然也存在不足，但若能持之以恒，形成一种学习方式，必然会产生优于老师指导学生读书、自学、课堂教学的效果，因此可以说它是博士生完成创新性学习的重要环节之一。

这次论坛谈和谐教育，并非只是迎合时下的政治口号。从本质上讲，和谐是人类生存的根本问题之一，包含四对关系：一是人与自然的和谐；二是人类社会与社会的和谐，也包括文化与文化之间、不同社会群体、不同国家、不同民族之间的和谐；三是人类个体与个体之间的和谐；四是个体自身内心的和谐。这四个层面囊括了人类生活从宏观到微观的方方面面。我们现在谈"转变发展思路，解放思想"，表明过去在这个问题上做得还不好，我们在教育上、在对待传统文化上、在国家的大的经济发展模式上都存在很多问题。要达成和谐，绝不是不去了解人家，绝不是孤立的、静止的，而是相互对话的、相互了解的、相互宽容的。只有如此，和谐才是我们共同讨论出来的东西，是在和谐的气氛中实现的"和谐"，而不只是一个口号。

此次和谐教育论坛在西南召开，个中有其深意。西南因民族众多，发展类型多样，经济水平、文化水平、教育水平参差不齐；多民族之间的交融，了解其他民族、其他文化、其他群体尤为必要。不如此，不能和谐地共同发展。应该说，这个课题还刚开始起步，还需要我们共同的努力。不过有了这次论坛作为开始，相信能坚持下去并不断得以发展。只要我们坚持下去，就可以摆脱以前对待自然关系上那种简单的人定胜天、与自然对立的单一、片面、偏激的发展模式对我们的桎梏；在与不同文化、民族，甚至不同意识形态相处时也能倾听、吸收人家的长处，而不是闭关锁国、简单排斥或否定；在对待不同文化，比如现代化和传统的关系上自然也会不同。但我们长期以来将二者对立，以为现代化就是对过去的否定，就是单纯的、直线的进步，像这类问题都已到必须反思的时候了。

更有甚者，因认识偏激而导致的问题已经造成了社会继续发展的障碍，造成了巨大的文化危机，甚至是社会政治、经济危机。所以，必须开展对话，必须促进不同文化、群体、社会之间的了解，人与人之间更是如此。没有人与人之间的了解，就谈不上关爱。了解是一切的基础，而了解的关键不是趋同，是和而不同，即可以不赞成你的观点，但我尊重你的发言权，尊重你表述的权利，尊重你交流的权利，而不是简单地戴帽子、打棍子，或者居高临下地排斥人家,唯我独尊。且只有在了解的过程中才能有心灵的碰撞,学术层面的讨论也才能真正展开。至于个人内心深处的和谐也不仅仅是个心理学上的问题。本质上讲,一个人善于同他人相处、同其他文化相处、同自然和谐相处,其前提、出发点和基础一定在于自身内在的和谐。没有这样一个内在系统的调节,其他的都做不到。

此次论坛从各方面来说都是一个良好的开端,坚持下去必然会有更大的收获。相信我们的博士生通过这次论坛,不仅增进了了解和交流,更重要的是开始了一个和谐对话的局面。倘如此,前景是光明的。

素质教育与思维发展

正确实施"素质教育"的前提是界定"素质教育"。一界定,问题就来了。要讨论清楚"素质",必然涉及对什么是人,以及人的发展与社会的发展等根本性的命题。而这些命题几乎贯穿了从古到今的全部哲学史。因为,认识自我乃是实现自我的前提条件。那么,问题弄清了吗?

按照德国哲学家卡西尔(Ernst Cassirer 1874—1945)的话说,不仅他,而且整个早期希腊哲学都没有解决这一问题。"这种新的思想倾向虽然在某种意义上说是内在于早期希腊哲学之中的,但直到苏格拉底时代才臻于成熟"[①]。他认为,苏格拉底用"否定回答"告诉了我们"关于人的概念的正面看法"。"我们绝不可能用探测物理事物的本性的办法来发现人的本性。物理事物可以根据它们的客观属性来描述,但人却只能根据他的意识来描述和定义"。因此,概括起来苏格拉底对"人"的定义便是:"人是一个对理性问题能给予理性回答的存在物。人的知识和道德都包含在这种循环的回答活动中。正是依靠这种基本能力——对自己和他人作出回答(response)的能力,人成为一个'有责任的'(responsible)存在物,成为一个道德主体。"[②]

由卡西尔为苏格拉底总结的这一关于"人的定义"很有意思。一方面,这一定义否定了"用探测物理事物的本性的办法来发现人的本性"的做法,从而,使具有灵性的人没有混同于一般的"物";另一方面,这一定义又避免了仅依靠内省的、主观的唯我论困境,从而使对人性的认识,以及随之而来的对人性的发展有了相对的客观性。这种"对自己和他人作出回答的能力",主要又通过苏格拉底法或"助产术"来进行。这种对话式的教学法,使内隐的思想以可观察、可证实、可操作的形式表现出来。

这样,通过对话,人认识并发展了自己。

这样,探讨人的本性只能在"与人的面对面交往"中才能实现。

---

① [德]恩斯特·卡西尔:《人论》,甘阳译,上海译文出版社,1985年版,第6页。

② 同上。

这便是人的本性所决定的认识人和研究人的方法的独特性。

那么,人认识和发展有没有止境呢?它同人以外的自然界又有什么关系呢?在澳大利亚的艾格妮丝·赫勒(Agnes Heller)看来,"就人与人的关系而言,或者说就人的心理一社会的结构(Psycho-social structure)而言,我也认为,这里存在着'内部筑入'的无限可能性"①。她认为世界是个客体,人是主体,人类社会的发展是以自然对人的限制的界限退缩为标志的。这就带来了两种结果:其一,社会的发展是人类特有的,也就是说,人的本性不能起源于生物自然,人的本性又不能与那些使它得以产生的自然条件相分离,并且,在自然的界限退缩的过程中人的本性的构成不断更新,人类将自身对象化的体系同生物本能体系的退化一起接替了本能所起的作用,在个人的繁衍、社会的发展和人类的延续等活动中统摄着个人的行为和活动。人并不存在先验的本性,其形成和自我认识,经历了其对外部世界的征服,人的本性可以被无限地建构,但建构的方式不能是随意的,也绝不是只沿着一个完美的方向发展,并不是仅仅善的东西能被建构到人的本性中,消极的东西也能被建构到人的本性中。

换言之,具有"内部筑入的无限可能性"的"人性"的发展,或者作为"对象化的产物"的"人性"的发展,包含了两方面:一是人与自然的关系,二是人与人的关系。在前者,人性的发展是以自然的界限退缩为标志的;在后者,沿着一个"完美的方向"发展其实质便是通过学习来实现的。

工业革命以来的历史重点仅在于以强大的科学技术为手段,来迫使"自然的界限退缩"。而且,也因为科学技术的强大,成功地迫使"自然的界限"大大地"退缩"了。

这一成功便在事实上改变了人类素质发展的方向。以至于现代学校教育在很大程度上被定位为科学技术的基础。于是,人类自身素质的提高就主要体现为科学技术的学习。这样的学习发展到极致,便是"应试教育",甚至"考试地狱"的大兴。而且,仅把人类的发展摆在单纯地依赖科学技术的强大来迫使"自然的界限退缩"方面,也必然会造成人类发展的失衡。这种失衡发展到一定程度便导致全球性的危机。罗马俱乐部的主席,意大利的奥雷利奥放逦(Aurolio Peccei)对此有一段精彩的论述,堪称人类对自己发

① 参见[澳]艾格妮丝·赫勒:《人的本能》,邵晓光等译,辽宁大学出版社,1988年版,第3页。

展的检讨：

“目前的全球危机，其中人类体制混乱不堪，实际上是人类不能按照人在世界的新角色的要求去提高自己的理解力和责任感的直接后果。因此问题存在于人类内部而不是外部，那么答案也不例外。从现在起，人类面临的最重要任务是提高人的素质和能力……不仅是精英人物的素质，而且是几十亿普通的地球居民的平均素质”。“实际上所要求的正好是当前的发展概念的反面，使发展不要集中到人的需求方面，而要集中到他的贡献能力上，集中到他的素质和创造力方面。人的内在价值越高、越美，那么他的生活标准及生活质量就越高，同时还能保持系统的平衡。将人的要求视为人的进化的新阶段的出发点的结论既错误又容易令人误解。人的素质和能力的发展就是进一步取得成就的基础，包括通常被人们称为‘发展’的东西；如果说，我们真正想‘增长’的话，那么这就是我们应奉献出我们所有精力的方向。”

可见，一旦把人的发展导入“自然的界限退缩”方面，其所造成的结果恰好是对人内在素质发展的忽视。

然而，不幸的是，我们目前对这一关系的认识，却大有问题。

例如，当我们把认识自然与认识人类社会，包括人本身，用“高”、“新”、“尖端”等来分类之际，当我们貌似科学地把研究自然物的科学置于至高无上的地位时，认为只有研究物质的科学才是“真科学”，而研究人自身素质提高的教育科学或研究人类社会的人文科学、社会科学等都是“非科学”或“伪科学”，因此教育只能被定位为科学技术的基础之际，实际上是我们颠倒了这两者的关系。把条件的实现当作终极，扭曲了终极。因为，教育，从本质上说，便是人自身的发展。试想一下，还有什么比人自身的发展更重要的呢？还有什么比研究人自身更“高”、“新”、“尖端”的呢？

任何发展，归根到底，只能是为了人类本身。一言以蔽之，只能为了人自身的发展。因此，邓公有言：发展是硬道理，诚哉斯言，这个发展，只能是中国人的发展，只能是中华民族的发展。经济建设只能是为这个发展服务的，而不应该，也不可能成为这个发展的全部。科学技术的发展也只能是为发展人服务的，而且，研究“万物之灵”的人的发展，也远比研究物的发展更为高深，更为复杂，也更有意义。

教育（教育学科）必须大量吸收其它学科的成果来丰富和发展自己，否则便不能顺应时代的挑战。但是在从其它学科吸收养分来丰富自己之际，教育(教育学科)必须要保持自己。即所吸收来的成果只能是为了人自身的发展的,而不是相反的,让人的发展去为其他。哪怕其常常以“科学”的名义来颠倒这一不容置疑的关系。这就是说任何吸收来的成果最终都必须落脚到教育上,要做到这一点就意味着,这些成果必须经过专以人身心发展为研究对象的教育科学的整合,否则,就不能成其为教育基本的源泉。

让儿童在认识自然界与人类社会的相互作用同时,结合其自身的经验,以儿童自己的兴趣为导引,将儿童组织成探究性的群体,通过其游戏、对话、交流、来探究性地发展其思维,继而全面提高其素质,便是我们的素质教育的圭臬。

我们不能老抱怨教育制度的效率低下,也不能老用以往的“补救性教育”来解决问题,我们需要的是对已失败教育的“重新设计”。这才是问题的最好解决。

当今教育的一个严重问题便是,给儿童的教育缺乏“整体性”,各门课之间互不相干。这种“井水不犯河水”的现象,不过是知识分割的反映罢了。以传输知识为中轴的教育,只能借助由各门学科专家所简单化、系统化的知识为教材,进行教学。这就必然导致儿童的学习围着考试转动。考试能检验的只是思维的外化形态——知识。这样,学习对于儿童便成了外加而非内发的。知识便被当作一种对今后有用的苦药。然而,这就像病人尽管知道牙医的牙钻是治病的必须,但却完全有理由不喜欢它一样,学校为了学生“好”,为什么非办成把儿童“善意监禁”起来的场所呢?这种教育是根本违反人的天性的。为什么我们不换个思路,变逆儿童本性的做法为因势利导呢?

儿童的本性,这才是好的教育的出发点。美国儿童哲学的创始人李普曼教授认为:最好的办法就是让他们永远保持强烈的好奇心,好奇便是针对意义。信息可被传递,理论可以灌输,情感可以分享,而意义只能被发现。而且,意义不可能给予,只能自己去发现为自己的意义。这种发现,恰好就在儿童自己的生活经验中。因为意义来自于对部分与整体、手段与目的等的相互关系的认识,那么,通过儿童具体的生活,便可上升到哲学(包括科学)意义上的一般。这样,便从根本上消除了传统教育从各门分科的知识出发,给儿童呈现陌生的、破碎的、令人费解的世界的痼疾。让儿童从切身体验出发进入到更大的参照框架体系,从而,建立起与人类知识的总体的有机而生动的联系。同时,把在前一种学习中完全被动的、再现式的,因而也是低层次、低效率的思维，改变为积极的、创造性的、因而也是高层次、高效率的思维。这说明教育和事物的关系密不可分，凡产生意义的地方就有教育。

那么，怎样做到呢？这就靠儿童哲学体系。通过这套体系要使教育达到最大限度的内在价值（相对于教育的工具性和外在的价值而言）、意义、合理性和教学法的统一与一致。所谓内在价值便是利用儿童自身的经验，让儿童通过发现意义的过程，来发展儿童的思维。也就是说，起点和归宿都在儿童自身。儿童的经验是其思维发展的最大资源。思维，犹同呼吸、消化一样，是自然过程，人皆有之。一个有生命的、积极的人无时不在思考中。但思维的水平与质量却会因人、因时或因事而大不相同。

如何让孩子从开始思考时就得到生机盎然、机智迭出的思维发展，从应付眼前的任务中开发出潜在的认识能力，成为有思想、有创见、通情达理的善于思考者，便是儿童哲学的中轴。儿童自身的经验是与其所生活的情境相互作用的产物。在充满儿童感兴趣的各种事物中，包含了儿童思维发展的无限可能。而由具有各种经验的儿童所构成的课堂，一旦变为“探究群体”，便能将这些可能转换为现实。所谓“探究群体”便是以喜爱推理，相互尊重、杜绝说教等为氛围，以独立思考、批判性思维等为内核，以富于想象、思维活跃为形态的新型课堂。

既然思维是内隐的，完全个性化的，那么，要发展思维便只能靠思维存在的物质形式——语言来进行。由对话引起思考，促进探索。如果说，使儿童成为有思想、有创见、通情达理的善于思考者是个埋在地下的百宝箱，那么，由叙述、描绘、概括、讨论、争辩、倾听、判断、怀疑、质问等等所构成的对话技术就像是探宝、挖宝的工具。而所有的“工具”俱来自儿童自己的经验。

所谓素质教育，是指以提高人的素质为目的的教育。而思维发展素质教育发展的中轴，也是人性“内部筑入”的关键，是人自身价值的终极体现。

巫山考古对教育学研究的启示

重庆电视台关于巫山考古的专题片《远祖之谜》是十分有意义的。此片是对巫山考古成果的情景式再现，它不仅涉及考古学方面的相关知识，同时，也为各学科提供了多方面的启示。教育学当然也不例外。

首先，《远祖之谜》印证了教育学研究中“三足鼎立法”的重要性。“三足”中的第一足为文献研究。文献本身可分为各种学科，而分门别类的学科也是文献由来的关键。学科的分类很庞杂，但是，现实中我们研究某一问题时，不可能仅靠单一学科来妥善地解决某一问题，而需要多学科的共同参与，并结合跨学科的研究方法。《远祖之谜》这一个专题片就涉及考古学、古人类学、古地质学、古生物学、天文学、地理学、历史学等多个学科。但在此专题片中没有教育专家的参与，教育学专家自身也不关注这些内容，认为这些跟教育学没关系。教育起源问题一直是教育学研究领域的一个十分重要而至今仍无定论的问题。教育的起源不清楚，教育的性质、定位就没有根据，而对教育起源问题的回答不是文献可以解决的。我们现有关于教育起源的理论要么生搬政治意识形态的观点，要么把其心理学化或生物学化，却从未把其放在整个人类发展的基础上去考虑，未曾把视野投向考古学、古人类学，从而使得教育起源问题成为教育学研究中最枯燥的部分。这就涉及了“三足鼎立法”的第二足——考古学。

在教育学界，孙喜亭先生早就论述过教育研究中要重视考古学的相关知识，这是教育中很重要的一个问题。研究教育的起源问题首先要思考一个前提性问题，即“人是什么”？只有“人是什么”的定位准确了，有了一个思维的逻辑原点，“教育是什么”才有根。卡西尔在《人论》一书中从哲学的角度提出了一个命题：“人是符号的动物”。这一命题在思辨上很严密，也很有独到之处，但卡西尔写这本书的时间距今已有五十多年，因此现在考古发现的材料是卡西尔所不知道的。比如我们现在看到的巫山猿人的考古材料是黄万波等人自 1985 年以来的系列考古工作所发现的，卡西尔做研究时没有这些材料，也不可能根据这些材料来丰富或修正自己的研究。我们衡量一个成果有无价值，不是看它是不是权威说的，而是要尊重事实，从事实出发。而考古学及考古的相关成果为研究工作提供了许多无可争辩的证据。就如许慎在编写《说文解字》时甲骨文并未被发现，因此，《说文解字》虽有着很重要的价值，但是，也不可避免地出现了许多主观臆断的错误。

第三足为人类学的方法。人类学方法是我们进行民族教育研究的重要方法之一，但很多人在做人类学研究时并没有与上面两种方法形成有机整体，还没有"化"。考古学跟现在人类学田野考察（field work）的走街串户、民风民俗研究不同。田野考察关注的是活的材料，具体化为老百姓的生活习俗、语言、行为等，关注现代社会里人的行为方式所折射出的远古的东西。而考古学所关注的则是远古的内容，关注远古社会人的行为方式及相关内容所折射出的现代的东西。如《远祖之谜》里提到了巴人、重庆人现在吃麻辣烫的生活习俗与远古巫山猿人的联系，其方法和视野即是投向现在的饮食习惯、行为习惯的。两种方法是互为补充的。比如黄万波曾提到，从两百多万年前到现在，长江三峡古人类的发展是一个没有间断的人类演化史，其文化也是独立的。要对这一观点加以证明，可以从两个方面入手：一是考古，黄万波等人在巫山的考古从1985年至今，经历了二十多年时间，而他们的考古工作到现在也没有结束。考古方面现在只有三颗牙齿，证据还不足，因此得出的结论只能说"可能是"，而非"绝对是"，这是一个科学的态度，实事求是的态度，因为其中的很多问题不易证明；二是遗传生物方面，基因谱系研究至今还没有新的发现。如果在这两方面有所突破，那么可以说人类起源不只一个，巫山人也是人类的祖先。他们试图证明的不仅是中国人，也是东亚人的起源。要回答这样的问题，在我看来还可从人的发展演变入手。而现代社会的人类文化则是可以通过人类学的研究方法获得的。通过对现代人类社会的研究反过来向远古追溯，这也是一个十分可行的研究方法。

其次，巫山猿人考古对教育学学科建设有着重要的启示。教育学自身要发展，重点在于研究方法的突破，而研究方法的突破来自于研究领域的突破，新领域、新材料的出现以及由此带来的新方法、新观点、新体系也就随之而来。研究领域实际上是学术发展的资源，选题有突破，说到底是研究领域的拓展，是学术资源的拓展。例如要回答教育的起源、教育与人的发展、进化的关系问题，不能空对空地谈，需要不同领域的材料加以佐证。但已有关于教育起源的理论都缺乏第一手材料。

再次，这部片子里还涉及了教育学的几个重大理论问题。

第一，人与动物的区别是什么？是否只有人才有教育？人与动物的区别主要在于脑容量。理查德·利基在《人类的起源》一书中认为成年猩猩的平均脑容量是700多毫升，成人的约是1400毫升。但在没有完整头盖骨的情况下，不能用人类自身体征来回答人与动物的区别时，就要看他外部行为的结果了，即看他所使用的工具和生活残留物。也就是说，当无法用人内部的体质特征来证明这里曾经有人类生活过的时候，就只好找人的行为创造出来的东西来加以印证，即通过与人的活动相关的一些具体的证据来推论人在进化链条上走到了哪一步。这些人的行为创造出来的东西，首要的就是工具——石器或陶器，因为石器是唯一可以长久保存下来的，其他的工具不可能经受长时间而存在，凡是有机物都具有新陈代谢，会腐烂而无法保存的特点。因此所找的外部证据还要受证据存在的条件的限制。因而，工具的使用状况也就成为人与动物的重要区别之一。

生物学证明人可以直立行走了，直立行走是人类发展的一个非常重要的环节，是区分人与其他动物的标志性的环节。直立人面对的环境是什么？哪些需要他不同于动物？人在从猎物到猎人的过程中，教育是一个核心的环节，起着关键性的作用。他们要打猎就必须熟悉猎物的各种行动规律：哪些是在白天出来，哪些是在夜晚出来；哪些喜欢在山崖上，哪些喜欢在水边。在《远祖之谜》中，还是有很多东西没有得到解释的，比如，片中说那里集中埋了几百种动物的骨骼，吃完了动物可吃的部分，骨骼太硬是无法吃下去的，于是就变成了化石。几百种动物，但就狩猎而言就很了不得了，狩猎者必须要熟悉、研究各种各样动物的习性。猎物是大型动物，就利用许多人把它赶到悬崖边上，逼得动物从悬崖上跌落、摔死的方法。“赶”的过程就是一个群体协调，分工合作，对动物的习性、出没的路线熟悉，即他们要懂得大量的关于动物的知识。如果说同一代人所获得的知识是学习的结果，那么当这种相关行为处于一种延续状态时，就是教育在发挥作用了，是教育使得这些相关的行为在下一代得到延续。

人之所以成为人，本质上是善于向一切事物学习。例如巫山猿人合作打猎，就受了鬣狗的启示，说明其已经发展出社会组织。而以前的条件反射或操作性条件反射实验，实验过程本身就是动物学习的过程，因为它们以前不会如此。这是心理学上典型的刺激—反应。因而不应泛泛地谈教育，倘若我们研究的是人的教育，就应重新定义教育。什么是教育？这个命题的回答至关重要。综观现有对教育的定义，广义的、狭义的，把教育作为社会实践、社会活动等，有的毫无新意，有的明显有缺陷，不具备自洽性，前后矛盾。如果不懂核心概念，何谈教育学研究？因此我们应该采取一种实在的发展路向，这样实在的研究与这个片子所展示的内容密不可分。

第二，教育在教人使用外部工具的同时，是否要以人自身相关能力的减弱为代价？

当时考古还发现了花粉、孢子化石，片中也进行了分析，这又涉及采集，说明当时的人在吃一些植物。植物的生长有季节、种类、形态、有无毒之区分，这些都是在采集时需要掌握的知识。捉鱼时又要有相关河流的深浅缓急的知识。这些既包括食物学方面的知识，也包括地形、地貌方面和天文方面的知识。所以，天地间万物的知识，在古人类自身的生存发展中也就相应地分为两方面：一方面是发展人自身的体能，在多次的有效利用中，人的视觉、听觉得到了发展。有一个法国学者在非洲的一个大沙漠就发现，当地的土著人仅凭肉眼就可以根据沙子上的痕迹来判断动物的大小、种类、公母，这个观察、分析能力是人自身的能力，是发展人自身，而不是人之外的东西。我们可以发现，在生存条件很差的地方，人的观察能力很强。我们现代社会给我们提供了各种工具的同时，人自身的能力却是在做减法：跑步不如山地民族、打猎不如丛林民族。这就涉及教育学上的一个很重要的问题：人在使用工具的同时，是否要以人自身能力的减弱为代价？

人应该在发展自身的同时发展外部世界，而不是把两者割裂开来，做跷跷板运动。我们现在的教育和科学往往是发展了外部的手段，而自身做了减法。美国的例子比较典型，孩子学会了用计算器，就不会心算了。好的教育首要的任务应该是发展人本身。教育真正的价值应该是两者并重，而现在教育的取向是个典型的工具取向，把人当工具，把人学的东西当工具。只有人具备天地万物的知识，也只有教育才使得这些知识成为人类共同拥有的东西，并不断地加以传承。传承使得知识的量得以积累，并且在传承的过程中实现知识的创新。但是，人类传承知识的过程与脑容量的增加是一个什么样的关系，至今还是一个谜。这些知识是在采集、在狩猎的过程中实现的，也是卡西尔《人论》中所说的符号的一部分。这些知识的产生，使人对外部世界的认识增加，反过来又促进人自身能力的发展。在此过程中，由于对力量、速度等的崇拜，又产生了人类最古老的英雄崇拜——神话和各种史诗。包括奥运会的产生，其背后也都是源于这些崇拜。西南地区是发现创世史诗最多的地方，共发现了四十几部创世史诗，保留了大量的原始崇拜，是人类学传承的一大块。

工具的使用越来越精细，其实质是人的能力、人的思维越来越精细。2004 年印度洋大海啸时，其毁灭力量是相当强大的，然而，几乎没有动物被海啸卷走。这是一个非常值得思考的问题：为什么动物在这场浩劫中损失极其微小？远古人类如果处在此种情况下会不会被卷走？回答当然是否定的，这是因为远古的人类能够和现在的动物一样，能够感觉到奇异的自然灾害的前兆。可是，当我们发展了很多的东西以后，我们是否应该简单地像狗熊掰苞谷，掰一个，扔一个？当然不应该。但是现在，我们经常在做狗熊掰苞谷的事情，把以前的文化、建筑都扔掉了。教育应该怎样在人的本能的经验之中吸取营养？我们往往是在牺牲人以前的各种能力、体征为代价换取另外的东西。教育的价值取向是否只要学学科学？到底应该怎样进行教育？这是值得思考的，即我们需要什么样的教育？大海啸是个极端的例子，但是能让你直观地感受到发展人自身与发展人之外的天地万物的知识间的关系如何把握。那么当今许多的教育体制是否合理，在这种体制下，教育是否能办好，就成为一个问题。现在许多学校的教育都是要把学生培养成什么“家”，培养成什么“家”，只是人一方面的突出，而使人不成其为人，不是一个正常的人，只发展了人的工具性的一面。我们谈教育时应该坚持什么样的价值取向？我们应该要什么样的教育？这些都是值得我们思考的问题。

第三，考古学的相关资料为进一步说明教育在人的发展过程中的重要作用提供了有力的证据。

人的脑容量的变化最能说明教育在人的发展过程中的重要作用，婴儿刚生下来，脑容量只有约 300 多毫升，4、5 岁时是 500 毫升左右，到了成人，即 15 岁时是 1375 毫升。这里我们可以看到，人一生下来脑容量只有成人的 1/4～1/3，而猩猩刚一生下来，其脑容量就是成年后的一半，有的动物一生下来脑容量更大，占其成年后总量的百分比更高。这是为什么呢？主要是其刚生下来就可以在野外生存，有的动物一生下来就可以跑、躲避猛兽。而人不行，只有人一出生脑容量只占成年后脑容量的 1/4～1/3，大部分一定是靠后天，对天地万物的认识为其提供了脑容量增加的空间。

人在后天的发展中创造了工具，这些工具又折射了人的智力发展的水平。在奉节智人（距今 14 万年）考古中出土的一颗完整的象牙，上面还刻有图案，那是最早的牙雕。就技术而言，所使用的雕刻工具一定是非常的细致，很锋利。象牙上的图案是一种神秘的符号，其内含着一定的理念。卡西尔从哲学的角度概括了这一现象:人是符号的动物。人创造了符号,符号又反过来创造了人。人类在发展的过程中,由于对动物知识的把握而创造了各种工具,人在创造的过程中,又发展了自身,动物却做不到。在这个过程之中,只能是教育在起着至关重要的作用。人的经验、能力,以及人自身都能在这个过程中得到提升、积累,每个人的积累绝不仅仅是个人的,而是在整个人类发展的基础上的提升,这就是教育。

因而,教育起源的本质问题,就是个人离开动物,认识天地万物及与其相互作用的过程,即“位育”。万事万物不是单向的作用,而是双向的作用,继而形成一个优化的整体。研究问题,一方面要从考古学、人类学的角度探寻人是什么的物质基础,另一方面就是哲学思考——文献,不仅要看西方的哲学,更要注重中国的相关文献。只有坚持“三足鼎立法”,坚持教育学从其他多种学科汲取营养,并采用跨学科的研究方法来研究教育相关问题,才能促使教育学的领域创新、学科自身的不断发展。

试论中国少数民族宇宙观教育

小 引

教育，就其广义而言，应该囊括人类的一切教育实践活动。可分为三大方面：社会教育、学校教育和家庭教育。如果我们这样看待教育，而非仅仅把教育看做是学校的事，等同于学校教育，那么，民族教育的概念就应包括民族社会教育、民族学校教育和民族家庭教育这三大部分。因此，民族教育（作为民族文化的传承方式）讨论其民族文化的一个至为重要的组成部分的传承，即宇宙观的教育问题，也就顺理成章了。

所谓宇宙观，是一个民族关于天、地以及天地起源与万物起源（自然也包括了其民族的起源）的关系的诸看法的总和。就我国 56 个民族而言，可以说都有自己关于开天辟地、日月形成以及万物起源的神话或者传说。而且，这些神话或传说，绝不仅仅是其民族文化的一个单纯的组成部分。它们作为一个民族的关于宇宙的总体看法，在其民族文化的结构中，常常居于基础的、核心的或者中轴的地位。唯其如此，民族的宇宙观教育，在广义的民族教育之中，才不是什么可有可无的部分而是一个至关重要的方面。

然而，在事实上与民族宇宙观教育的重要性形成强烈反差的是，在狭义的民族教育之中，几乎完全忽视了这一问题。只有天文学家们才在讨论少数民族的宇宙观问题，而他们的角度则从中国天文学源流出发。似乎民族教育理论工作者们与此都完全无关。这一现象对深入认识一个民族的文化传承问题是非常不利的。为此，笔者认为，必须明确地提出民族的宇宙观教育的概念，并展开对宇宙观教育问题的讨论。这是我们全面而深入地认识一个民族的文化底蕴的需要。

一、宇宙观的起源

要讨论宇宙观的教育,首先须讨论宇宙观的起源。只有对宇宙观的起源及其特点了解之后,我们才能对宇宙观的教育有全面的认识。

我国有句俗话,“出门看天色,进门看脸色”。如果把后半句中的“脸”字换为“天”,则非常贴切地反映出“天无时无刻不在作用于我们”这一道理。事实上无论我们出门或是在家,都置身于天的绝对影响之下。阴晴雾雨,风霜雪雹,温度湿度,昼夜更迭,凡此种种无不直接作用于我们。不唯现在如此,从远古蛮荒之际,天对人类的作用都是绝对不以人意识到与否为转移的。德国哲学家恩斯特·卡西尔指出:“天的现象的重要性从来就没有被完全忽略过。人一定很早就已意识到这个事实,他的全部生活都是依赖于某些普遍的宇宙状况的。”[①]正因为这些“普遍的宇宙状况”把人类置于其直接的影响之下,人类为了适应这种状况,便自然把注意力转向了对天象的观察。

对此,明朝末年的顾炎武有一句话:“三代之上,人人皆知天文。”实际上这里的“知”,就是懂得对天象的观察。我国少数民族观察天象物候的经验相当丰富。渔猎民族惯以游鱼的周期来计算年龄。乌苏里江畔的赫哲族人的年龄是以每捕一次鲑鱼的鱼头的多少计算的。而鲑鱼一年巡游一次。根据《后汉书·乌桓鲜卑列传》记载,古乌桓人也是“见鸟兽孕乳,以别四季”的。在游牧民族中,逐水草而居的生活就更得关心牧草的枯荣。我国古代地区的宕昌羌“俗无文字,但候草木荣落纪其岁时”[②]。至于农耕民族对于天气物候的观察就更有经验了。云南拉祜族人说“白花树开花,布谷鸟叫了,就该撒谷子;蝶哈威开花就该撒包谷;竹叶发绿、长嫩叶时撒水稻;黄泡树果子熟了就该插秧”[③]。凡此种种,在我国少数民族的生产生活的实例中,可谓俯拾皆是。这里不一一列举。

---

① [德]恩斯特·卡西尔:《人论》,甘阳译,上海译文出版社,1985年版,第60页。

② 参见《魏书卷一〇一》,转引自《中国天文史文集》(二),科学出版社,1981年版,第3页。

③ 参见《云南四个少数民族天文历法情况调查报告》,《中国天文史文集》(二),第28页。

对天象的观察必然伴随关于天象的思考。这种思考并非只是出于生产经济的需要。文化人类学家列维一斯特劳斯说道:“这种对客观知识的渴求,是我们称作原始的人的思维中最容易被忽略的方面之一。即使它所关心的事实与近代科学所关心的事实很少处于同一水平,它仍然包含着与后者相类似的智力运用和观察方法。在这两种情况下,宇宙既是满足需要的手段,至少同样也是供思索的对象。”“当我们错误地以为未开化人只是受机体需要或经济需要支配时,我们则未曾想到他们也可以向我们提出同样的指责,而且在他们看来,他们自己的求知欲似乎比我们的求知欲更为均衡。”①这一点,在我国少数民族的开天辟地的神话中随处可找到强有力的证据。例如盘古(或盘瓠)开天辟地的神话就在我国许多民族中广为流传,虽然这一神话在汉族中与在苗族或畲族中不尽相同,但却具有明显的可比性。如普遍的相似便是这位身化宇宙的创世天神是卵生的。而几乎完全一致的结构便是从茫茫混沌到昼夜分明、再到天地形成,继而万物起源而人类种族繁衍的情节。很显然,这一内容已经不再只是满足于观察物候天象的“机体需要或经济需要了”。这已经是一种由于求知欲的内驱而作出的对万物起源和宇宙形成的解释了。又如在川、滇、黔、桂等地的彝族人中流传的虎尸化天地的宇宙观,也已经明显地脱离了观察天象的初级阶段,而形成了自己的关于宇宙起源的解释。

二、宇宙观的神话形式

当原始初民们把宇宙作为思考对象,并力图作出自己民族的解释之际,他们的解释系统便获得了一种独特的表现形式,即产生了有关天地的神话。当然,也就产生了神话的伴生物——崇拜。事实上,准确而言,少数民族的宇宙观与其关于天地及万物起源的神话几乎是一回事。换言之,宇宙观是被神话的外衣层层包裹起来的。马克思在《黑格尔法哲学批判》一书中有段精辟的论断:“古代各族是在幻想中、神话中经历了自己的史前时期。”对此,我国学者萧兵先生认为:“这样,太阳的升降,光明的始终,就跟人类的生命有着某种一致,而可供原始思维加以类比或对位。”“特别是当他们发现自然界也有类似人的节律性生命现象,像睡眠一觉醒,昏病一康复,死亡——诞

① 列维一斯特劳斯:《野性的思维》,李幼蒸译,商务印书馆1987年版,第5页。

生等等，他们更认为自然也具有人的生命、人的行为直至人性、人格、人形。”加之，“人类又是自己能力的动物，它不但本能地要求了解事物变化的原因，而且随时随地都力图解释、影响、干预、改善这种变化。这样就产生了有关出日、入日的祭祀仪式、巫术语言和神话，一直发展为更积极、更极端的射日、追日、入日（盗火）。原始人逐渐发现，普通人死去以后就很难活过来，但是……英雄（至少是英雄的灵魂）和太阳都是不死的，不朽的。这样，就有了关于英雄或祖先之再生或永生的仪式和神话。这一点恰恰与太阳的降落与重升一致。久而久之，太阳的行程便是英雄的命运的传统建立起来了。”① 这里，萧兵令人信服地阐述并分析了原始民族从对太阳的观象开始，到关于太阳神及英雄的神话，继而到对太阳神的崇拜的产生的全过程，这种情况我们不仅可从对太阳神话及其对太阳英雄崇拜那里看到，而且，我们还可从人类对天神、地神、川神、雷神、风神、山神、河神、树神、寨神等等万物崇拜那里得到印证。事实上，在我国少数民族对宇宙起源的看法中，我们不难发现，无一例外地都是以神话形式流传于世的，而且，也都无不伴之以相应的崇拜形式。

其所以如此，是因为“当人类在思考宇宙起源一类问题时，思维如处在原始状态，那么各民族在认识上往往会出现某些共同的内容。”②事实上，我国少数民族几乎都有的开天辟地神话、射日神话、大水神话等，已雄辩地证明了这一认识上的趋同。

三、宇宙观的思维特点

神话形式的宇宙观具有什么样的思维特点呢？神话故事茫茫混沌的结束大都凭借英雄或神人的神力。如拉祜族的天神厄莎，傣族的因叭造天地，傈僳族的天神捏地撑天，黎族的大力神拱天射日，诸如此类，举不胜举。这类宇宙起源的神人、神力或神物的神话，表现的就是一种典型的具象思维的象征化。所谓具象思维是相对于抽象思维而言的。抽象思维是科学思维的

---

① 参见萧兵：《中国文化的精英——太阳英雄神话比较研究》，上海文艺出版社，1989 年版，第 21～22 页。

② 参见常霞青：《康香之路上的西藏宗教文化》，浙江人民出版社，1988 年版，第 54 页。

一种，它总是把事物的本质特性从事物的表象中抽象出来，以便更深刻地认识事物的运动。故抽象思维的基础是概念，它的运演规则是逻辑。而具象思维虽然也能对事物的相似性、异质性有所认识，甚至也能把握到事物属性的普遍意义，但是，它所藉以说明其所认识到的道理的东西，仍然是个东西。即具象思维从具体事物出发以认识其属性的普遍性，最终又回复到某一或某些具体事物之上。换言之是“在朦胧和混沌的互渗和对位里，梦与真实，物与我，太阳与英雄，愿望和行动……都融化成一体”①。因此，具象思维的基础仍然是具体事物，只是 A 具体事物与 B 具体事物之间存在着“互渗”和“对位”的可能性。具象思维的运演规则不是逻辑而是一种情感的统一性。对此，卡西尔说道：“他们忽视了神话经验的基本情况：神话的真正基质不是思维的基质而是情感的基质。神话和原始宗教决不是完全无条理性的，它们并不是没有道理或没有原因的。但是它们的条理性质多依赖于情感的统一性而不是依赖于逻辑的法则。这种情感的统一性是原始思维最强烈最深刻的推动力之一。”②

至于具象思维的象征化，则是指用以“互渗”或“对位”B 事物的 A 事物，从严格的意义上来说，已经不再是 A 事物本身。即它既是 A，又是非 A。所谓是，是指它相对概念而言，仍然是种形象；所谓非，是指它已经具有某种超越本事物的其他属性，它已经象征化了。例如白族开天辟地神话中的盘古氏与盘生氏具有人的形象，用以编天织地的东西亦具有织物的形象。然而盘古氏与盘生氏已经不再是某一具体的人而成为具有超人神力的、整个民族的祖先象征，编天织地的织物也成了天地的象征。又如彝族崇拜的虎也是如此既具有虎形，又大大超越了具体的虎，母虎已成了图腾的象征，成了祖先的象征。此类例子不胜枚举。总之，无论是盘古开天辟地或是虎宇宙观，或是其他宇宙起源神话，都充分表明了我国少数民族关于宇宙起源思考的这一具象思维象征化的特征。

那么，这种具象思维象征化的特征又是怎样产生的呢？讨论这一问题有助于我们弄清宇宙观教育的性质。

《易·系辞》中有言：“古者庖牺氏之王天下也，仰则观象于天，俯则观法

---

① 参见萧兵：《中国文化的精英——太阳英雄神话比较研究》，上海文艺出版社，1989 年版，第 23 页。

② ［德］卡西尔：《人论》，甘阳译，上海译文出版社，1985 年版，第 104 页。

于地。观鸟兽之文与地之宜，近取诸身，远取诸物，于是始作八卦。”很显然，这种“近取诸身，远取诸物”的方法，就是具象思维的特点。盘古开天辟地身化宇宙，就是“近取诸身”，以身体的各部位来“互渗”或“对位”于天、地、山、川、日、月。而纳西族东巴经《崇搬图》中的声与气的相互感应，从而化育天地万物的宇宙起源说[①]，是典型的“远取诸物”的具象思维。此外，由于对宇宙的思考带来了对天地万物的崇拜（尤其是对天的崇拜，可以说这是万物崇拜的中心），因此，具象思维必然向象征化方向发展。只有赋予崇拜对象以象征性（即用以互渗或对位的那个具体事物必须超越其自身），才能让其置于某种神秘氛围之中，从而，才能给人以高深莫测的膜拜感。比如对天神的崇拜就是如此。天无时无刻不以其各种变化的形式作用于人类，让先民们觉得它总和人在一起；另一方面，天又高悬天上，变化万千，让先民们觉得它又远又玄，无法亲近，总是吃不准、摸不透。故而产生一种天既庇护着人类，又主宰着人类的心理。费尔巴哈说道：“自然界的变化，尤其是那些最能激起人的依赖感的现象中的变化，乃是使人觉得自然是一个有人性的、有意志的实体而虔诚地加以崇拜的主要原因。”[②]在我国少数民族关于宇宙起源的神话中，总有一个神力无边的英雄出现的原因也就全在于此。如前所叙，这些具有人形的英雄已不再是具体实在的人，而是象征意义上的人。而且，这一“近取诸身，远取诸物”的具象思维象征化的完成，依赖的不是一个或几个贤者圣人，而是整个民族，或者更确切地说，是整个民族的精神。卡西尔指出：“这些现代方法与较早的寓言式解释形式之间的区别在于：它们不再把神话看作是为了某种特殊目的而作的纯粹虚构。虽然神话是虚构的，但它是一种无意识的虚构，而不是有意识的虚构；原始精神并没有意识到它自己的创造物的意义……”[③]。明确这一点非常必要，因为，既然是“无意义的虚构”，既然是每个民族都有的宇宙起源神话，那么，“民族社会里的各种宗教行为和神话传说都不是真正个人的东西，它们实际上是某种集体意识的表现”[④]。唯其如此这种原始思维才具有普遍意义。

---

① 参见朱宝田、陈久金：《纳西族东巴经中的天文知识》，载《中国天文史文集》第二集，科学出版社，1981 年版，第 35 页。

② 《费尔巴哈哲学著作选集》（下卷），三联书店，1962 年版，第 459 页。

③ ［德］恩斯特·卡西尔：《人论》，甘阳译，上海译文出版社，1985 年版，第 99 页。

④ 谢选骏：《神话与民族精神》，山东文艺出版社，1986 年版，第 3 页。

此外，这种具象思维的象征化所表现出的既是一个具体的形象又非此事物的矛盾统一性，还明显地体现在思维主体和客体的混同性上。卡西尔指出：原始人的自然观“自己不是纯理论的，也不是纯实践的，而是交感的(Sympathetic)……原始人绝不缺乏把握事物的经验区别的能力，但是在他关于自然与生命的概念中，所有这些区别都被一种更强烈的情感湮没了；他深深地相信，有一种基本的不可磨灭的生命一体化(solidarity of life)沟通了许多形形色色的个别生命形式。”[①]因此，这种强烈的情感导致了天人合一、主客一体的宇宙观。而这种万物有灵的宇宙观是“综合的，而不是分析的。生命没有被划分为类和亚类；它被看成是一个不中断的连续整体，容不得任何泾渭分明的区别。各不同领域间的界线并不是不可逾越的栅栏，而是流动不定的。在不同的生命领域之间绝对没有特别的差异。没有什么东西具有一种限定不变的静止形态：由于一种突如其来的变形，一切事物都可转化为另一切事物。如果神话世界里有什么典型特点和突出特征的话，如果它有什么支配它的法则的话，那就是这种变形的法则”。[②] 正是这种具有强烈情感的“变形法则”决定了自然崇拜、鬼神崇拜的行为。例如，云南哀牢山的苦聪人在农历二月初八盛行叫羊魂、牛魂、猪魂的习俗。在厩前圈边，在牛滚坡羊跌岩的山崖，面东而叫，叫时怀抱公鸡，叫毕杀鸡烧香。他们相信鸡的魂已被叫到了羊、牛、猪身上，以后这些大牲畜就再不会发瘟。这种习俗在白、彝、普米、基诺、景颇、佤、纳西、哈尼、布依、瑶、苗等民族生活中相当常见。这是一种典型的带有强烈感情色彩的宇宙观。

四、宇宙观的教育

我国少数民族宇宙观的教育深受其宇宙观的表现形式及其思维特点的制约。

如前所叙，宇宙观在民族文化中不仅仅是一个单纯的组成部分，而常常是其民族文化的核心、基础或中轴。例如，云南楚雄的彝族创世史诗《梅葛》就集中体现了民族文化与其宇宙观的关系。史诗中的虎尸化解万物的宇宙观“包括七项关于原始宗教、哲学、科学、文化的基本内容，即：(一)人从水

① ［德］恩斯特·卡西尔：《人论》，甘阳译，上海译文出版社，1985年版，第105页。

② ［德］恩斯特·卡西尔：《人论》，甘阳译，上海译文出版社，1985年版，第104页。

出;(二)葫芦崇拜;(三)母虎图腾;(四)贵黑尚左;(五)人体历法;(六)十月历法;(七)阴阳五行。"[①]唯其如此宇宙观的教育在少数民族中才备受重视,而且,尤为关键的是,这种重视不是一种自上而下的组织命令,它是一个民族的精神的无意识的、自然而然的流露。它已经以一种风俗行为的形式溶化在民族文化的深层之中。可以说,在一个民族的各方面都有这种宇宙观的痕迹。神话、传说等为经常性的教育形式,图腾、自然崇拜、宗教盛典等为集中性的教育形式,正是这些经常性与集中性教育形式的结合,一个民族的宇宙观教育才得以完满地实现。

列维—斯特劳斯说道:"神话和仪式远非像人们常常说的那样是背离现实的'虚构机能'的产物,它们的主要价值就在于把那些曾经(无疑目前仍然如此)恰恰适用于某一类型的发现的残留下来的观察与反省的方式,一直保存至今日"。[②] 而且,尤应指出的是集中教育时,仪式的作用非比寻常,"它是结合性的,因为它导致联合(在此甚至可以说是交融),或者无论如何导致起初分离的两组人之间建立起一种有机的联系(这一联系在一定程度上使一方为祭司者个人,使另一方为信徒全体)。"[③]此外,这些仪式不仅导致了民族凝聚力、向心力的增强,而且,还极为形象有效地进行了生产、生活方式的教育。这类实例也相当多。如云南丽江县鸣音村纳西族的蒙本(祭天)仪式便具有多种功能:歌颂祖先,结合神话讲述祭天程序、器物的由来,唱诵东巴经文,为子孙祈福,为族人赎罪求寿等等。整个仪式持续时间从年前腊月初八到来年正月二十二几近一个半月。很显然,正是借助这些仪式,"这些神话的名称不仅保存下来了,虚构的故事也得以长期流传,而且,它们还满足了一代接一代人的宗教的、诗歌的,以及道德的需求。"[④]甚至,正是借助这神话与仪式的宇宙观教育,一个民族的团结才得以维护,一个民族的文化才逐渐发育出自己的基础。反之,当我们要认识一个民族的文化时,我们必须了解其宇宙观;而当我们要对民族教育有一全面认识时,我们不可能忽视

---

① 参见刘尧汉:《中国文明源头新探——道家与彝族虎宇宙观》(第二章),云南人民出版社,1985 年版。

② [英]列维-斯特劳斯:《野性的思维》,李幼蒸译,商务印书馆,1987 年版,第 22 页。

③ 同上,第 41 页。

④ [英]麦克斯·缪勒:《比较神话学》,金泽译,上海文艺出版社,1989 年版,第 16 页。

宇宙观的教育。至于各个民族的宇宙观教育具体如何，以及宇宙观教育的发展演变等等问题，限于篇幅，本文不再讨论。笔者仅希望，通过本文的抛砖，能引出其他讨论少数民族宇宙观教育的瑰玉，这样，宇宙观教育就得到了应有的重视。

（原载于《民族教育研究》1990年第4期，作者：张诗亚 廖伯琴）

论大学主体精神的错位

有幸在清华大学和大家讨论一些问题，对我来说是一个很难得的机遇。住在史教授安排的甲所，甲所前有一座小山，山前有海宁王静安先生的纪念碑。今天我讲这个题目呢，与他有些关系。我想讲的是：大学主体精神错位。基本上可以说是在高等教育、大学的范畴里。

正如刚才史老师所讲，我喜欢收藏，收藏的东西不少，三峡正面临着大挖，数千年的文明正毁于一旦，觉得可惜。做教授也有点闲钱，关键是有爱好，所以经常出去收点东西。应该是在前十天左右，无意当中，就在我经常去的小铺子里，居然看到了跟你们清华大学、我们西南师范大学都密切相关的一个人的几封信，真迹！那个老板认识我，请我鉴定。我一看，假不了，再一看，写的内容我吃惊。今天便是把这位先生——吴宓先生的这几封信，尤其是其中的一封，在这个地方给大家看看。这封信呢，是当年西南师范学院人事处应该保留的档案，但是被扫地出门了，当垃圾扔到外面去了，捡破烂的把它弄到这些小贩手里，他们也都有点文化。因为吴宓是个很热的人物，所以他们也就把他的东西拿出来卖。

这封信写的时间是 1956 年 7 月 29 日，吴宓先生写给季平同志，请转西南师范学院、西师共产党委员会诸位院长及总务长，还有人事处李一丁处长，几乎是西南师大所有的领导。信是吴宓先生的手迹，吴宓的书法不算好，但这件事写得很真实。吴宓先生写的信很恭敬，信上把这些人都写完了，然后是“同鉴”，恭恭敬敬的，即同鉴，表示对人尊重，也就是对自己的尊重。内容是：他的妻子因为任职不满一个月即病，而承认给予八成工资，使其休息养病至三年之久，目前(4 月 29 日)在第九人民医院去世。因为他的妻子去世后剩下一个人，吴宓要推荐她的远房侄子。大家看这些细节：这个人叫周开贵，政治历史、做过什么事、身体情况如何，一一详细记录。他为这个人的事，去年、前年就求过学校，希望给他一个小小职务，感谢他照顾家人的心意。这个人有高中学历，解放初的高中学历不简单，在大学里做个小事毫不费力，非常容易的。吴宓先生很细心，信中写到：此人过去有一些小问题，但现在改了，他认为这个人不适宜担当什么重任，但可以做一些小工作。人事处答复的信上写的是："吴宓要求我们用周开贵之事，口头转告他，不用。"这上面是人事处处长的亲笔(这个处长后来官居西南师范学院副校长、党委书记)。

之所以把这封信拿到这个地方讲，是因为吴宓先生很有心，很关心人。写信时一是很注意礼节，二是写得很工整，三是重点的地方用另外的颜色圈点。他很固执地认为：尽管是为这个人谋个职，但要实事求是地介绍。可是这个人事处处长、这个官员呢？第一，连吴宓同志都不称，而对季平称同志，有明显的区别。因为他们不是一类人，吴宓是另一类人。第二，吴宓有没有眼光、能不能看人、能不能认人呢？

刚才所讲是一件小事，下面我来讲能不能通过吴宓先生的看人，把大学办好，清华大学便是如此。刚才我来的时候看到王静安先生的纪念碑，他当时是清华著名的四大导师之一，著名的清华大学的四大导师赵元任、梁启超、王国维等当时都很有名气，他们有学位、有学历。而陈寅恪先生，当时没有任何学位，吴宓先生和他在哈佛同过学，所以对他很了解。吴宓作为当时清华大学的教务长，聘请这些人作为清华导师，这才有了著名的清华四大导师。继而，这些人又提出了清华现在恢复了的校训——自强不息，厚德载物(《易经·乾卦》有"天行健，君子贵自强不息"；《易经·坤卦》有"地势坤，君子以厚德载物")。这八个字能够作为清华大学的校训，在我看来，中国现在学校的校训没有一个能够与之相比！上有天道，下有地道，中间在天地当中发展人道。培养人，不是培养器皿！像这样的导师，这样的教务长，知识分子聘知识分子，惺惺惜惺惺，伯乐识千里马。他办大学，在当时那么恶劣的物质条件下，能把刚创办不久的清华大学办出在中国一流、在世界上广有声誉的一所大学，这可以说跟他们的眼光是不可分的；更重要的是，有这种眼光的人能成为大学精神的主体。大学的事，他们做主；大学的学问，他们来主张、发展，而不是让一帮转业的军人来办大学。他们有战功，但是不懂办大学。结果一个大教授说的话没有用，转而求一个小小的公务员，大教授写一个东西道出来的事，却被一个口头转告打发了事。大学由这帮人主宰，你说这个大学怎么办得好？

大学怎么才能办好？这个话题我觉得相当重要。

大学到底怎么才能办得好？清华前校长梅先生说："大学者，大师之谓矣！"不仅仅是有大楼，你看看现在的大学校园发展，让你去看大学、参观大学,莫不是让你看物质条件:我们有什么大楼,我们有什么电化设备,我们有什么什么点,我们有什么什么牌……把一套所谓的质量评估体系,尤其是把评估物质的、企业的质量评估体系,用于评估人的发展、学问的生产,大谬!貌似科学,实际非常荒唐!把大学里的行政权力跟学术权力完全混淆,大学里做主的再也不是教授,再也不是大师,他们沦到可怜的地步,能够给点东西,你安心了、知足了、感恩了吧,这样能把大学办好吗?

因此,大学到底怎么才能办好,谁是大学的主人,谁是大学精神的主体,这个问题在当下提出来相当重要。

刚才讲吴宓先生的这两个经历,在清华大学的时候,他能做主,清华能蒸蒸日上,能成为全国一流、世界享有盛誉的大学,直至今日,谈中国高校也就清华、北大这些学校。可是当像吴宓先生这些(他后来 28 年都在西南师范学院,听说是被整死的,"文化大革命"中腿被打断)教授,当他们的地位每况愈下,人生自由都得不到保证,基本的人格尊严都难以维持的时候,遑论做学问、安排学校的事务!当然,现在比以前好得多,但是不得不遗憾地说,现在是以另外的形式,即所谓科学管理的形式来管学问,以党、以政干涉学术权力、干涉学术探究的自由。大学精神可以做主体的有几个?"独立之人格,自由之精神",当年陈寅恪先生在清华提倡,我至今附音。我觉得没有独立之人格、没有自由之精神,谈不上发展学问。为什么呢?因为做学问不是让你看上司,大家都一个调子,是减法,不是加法,没有多样性,没有丰富性,没有比较,于是就永远没有发展。大学里要有不同的声音,当年的北大兼收并蓄,当年的清华也是这样,这才能形成自己的风格。

前不久我接待了一个从美国斯坦福大学胡佛研究所回来的学者,研究国民党历史相当的深入。他给我讲在胡佛研究所养成的一个习惯:大家知道,美国两大重要的智囊,一是胡佛研究所,另一个是兰德公司。兰德主要研究军事,胡佛研究政治、文化以及外交,至关重要。胡佛以前是共和党的,但不管哪届政府,上台后仍然对它很重视。没有因为党派不同,党同罚异,就把人家罚掉。凡有重大决策,或在重大政策出台之前,就请一个独立的研究室独立地完成研究,我不干涉你的研究,我需要的是你实实在在的研究,说你自己的意见。然后再请他做一个,请你做一个,通常做六七个。于是,假如这个政策制订了,出台了,将会引起什么连锁反应,每一种可能性,及其好处、坏处、危害性,都研究透。于是再做决策的时候,各部分反映的,就相对科学。这样的一个研究所之所以受到人们的重视,不要简单地归结到他以前反苏、反共,意识形态不同。这个学者说:给钱的时候,他们接受一个基金会的一个项目,他们自己提出这个项目的目标,他不需要迎合你,这不是政治。

大学里的这种研究对国家发展至关重要,尤其是我认为的大学精神构成的独立之人格、自由之精神。假如没有,我认为所谓的大学的主体精神谈不上,也做不好。昨天我在首都师大谈这个问题的时候,曾提到一个比较教育中很典型的例子:船长、航海、开船。船上高喊着什么?你应到哪里去?干什么?航海学不管。你装的是粮食,去救灾,你装的是毒品、军火,去杀人、去害人,那是船长的事。可是,做研究等于什么呢?航海学的研究,暗礁怎么分布?潮流怎么运动?这些规律,无论你运什么东西,都得遵循,否则你就要撞礁,就不能运到目的地。于是,这样的结果,就使得这个研究离开了政策制订。因为真正的基础研究,所谓有科学性的人文研究,绝不等同于政策制订,而我们常常把它混为一谈。办大学尤其是人文科学,如何真正认识它的重要性,而不是处处要大学的老师、大学的研究口口声声保持一致,如果本着整个研究对国家、对民族、对发展、对构成和谐社会负责任,那么,你的研究可以不同于他的政策制订,更不用迎合某个领导人的观点。这样的研究假如有了,不是搞政策注释,那么,我觉得大学的精神就能独立。可是现在并非如此,稍微不对就被说成低级,一谈就是这个问题不对那个问题不对。有的成了万精油,什么地方他都能去当领导,好像这都不需要学习。你想想看,领导领导,你都不懂行,如何领导?大家做硕士论文、博士论文,其中都有一个文献综述;申报课题也都有一个已有研究的综述、比较。对别人已有哪些研究,你将从哪个方面去展开新的研究,有什么创新,你都不了解,谈何创新!遑论发展!所以,外行怎么能领导整个学术发展、科学研究呢?这是大学主体精神彻底丧失的一种很重要的表现。

接下来就是伪科学主义,人文科学的研究不是那么简简单单的用科学就可以概括的。因为人文的很多东西不是自然科学,没有那么强的规律性。我们研究的是人,是社会,尤其是研究人的发展、人的精神的变化,不是简简单单的可以量化、可以证实的!哪有把人的其他因素抛去,简简单单搞实验的,办不到!曾经有个老师问我:甲班是我教,乙班也是我教,甲班的孩子学得快,每次学习全班学生非常的活跃、好问、好动,可是忘得也快;乙班的孩子呢,学得非常慢,经常要搞几遍,反复讲,但有一个好处,学得死、学得慢、学得牢。这是什么原因呢?同样的老师、同样的教法、同样的教材。我一笑说:刚好你犯了一个错误,同样的老师、同样教法、同样的教材,两个班的巩固应换一种方式。因为甲班的孩子大部分是西南师大的教师的子女，而另一个班的孩子大部分是街上的。孩子的家庭背景不同，你没有研究。甲班孩子的认知特点是反映快，活泼好动，但喜欢求新、求异、忘得快，复习巩固的过程应用新鲜的形式而不是简单的重复。

就刚才讲的这个简简单单的例子，你都不能说把这个班的经验用到那个班去重复再现，它不是科学研究。实验是奠定科学发展的关键，实验是可以反复操作的。实验的前提便是可以控制、可以再现，可以把原因、条件，人为地组合在一块儿，让过程再现、结果再现。可是教育，乃至人文的很多东西，你不可能简单再现，还有你没有权利让这部分人成为实验品，让另外一部分人优惠。可现实中我们经常搞这样的东西：中学、小学口口声声称实验班（莫名其妙就成了实验班），这在法律上连证据都没有，这是严重违背人性的！人文的很多东西不是简简单单的科学就可以比的，教育学的发展中也有大量这样的案例。实验主义教育运动之所以走到穷途，就是因为它行不通，简单地用自然科学的方法来所谓的科学化，行不通！可现在的大学里，比如教育，搞个教育科学学院，“科学”什么？为什么没有多少科学反而千方百计地讲，缺什么吆喝什么！没有就没有，何必内在的不足找外在的多余呢？以教育为例，你就可以理直气壮地说，人文的东西不是科学，若是，找个公式把人弄去反复 copy ，不就完了吗？若此，人就不是人了。人的精神发展不是物的发展，对人的研究不是对物的研究，大学里现在很多学院追求所谓科学化，研究追求所谓数量化，然而，精神的变化、人类社会性质的很多变化，不是简单地用数量可以解决的。

当前大学管理所谓的管理科学化，一整套这样的东西，美其名曰都以革命的名义抓质量、抓教学、抓科学管理，一帮这样的所谓的管理官僚产生了，他们设计各种各样的表，让人文科学领域里的人来填。假如是当年陈寅恪、王国维他们在今天早就跳湖了。这个东西让人穷于应付，这样的表格不断的发下来，然后美其名曰量化，什么学科级刊物、什么成果，省级、部级、国家的，这不是自然科学，能这样简单的比附。然后再到身份上是什么呢？某人在身份上是院士，待遇高得不得了，什么院士呢？科学院院士、工程院院士，工程院、科学院做什么的呢？没有所谓人文学科的院士，以前还有学部委员，台湾那边“中央研究院”还有人文学科的，法国法兰西学院也还有人文学科的，英国皇家学院还是人文的。而我们大学里的管理，一下就把人分成三六九等。这个分是先天的，因为它是院士，他最高，位置最高，待遇最高。在我看来,这都是典型的大学精神迷失的一种表现。你是研究物的,我们是研究人的,研究物重要呢?还是研究人重要?包括院士、科学家,他也不能说研究物比研究人更重要。

我举个简单的例子,就谈我们大学,这个话我经常说,我们到现在还在吃1952年院系调整的苦果。为什么呢?把大学按照前苏联的模式调整,大学、大学,"university"。"universe"宇宙,人类本体精神的探索。诸位拿的学位,很多都是Ph. D。Ph. 是哲学,philosophy,不是一个工具的职业,这才是大学。可是这个大学在1952年的时候因为盲目学苏联被支解了,变成了什么呢?变成了语言大学、邮电大学、电力大学、机械大学、煤炭大学、地质矿业大学,全是这种为了急功近利的"用"的,只重发展人的工具理性的,把人当"器"来培养做法。你们以前的老校长张孝文先生,曾经有一次在人民大会堂里,他作为霍英东基金的评委或者是颁奖委员,我作为获奖者在一起吃饭,旁边就是吴树青,当时我就开玩笑和张校长说,我说清华现在的校训比起以前来堕落了,张校长当时不太高兴。他说你怎么这么说呢?我说现在清华的校训是什么呀?"红色工程师的摇篮"。"工程师的摇篮"加个红色,跟以前的"厚德载物,自强不息"相比,倒退了很远!天道、地道,发展人道,倒退到培养工程师,这不是大学精神的堕落吗?大学搞这个名堂,是在发展吗?看到校训回复,我觉得这很好。这么一个大学怎么就只能培养工程师了呢?不要以为培养工程师很了不起,在我看来非常可怜。重庆有一种人叫"棒棒","棒棒过来!"——当棒棒被叫过来的时候,人性其他东西都没有了。一个人退化成一个棒棒,就只能扛、挑、抬,做苦力,这是对人的侮辱,是人的极端的异化,人堕落成一个体力工具。是否如此?我就有一个例子。我内弟当时考上了北大,我的老岳母有一天追着打她的小孙子,为什么打他呢?孩子正好看见重庆电视台演的《棒棒军》,他就用拖布的棒子扛在肩上,奶奶说你干嘛,他说我当棒棒军。老太太气坏了,他说你老子是北大的,你当棒棒军,没出息,就追着打。这个老太太基本上不怎么识字的,但有眼光。孩子上北大、清华,她很高兴;当棒棒,她认为很下贱。可是当清华要办成工程师的摇篮,工程师是什么呢?仍然把人当工具,不过就是洋棒棒、高级棒棒、专业棒棒嘛,其中没有人!而大学正是培养人的!所以现在谈"以人为本,和谐社会",我觉得对了,终于开始认识到人的重要性了,不是把千千万万的大学生培养成工具。以前这个话谈得很多了,各种各样的,以各种神圣的、革命的理由把人贬为工具,真是荒唐!刚才我说的这种科学管理的背后，有很多很荒唐的东西，如此不分清红皂白的管理，产生不了大师。当年清华大学的四大导师，哪一个当年被冠之以像我们现在的种种教师等级？没有！所以，这样的科学管理，以自然科学、物的研究规律马首是瞻，不是大学精神的主体，是大学精神主体扭曲的一种表现。

我们的前校长，一位生物学家，搞生态的，他就对我们一位学教育专业的副校长说，教育有什么学的，我不学它也同样可以教书。我们这个副校长是他的下属，在其位时不敢顶他，后来他对我说，XX 校长说这个话，看不起我们教育学，根本不懂！一个师范大学的校长不懂教育，还看不起教育，这能当师范大学校长吗？他很生气。后来这位校长先生又在一个场合说这个话了，我也在场，就忍不住起来说话了。我说 XX 校长，你的观点我不赞成，我们隔壁是西南农业大学，他们那里的很多院士很了不起，农业是第一呀，那里有养蚕的院士，养蚕、养小虫子也能成为院士，养猪、养牛能成为科学家，我们还研究人呢，我们就没有学问？荒唐！人的复杂性、人研究的复杂性远远超过物，人的重要性，远远超过物。可是，我们现在把研究人文的很多东西，降到了非常等而下的地位。自"文化大革命"开始取消人文学科，我们不办大学，只办理工科，为什么呢？长期极"左"政治思想认为：只要贯彻了政治领袖的理念，贯彻了某种统治的意志，不需研究，只要执行，只要听，一个脑袋足也。大错特错！这是我们犯下的一个最大的错误！正因为如此，我们的高等教育因 1952 年的院系调整，这个政策上的巨大失误，在我看来，远远超过原子弹、氢弹发射失败的损失！因为中国高等人才培养的土壤结构被彻底的毁了！至今我们还在吃这个苦头。大学里，几大系统：政工一块，党的权利；行政一块，行政权利；后勤一块，社会服务权利；剩下很少一块，是大学所谓的学术权利。咱们自己关起门来谈论什么学问，其他的都不容你做主。莫名其妙怎么做主？学校被合到什么地方也不知道，这个院系、专业不在了也不知道，这都不由你做主。这个体制的形成非常荒唐！

大学的专业结构严重错位，最近又有另一个趋向：拼命地扩招。我们 1977 年上大学的时候，第一次刚招生公布的指标 26 万多，不到 27 万，后来小平说以后扩招，变成 35 万，二十几万到三十几万，这已经算是扩招了，我们算是当时的幸运儿，考上了，扩招之前就考上的，当时就觉得很了不起了。现在是多少，前天开会纪宝成讲 1600 万。这个发展规模、发展速度，世界上哪个国家有过这样的情况，惊人！大学好多体制变了，改嫁了、婆婆换了，都不知道。像所有的这些情况，谁决定的？根据什么？理论研究在哪里？像刚才讲的胡佛研究所的各种可能性的研究有一个没有？没有！谁决定的，谁给他这么大的权利？现在的科研项目申报，自然科学的项目申报，科技部有几百个亿经费，这些官员就来评审，我们申请的课题，谁有权利支配这么大的财富，现在很多这样的分级别的课题、项目。回过头来又要来评估，这样的所谓的科学管理的东西，不是给你真正创造研究的自由，你也好似有一种知识分子的探究精神，热爱真理，追求真理。于是，作假；于是，急功近利；于是，浮躁；于是，追这个追那个，多如牛毛，比比皆是，大家都竞相攀比。然后又成立一个一个的机构，网上排名，质量评估，不断地推出，可是大家心里都有杆秤。现在的教育，不管北大、清华，在我看来真正奠定她们声誉的，远远不是现在，都是过去。这个财富，清华的精神财富，是当年清华四大导师那个时代奠定的；北大的精神财富，是蔡元培那个时候。至今我们还在享用这些精神财富，我们怎么就能说这种人文的研究没有价值呢？怎么可以随意替代呢？再回过头看一下，那些追风的，跟着那些指示跑的，又有多少还存在！每次追的时候都红得一塌糊涂，都是非常非常的神圣、了不起，铺天盖地的来，但是，它的消亡也铺天盖地的去，几乎不留痕迹。因此，什么是大学精神里主体的"独立之人格、自由之精神"，靠这个东西来培养学生，培养老师，让真正的大师能产生，我觉得至关重要。

大学是干什么的？我们常开玩笑说，农民是干嘛的？农民是种庄稼的，生产吃的、穿的；工人干嘛的？工人在工厂里做工，做用的；知识分子干嘛的？大学干嘛的？大学既不种吃也不种穿，大学是种脑袋的！一个国家没有精神、没有脑袋，麻烦！大学的脑袋、大学精神从哪儿来、靠谁？给她什么环境？什么是大学精神的主体？当我们问到这个问题的时候我们会发现，我们现在以很多很神圣的名义推行的很多东西有很大的问题，往往是使的力量越大，离我们所追求的目标越远。为什么呢？一开始就错了。基础的不是科学管理，管来管去越不科学。评来评去，全评的是贪污有多少、职称上去没有、什么样的刊物发表的，结果是权利、知识分子自己评估的权利、大学的权利没有了，给了杂志社，给了杂志社的编辑。教育类的很多文章都这样，几乎有好多文章都可以不看，都是垃圾。这样的东西导致的结果，这种管理，看起来量化了、科学化了，非常非常糟糕。假如精神都可以量化，可以简单的这样数量，精神就不叫精神，也再不会有创造，再不会有发展。所以，当下我认为提出大学精神的主体这个问题很重要。

第二个问题是，在保证大学主体精神的前提下，大学的权利应该如何划分。刚才我谈的,也是很多人都在谈的。党的权利、从法律上讲行政的权利、大学的学术权利,还有社会服务的权利,这些东西如何区分开来,而又要把他们统在一起,让大学的学术权利成为大学精神的主体。学术上的事情、大学的教学和研究,应该由大学精神来主导,而不是让其它的东插一杠子、西插一杠子,瞎指挥。我想,这个问题提出来以后,才可能谈怎么去构筑她、大学精神的主体怎么才能有一个良性发展的环境。以往一说教育不行,就是改造危房、增加教育投入、加强师资培训,现在这些问题提出来以后,就不是简简单单的提出很多很多的解决措施,就不是那种陈词滥调的解决问题的思维。我觉得应该要从结构上彻底的改变!高等教育要立法,要有法律依据。大学的学术权利应该成为中轴,而不是让其他的东西颠倒过来,让大学权利跟着行政权利或其他权利走。不是为了简单的创收,也不是简单的为了贯彻什么指示。只有这样,一个民族,才能真正在这个急剧发展的世界,所谓一体化、全球化拼命推进之际,保持自己民族的独立,才能有民族精神不断创新的源泉。只有这样,大学才能真正成其为大学,而不是培养一些职业、培养一些工具。

这样提出问题后,回过头再来思考,我们会发现问题很多。法律上、管理上、制度上怎么保证,大学内部自己怎么自立,怎么教学、科研,所有这一切,恐怕都应该重新考虑。因为这是一个逻辑原点调整的思考,而不是一般就事论事的讨论。今天以吴宓先生的信作为案例,不过是想引起这个话题。因为吴先生在清华作为一个教务长能把清华办得那么好,可在西师却因一件小事被弄得很惨,大师之心与这些小吏之器,你看看大师的心何等细,何等诚实、细致,关心人,并没有因为自己的处境不好对人不负责任。后来这个周开贵据我知道一直没有工作,吴宓就一直把他养起来,直到"文化大革命"吴宓自身难保,这个人才被赶走,后来不知去向。吴宓见的事情很多,这些小吏颐指气使、霸气、横蛮、匪气,根本不和你讨论,一个"口头转告"就把别人打发了,人家那么恭敬,写了那么多封信,最后也不说句话。不要拉倒,鄙也!两种完全不同的人格,两种不同的精神。但是他们在管大学,这大学焉能办好!所以,这个例子我觉得很生动,因此引发了我关于刚才大学精神主题错位的一些思考、一些感受,谈不上研究,谨与大家交流。谢谢!

(本文根据作者2005年4月6日在清华大学讲座录音整理)

论高中文理的分与不分

高中文理分科的深层次原因有三:社会分工、科学主义与人的认知,而搞清楚分与不分的核心是要搞清楚教育目的是什么,人性是什么,并且是否能分的问题。人的外在环境的丰富性、多样性,以及人性的复杂性决定了文理分科的实际效果,是通过分解知识肢解了人性与人的认知,长此以往将导致整个民族素质的肢解。

2009 年 2 月初,国家教育部就取消高中文理分科的可行性问题向社会各界征求意见,由此引发了社会的大讨论。高中文理的分与不分是一个极强的现实问题,几乎与每家每户都有关系,所以关心的人很多,从不同角度立论的人也多。但实际上,对这个问题的讨论还是很不够的,至少不够深入,其根本原因就在于一个问题涉及的面越多,必然引起的反映也越多,大家都有各自的看法,一讨论就使问题背后的学理被掩盖了。尤其是教育问题,每个人都当过孩子,做过学生,故受过教育;长大了又当家长,养过孩子,故又施过教育。由于受过教育,养过孩子,谈教育,谈亲身的感受便堂而皇之、名正言顺、顺理成章。所以,这个现实导致了一个现象:凡是教育的问题说话的人一定很多,因为每个人都有自己关于教育的一本经。

我国很多高中在学生一进入校门就采取分科教学,有些学校好些,高二才分。那么分科的理由是什么呢?很多人认为是高考制度。实际上,高考制度只是个表面原因,从学理上来看,文理分科还有其更深层次的原因。

首先是社会分工的原因。社会分工使得各行各业分门别类。因为有了分工,也就有了程序、工序。再继续细分下去,每道工序有多少个动作,每条程序也要分解为具体的时间,于是一个纺纱女工在一定的时间内必须接几个线头成了硬性标准,人也就成了机器的附庸。最终,社会分工导致人性的肢解。对这种泰勒主义讽刺得最厉害,也是最形象的,就是卓别林的《摩登时代》。法兰克福学派的赫伯特·马尔库塞(Herbert Marcuse)提醒人要警惕“在机械化奴役状态中发生的变化:东西支配而不是压迫,它们支配着人这一工具——不仅支配他的身体,而且支配他的大脑甚至灵魂”[①]。马克思也意识到了这一点,提出旧式分工导致了人的异化。由于分工,出现了城乡区别,出现了经济的分门别类,出现了人们收入的和职业的等级千差万别。国家还通过政策法规强化分工,如建立文凭制度。文凭社会里,各行各业均有证书。只有拿到特定的证书,才能从事特定的职业,才能获得特定的收益。具体到教育领域,由于社会分工,大学里的专业开始跟社会上的职业等同。现在,人的思维都是学了某个专业出去从事某个特定的职业。于是,哪个职业的工资高,哪个职业容易考,学生就选择哪个专业。结果,大学成了实际上的职业训练所,大学的专业成了职业的准备。大学的学科分类下移导致了高中的分科。由于高中阶段学习的基础性,学科分得太细将引致所学的知识过少,所以只分文理两科。这是瞄准了高考的设置。以高考为目标的文理分科体制又导致上高中的目的就是进大学。这是价值观上典型的工具理性。

其次是科学主义。从某种意义上来讲,学科设置起源于从弗朗西斯·培根(Francis Bacon)开始的西方科学的分科。古希腊的时候是不分科的,都是哲学。哲学把所有的对象都关注了。哲学到了中世纪的时候变成了神学。凡是造物主创造的,神学都研究,在研究体系上,神学依然是不分的。不分的研究方法自然有它的毛病。培根认为这种方法不行,他认为思辨是靠逻辑推理,没法证明,研究要依靠实证,于是哲学上的逻辑实证主义开始出现。无论是怀特、穆勒,还是孔德、斯宾塞等等,他们的学说均起源于培根,其学说都是要通过实证来证明逻辑思辨。学科分类在培根之后逐渐形成了一个庞大的体系,并左右了东西方所有的大学。大学的结构往下延展到中学,便引致中学分科的形成。特别是在我们国家,大学扩招之前,大学是稀缺资源,千军万马过独木桥。以高考为鹄的的文理分科自然会使效率(升学率)提高,所以,从培根开始的实验科学的局限最终导致了高中的文理分科。科学分科以后致使学科林立,每个学科都有自己的学科界限,于是每个学科常常追问自己的学科性。《读书》1997 年 7 月号上有篇《走出李约瑟似的大山》的文章专门讨论了李约瑟(Dr. Joseph Needham)走进了死胡同。李约瑟把中国古代文化的所有东西都用数、理、化、天、地、生等学科来分,来研究。这样分的好处是用这套体系去研究,去肢解的中国文化使西方人看

---

① [美]赫伯特·马尔库塞:《单向度的人——发达工业社会意识形态研究》,张峰、吕世平译,上海译文出版社,2006 年版,第 26 页。

懂了，第一次把没分的东西分了；但其坏处是越往下研究越发现没有办法分了。中国的东西不好分。“当进入巨大的中华文明领域之内时，好些东西既可纳入化学，又可纳入物理，既是工程技术，亦是实验技术。这些东西同它固有的文化、生活方式，以及整个传统紧密地糅合在一起。”[①]道家的气功是什么，是生物学，还是什么别的？风水也一样，是建筑学？对不起，恐怕远远不是建筑学。似乎哪个学科都可以谈，但是都谈不拢。甚至中国的一些称谓在翻译成西文的时候也有同样的问题。比如，中国汉语里的“天”应当如何翻译。这个“天”的背后的文化深意恐怕不是西文中的“the sky”所能够代表和表达的。中国的东西和西方的很多东西格格不入，很多学者想做的是把它逐渐分解并装入西方的体系，可是装不下去，所以必须走出李约瑟似的大山。中国现在的教育多是用西方分解了的体系来装中国的文化，结果中国文化中的许多教育功能都被屏蔽了，学生学的很多东西也都是错的。

再次是人的认知。人认识问题，往往必须分。凡认识事物，一定受时间、空间所限，人的认知条件的局限是分。老子说：“道可道，非常道；名可名，非常名。”道必须可道，名必须可名，必须分开来认识，分开来讲。分是人认识的必然，换句话来说，人认知发展的前提是分，但是，分不是目的，最终的目的是不分。人每一次的认知，总是一时一地的，哲学中称之为“度”。比如说“嫩芽”，“芽”是树的叶子，这是对树的认识的分；在谈到“嫩芽”的时候，时间又在分了，是春天的树的叶子。这就是“名可名”，但是“非常名”，因为它不会永远都叫“芽”。再譬如，叫一个六十多岁的人“小伙子”也是不行的，只能说他曾经是小伙子。所以，对事物的认知必须把特定的时间和空间组合起来认识。具体到这篇文章的议题，时间和空间组合到了中国高中，而且这个高中特指中国的普通高中。将这个时间和对象的范围界定了，讨论问题就不会泛泛而谈。有的人谈分科还是不分科，谈到了抽象意义上的分科就很难把问题讲清楚，问题也就更麻烦了。高中是人生的基础，当然不应该仅仅成为进入大学的准备。更何况，现在世界上各个大学也高度重视不分科教学。美国的大学从 19 世纪开始就设置“核心课程”（Core Curriculum）。北京大学从 2001 年也启动了以老校长蔡元培的名字命名的元培计划，其基础是在元培计划各个专业教学计划框架内由导师指导学生自由选课。大学都不分了，高中为什么还分？

---

① 张诗亚、廖伯琴：《走出李约瑟似的大山》，载《读书》，1998 年，第 7 期。

高中文理的分还是不分事实上是一个价值定位问题，即回答人进入学校学习的目的是什么的问题，教育的目的是什么的问题。假如，你同意教育的目的是发展人，发展人性，我们接下来再反观我们的教育。我们把教育按教育的方式、手段人为划分成了德育、智育、体育、美育等等。这样的划分实际上是为了教育的方便。小孩子拍球算是体育，其实也未必是体育。体育运动就不需要动脑筋吗？每个人拍球都会拍出不同来。打球的背后还有意志、还有情感、还有智慧。任何事情同运动都分不开，拍球只是它的表现形式之一。那么，既然教育要发展人性，我们能不能把人性分开，也就是说，人的价值到底是什么？这个问题回答清楚了才能抓住分与不分的本质。

人性是复杂的。人性的复杂性是由外在环境的复杂性决定的。在低海拔生活的人到青藏高原去就要缺氧，因为红血球不足没有办法输送那么多氧气到身体的各个部位。在低海拔生活的人的身体是适应低海拔气压的，但是到了高原，他的身体就一定要制造出更多的红血球，反应到肤色上就变成了高原红。身体的机能、结构开始发生变化。人生活的外在环境的复杂性决定了教育不应当也不能只发展人的某一个方面。这一点，从人类生命的形成来看亦能证明。新生儿生下来时其脑容量是成人脑容量的三分之一（平均 385 毫升），而猿是二分之一（平均 200 毫升）。人的婴儿能不能像猿一样生下来更成熟点，达到二分之一呢？如果是那样，就意味着“为 1350 毫升的智人的妊娠期是 21 个月，而不是实际经历的 9 个月。”[①]但是这样问题就出来了：妊娠时期母亲的身体受不受得了，还有产道小了，能不能生下来。胎儿在子宫里只与母体发生作用，其作用的形式单一，作用的空间和时间也有限，所以，先天生成的物质，便也有限，只能是三分之一。婴儿大脑后天需要发展的占三分之二，从量上看是大部分。这三分之二在复杂性、多样性方面，也就是质的方面，是先天三分之一绝对无法比拟的，也是更重要的，而这三分之二便是在母体外生成的。只有母体外的复杂性、多样性才能最终使人脑成熟。换句话说，人性的后天的量上的三分之二与质上的极端复杂性取决于外部世界的，以及人类社会的极端复杂性。世界上很多的狼孩都说明，一旦婴儿离开极端复杂的人类社会到了动物世界，他的发展就非常受限。那个叫“卡米拉”的印度狼孩长到 17 岁，但是他的认知水平仅相当于普

---

① ［英］理查德·利基：《人类的起源》，吴汝康等译，上海科学技术出版社，1995 年版。

通的3岁小孩，因为他的大脑在发展的那个阶段并没有得到足够多的训练和发展。用这种观点来看中国高中，高中是人生发展一个很重要的阶段，应该是奠定人性全面、和谐发展的基础阶段，而分科则往往剥夺了许多学生人性某一方面发展的可能性。人性发展是总体的人性。当我们把外在的复杂性减少了，实际上我们就减少了人性发展的空间和可能性。

文理分科，实际上是通过分解知识而肢解了人性。表面上分的是知识，把知识分门别类，实际上暗含的意思是说这部分人不需要这部分知识，甚至是这部分的人性不需要发展。比如美国的小学生学四则运算，教师不是让学生学心算，而是每个人发个计算器，一按就行了，答案都正确。这个"不算"是件很可怕的事情，学生没有通过这个"算"训练自己的心智。接受教育不仅仅是学会使用器械，技术应用的最终目的应当是为发展人性服务。现在很多的学生不会写汉字，直接的反映就是出现很多错别字。这就是分科的弊端。分科实际上造成我们欠缺的不仅仅只是这些知识，而是致使整个视野没有得到训练，于是，没有了整体的概念和全局观，只盯着自己的学科界限，其他东西全看不见。人的发展是整体的，很多东西都需要训练。比如说经过训练的鼻子可以分辨出的气味很多。一个经验丰富的中医一闻就能知道中药里面放的是当归，还是党参。此时，不仅仅是知识在脑袋里起了作用，人的感觉也变得更细腻了。

人类认识事物固然需要分。西方哲学包括三大部分，即本体论、认识论和方法论。本体是否可分呢？所谓的本体就是连续、相继运动变化的系列。连续和相继就是一个接着一个，没有终止；不断运动就是对哲学上物质存在于运动中的表述。那么可不可以分呢？从本质上讲，所谓的分只能是时间和空间的分。时间的分可以包括过去、现在和未来；空间的分可以包括不同的层次和地域。从时间上来看，随着人类对万物认识的增加，对本体认识的增加，人类的未知不是减少而是反过来成几何级数的加倍增长。未知并没有随着已知的增加而减少，有人把这种情况比作蜜蜂修蜂房：一个六面体，在其任何一面修建另一个六面体，都会多出五个面来。时间上的无限是指人类的认知和万物的运动没有一个限度。人认识的最多，在无限面前都近似于零。所谓望断天涯路，穷尽天下是办不到的。天地万物生生不息，往前，往回都找不到尽头。《易·系辞下》有言："天地之大德曰生。"不仅是生命在运动、变化，无生命的东西也在运动、变化。所以，从时间上对本体的划分是不可能的。时间只能相对的划分，人只能认识一段时间内或是此时的东西。空间本质上也是不能划分的。一个事物总是和其它事物相互联系的。一只南美洲亚马孙河流域热带雨林中的蝴蝶，偶尔扇动几下翅膀，可能于两周后在美国德克萨斯引起一场龙卷风。西方的混沌理论讲的就是这个道理。20世纪80年代中期创建于美国桑塔费的桑塔费研究所(Santa Fe Institute)聚集了一群来自各个不同研究领域的专家和学者，甚至包括像物理学家马瑞·盖尔曼(Murray GellMann)、菲利普·安德森(Philip Anderson)和经济学家肯尼斯·阿诺(Kenneth Arrow)这样的诺贝尔桂冠得主。他们达到一个共识，都坚信一个将普照自然和人类的新科学——复杂理论，而且自信他们"正在凌厉地冲破自牛顿时代以来一直统治着科学的线性的、简化论的思维方式"[①]。所以，任何问题，都是综合的，都是紧密联系的。万物本体也是不可分的。学科不是天然的，而是人为划分的，是人把万物的领域划了一块、切了一块蛋糕，但这一块蛋糕切得血淋淋的，硬生生斩断了许多有机的联系。现在就是这种思维还在支配人们的整体发展。虽然人们从不同的角度审视江河，但是江河却从没有因为被人从不同的角度审视而改变自身。它还是它！现在的我们不仅陷入了一种因为人为划分而导致的学科藩篱，学科之间互不往来，而且很多人在极力强调自己研究的科学性，生怕别人说自己研究的东西不科学。所谓的科学是谈得越多越没有科学性，是缺什么吆喝什么。

现代社会最大的问题是宗教问题和民族问题，即所谓的文化问题。萨谬尔·亨廷顿(Samuel P. Huntington)说第三次世界大战将是文化战争。"新世界冲突的主要根源，既不是意识形态也不是经济，而文化将是截然分隔人类和引起冲突的主要根源。"[②]为什么？因为文化是最复杂的问题。最复杂就是因为人们把原本不可分的天地万物分了。不同的文化创造了自己不同的符号系统。比如学习英文时，人的思维从小就在英文系统中发展，并受英文局限。汉字与英文不一样，汉字也是一套独立系统，中国人的思维受它的影响相当深远。所以，不同的符号，不同的文化限定了人的思维发展，把本来不可分的东西分了。本来不可分的，空间上、时间上是无限的，人为划了范围，所以出现了问题，所以分得越细，视野越狭窄，总是看不到全局，

---

① [美]米歇尔·沃尔德罗普：《复杂—诞生于秩序与混沌边缘的科学》，陈玲译，三联书店，1997年版。

② [美]萨缪尔·亨廷顿：《文明的冲突》，载美国《外交事务》，1993(夏季号)。

也看不到事物之间的相互联系。西方的逻辑实证主义很简单,因为它总是讲因果,一因一果。复杂系统也讲因果,但不是简单的一因一果,很可能是一个结果很多原因,多因不多果,也很可能是一个原因导致若干结果。这种思维方式远远不是简单的线性思维方式。为什么有的人运气就好?运气本身就是一种复杂性。复杂性就是随机性,随时变化、不可把握。这个随机性每次都光临他,他的运气自然就好。我们现在的思维很习惯于分析简单的因果,很喜欢这样去回答问题、解决问题。以前说青少年早恋是受资产阶级的影响,很简单,把这些人抓了就没有人早恋了,结果早恋照样出现。这是人性,跟阶级没有关系,很复杂,不是一个简单的对位。所以,事物的极端复杂性是深入到本体中的,也是深入到对事物本体的认识中的。

上面已经在学理上说明了不该分科。那么不分科是否具有现实性和可行性呢?答案是肯定的。解放前的中学,甚至解放初的中学都没有分科教学,但是依然有较高的办学质量。那个时候人的素质也不一定就比现在差。国外的高中也几乎是清一色的没有分科。所以,文理不分科是办得到的。工科不是只需要工科的东西,理科也不是只需要理科的东西。理科、工科同样需要人文的东西,人文的东西同样需要科学的东西。教育应该是用全人类创造的精神财富和知识财富来丰富我们的下一代,而不是一年一度的高考,一考定终身。那么取消高考是否可行?当探讨这个问题时,你就会发现有很多可能性可供选择。雅思、托福,还有现在搞的汉语标准考试都是一年考几次,所以学生必须不断地学习。考试可以成为一种经常性的东西,考试的内容也可以强调综合的东西。因此,高中取消分科后并不是找不到新的办法取代它,而是不去找。现在的难度在于整个教育制度的背后有一个利益结构:这本书是这个人编的,这个教材是教委定的,这些教师是只上这门课的等等。于是,这就不仅仅是个简单的办不到的问题了。

长期这么分科下去,后果是很严重的。分科的背后是整个中华民族的肢解,整个民族素质的肢解。一部分人只懂这个,一部分人只懂那个。无论是人的发展,还是民族的发展都是有阶段性的。如果丧失了关键期的阶段性发展,小到个人,大到整个民族就会像前面提到的狼孩一样,长大以后身体虽然还行,但是精神上已经不行了。小树的生长可以变形,人长大了就不行了,民族也是一样。教育公平是现在最热的话题之一。实际上,公平的核心问题就是体制的不公平,是分科导致的不公平。现在提倡以人为本,人与自然和谐发展,但是接受教育的人却是最不和谐的,因为人已经被整个地肢解了。

随笔篇

2002年1月8日在美国科罗拉多大峡谷

闽榕苍苍兮荫我才女，青莲姣姣兮映我娥眉。

嗟夫，红颜薄命，多舛林卿。民国风流，世纪情场。君子好逑，淑女多情。叹志摩兮徒望月，悲岳霖兮空穷经。唯幸两情相依偎，一生共思成。诗韵哼来兮，新月诸君垂青；画稿拟就兮，营造同仁震惊。烽火连连，古都学府西行；长江滚滚，江畔李庄北萦。巨著皇皇碧血凝，国徽熠熠丹心耿。岂病体兮，巾帼俨然伟丈夫；实枯槁兮，人间一价奇精灵。真乃是红颜命不薄，长夜星永恒。

“送回冰棍世界”的启示

刚念完小学一年级的小迪，好难得有个周末，而且是早春二月的艳阳天的周末！吃罢早饭她便与妈妈一起到野外爬山。

山花烂漫、嫩柳舒黄、草长莺啼……

小迪和妈妈都沉浸在春的画卷里了。

忽然，小迪随口吟边——

春风啊，春风，

你把桃花吹开，你把燕子送回，

你把我送回了冰棍世界去，

你把漂亮的连衣裙给我送来！

妈妈一听，忙问小迪，这几句诗是哪里来的。

小迪笑吟吟地答道：“这是我编的。”稍顿，她又补充道：“课本的第一课也有，‘春天桃花开，燕子飞回来’的句子。”

妈妈又问：“那后面两句呢？”

小迪答：“那是我想的，我想出来的！”

妈妈高兴得一把抱住小迪，一个劲地亲她、夸她。妈妈意识到这是女儿的第一首诗。

回到家里，小迪在妈妈的敦促下记下了这几句诗。

第二天妈妈送她上学时，又把诗拿出来给语文老师看。

教师还远不如妈妈那么激动。稍看了一会儿便指出诗中的“错误”。

“怎么会是‘送回了冰棍世界’呢？春天来了，应该是告别了冰雪世界才对嘛。嗯？”说毕，便拿起笔，换上了“告别了冰雪世界”的字样。

放学回家后，小迪先把改过的诗稿拿给爸爸看。爸爸一下子就看到了醒目的改动，便问小迪为什么要说“送回冰棍世界”？小迪答道：

“天热了，又可以吃冰棍，当然是‘送回了冰棍世界’喔！”小迪的答话，很显然，她并不满意语文教师的改动。

爸爸妈妈听了大笑。好一个“送回了冰棍世界”哟！这才是孩子自己的心声，自己的诗！“吃冰棍”、“穿漂亮的连衣裙”，不仅同样包含冬去春来的意思，还道出了小姑娘对春的激情。

诗贵在创新，发乎内心而非千篇一律。

（原载于《信报》1993 年 9 月 8 日）

播种与揠苗的比较

孟子的寓言《揠苗助长》是广为人知的。说实在的不仅现代，就是古代，揠苗助长的农夫也是极为罕见的。但是，在人类教育中，“揠苗助长”式的教育却相当普遍。譬如，不少家长望子成龙心切，都耗资为孩子购置钢琴，延聘家庭教师，教孩子弹琴。时常为了完成进度，软硬兼施，让孩子多练些时光。然而，十八般武艺用尽，孩子反倒对钢琴产生了强烈的反感。这就是一种“揠苗助长”。最近笔者所熟知的几个可爱天真的小孩都出现了“厌琴症”，放了学尽量拖延、磨蹭，就怕早回家练琴。

如果我们把这些孩子最初接触钢琴时的兴奋、激动回忆一下，我们便会惊异，为什么会出现这种适得其反的情形。其实，认真探究一下便会发现，当我们在教育中一旦把孩子的兴趣挫伤或者泯灭之际，孩子学习的性质就发生了根本的变化。由强烈的兴趣所驱动的主动式学习，蜕变为由外在的压力所逼迫的被动式学习。而被动式学习就是为他人，而非为自己。那么，我们可不可以考虑换一种形式的教育呢？变“揠苗助长”式教育为“播种促生”式教育呢？我们不妨再举一个小迪学诗的例子。

一天放学回家，小迪忽然从地上捡起一根稻草。刚下过雨，稻草上挂着一串水珠。这时，乌云后又露出一轮残阳。水珠映着夕照，晶莹闪烁，别有一番新韵味。

小迪拿着稻草，辉映着阳光，久久地注视着，注视着……她想把稻草连同水珠带走，双手一抖，水珠滴落到水洼里，再也不见了。

小迪神情沮丧地回到家里。爸爸见状问她，她便讲了事情的经过。她说，她手里的这根稻草是“雨的项链，大自然的礼物”，失去了这么美的项链她心里难受。

爸爸一听，却连声叫好。说小迪虽失去了“雨的项链”，但却得到了语言的珍珠，留下了佳句。并叫小迪把这句子编成一首诗。

小迪眼睛一闪。当时她虽未写出诗来，但她的想象力，对诗的兴趣，在平凡中发现美的能力，她那金子般的童心，却像种子下了地。

（原载于《信报》1993 年 9 月10 日）

“蜡烛”之类可以休矣

这些年流行了不少颂赞教师的比喻。如：

“蜡烛”——“燃烧了自己，照亮了他人”；

“人梯”——“从不索取，而甘为人梯”；

“春蚕”——“呕心沥血，吐尽最后一根丝”；

“园丁”——“任劳任怨，而辛勤一生”。

凡此种种，还可举出很多。

这些比喻，无疑都是褒扬、歌颂教师的。是的，大多数的教师含辛茹苦，兢兢业业，数十寒暑如一日，薪俸有限，奉献无度。常常带病上课，甚至鞠躬尽瘁，死而后已。怎能不让人感动？怎能不被社会颂扬？可以毫不夸张地说，社会对教师无私奉献精神的肯定，不是多了而是远远不够。

然而，在我们充分肯定教师应受褒奖的同时，我们是否也该问问，这些赞颂究竟反映出对教师专业的认识有多许？这种认识，客观上又将把教师导向何方？

实际上，这些颂扬的背后，我们看到的是，对教师专业以及对教育人的科学认识的偏执。它们反映出的是，教师专业最可贵的精神，不外乎吃苦、耐苦、以苦为乐、奉献、牺牲。其所导向的教师，要安于这种吃苦耐苦的处境。

如果我们同意人的发展无可限量，教师最伟大之处和教育科学的要旨都在于如何科学地促进人的发展的说法，那么，我们便会看到教育应是一个充满生机、充满创造性活动的事业，一个心灵影响另一个心灵的过程应是极为丰富多彩的结论。

可以说，整日与学生打交道的教师，其所从事的劳动是最富创造性、最富情感性也是最为生动的活动。一个终年与科学技术、文化知识、真、善、美等人类思维精粹打交道的行业，天天都处在与活的心灵相互碰撞过程中的人，难道还不应该去发掘其科学意义吗？还不应具备一种其职业固有的创造性的乐趣与生气吗？

“蜡烛”之类鼓励的，只是“牺牲型”、“吃苦型”、“奉献型”的教师，而没鼓励“开拓型”、“探索型”、“创造型”的教师。

“蜡烛”，可以休矣。

（原载于《信报》1993 年 9 月 7 日）

教学中的以“惑”为诱

文起八代之衰的韩愈在《师说》一文中给教师的职能作了个界说。他说：“师者，传道授业解惑也”。这里的“惑”是什么？无疑是指学生在接受“传道授业”的过程中的困惑疑问。为师的责任之一就在于去解除学生的这些惑。

学习者的惑是多种类型的。不加区分地都称之为惑，那没有惑了。只有认准了惑的类型，才能找出致惑的原因。例如，同一个惑既可是概念不清所致，亦可是理解浅薄而成。然而，发现惑、弄清类型并找出其原因仅仅是问题的开始，这一切都是为了更进一步地利用惑、制造惑，最终以惑为诱来进行教学。那么，这里就有个问题了：我们不是要解惑吗？为什么又要利用惑、制造惑乃至以惑为诱呢？这两者的关系又如何？

要回答这一问题，首先，我们得讨论一下惑的性质。

惑对于学习者来说，就是刺激其积极思维的诱因，就是促进其发奋学习的动力，就是激发其创造精神发展的触媒。有了惑，学习者才会一改被动地接受信息为主动地寻求信息、才会产生强烈地解惑欲(求知欲)。

同时，无论从万物运动的规律或人类认识的规律来看，惑都是永远无法被全部解除的。不管人类所解除的惑的数量有多大，在无限的宇宙面前，这个数字，从某种意义上讲，都是近乎于零的，这样说决非否认人类的努力，因为，正是这个不断解惑、不断探索的过程，人类才得以发展了。在教学过程中，正因为不断有惑、不断解惑，信息传播的过程才能运行。什么时候没有了惑，什么时候就没有了教学。

因此，问题的关键就在于，又要解惑，又要存惑(即不可能从根本上消除惑)；解惑与存惑的关系是相辅相存的，我们谈发现惑、弄清其类型并找出其原因时，谈的是有针对性地发送信息、有利解惑的一面，当我们谈利用惑、制造惑乃至以惑为诱之际，谈的又是怎样使惑转化成为学习的动力的一面。这是一个问题的两个万面，这两个方面便构成了教与学系统的矛盾运动。

那么，又该怎样利用惑乃至以惑为诱呢？

利用惑的前提是发现惑，没有发现，就谈不上利用。区分惑的种类，找出致惑的原因则是利用惑的基础。要做到这一步，必须要熟悉教学对象、熟悉教材、具有能从更深更广的意义上去理解惑的能力和知识。以惑（已把学习者强烈摄住了的惑）作为契机，引导学习者在掌握与惑直接有关的教学内容的同时，学到与惑不那么直接相关的，然而却是更广博更深入的背景知识，甚至，领悟到发现惑、研究惑以至最终顺利解惑的方法和奥妙。这最后一步，就是培养能力的最高层次的学习了。

制造惑是在利用惑的基础上的进一步发展。如果说利用惑是教师在学习者出现惑之际的的因势利导的话。那么，制造惑则是教师在教学过程中有意识地为学习者设置的“机关”了。这是一种让学习者自然而然地进入问题、置于惑的状态，然后，在教师的指导下，积极地寻求解惑途径的教学方法。

无论是利用惑或制造惑，如果因为惑太多太大而使学习者丧失了解惑的信心与兴趣，觉得纵然使出浑身解数也觅不到解惑之机，那么，如此用惑与造惑就是失败的；另一方面，如果惑太小太少而使学习者一目了然，觉得无庸再寻求什么信息便可解惑的话，那么，这样的用惑与造惑也是失败的。只有让惑成为诱因，才能使学习者的注意力集中于惑，思维围绕惑而驱动，从而，积极主动地寻求解惑的一切信息。一方面得让学习者感到惑的刺激和压力，另一方面则又要让其得到的信息与解惑的进展有机结合起来，享受到逐渐趋于解惑的乐趣，如果刺激与压力得不到乐趣的强化，就会渐渐地消退。以惑为诱的实质，就是掌握分寸感的平衡的艺术。一惑刚去，一惑又生，如此循环往复、层层深入，便促使学习者思维的发展与知识的增进。

（原载于《光明日报》1986 年 12 月 26 日）

也谈师范毕业生的"跳槽"

人们都说培养人才的关键在于师资队伍的建设。然而，说是一回事，实际又是另一回事。一个严酷的事实是：师范院校的毕业生们有很多人不安心教师工作，都想改行。或曰："上面截留"，或曰："自己跳槽"。

于是，不少人大声疾呼；纷纷采取不少措施。

对症下药是治病的关键，而辨症，则是对症下药的前提。师范毕业生不安心的原因何在呢？我以为造成这一现象的原因不外乎两大类，一是教育系统外部的原因，一是教育系统内部的原因。

教育系统外部的原因是多种多样的，但归根到底是个经济原因。这一点已谈得够多了，本文不再赘述。这里只想着重谈谈教育系统内部的原因，其关键之处在于：教(Teaching)这种职业自身劳动性质的落后。

几百年来，教仍是一个劳动密集型的、手工操作式的行业，而且一个极不相称的事实是：教师这个以创造和传播科学技术、文化知识为己任的群体，以"人类灵魂工程师"为称号的职业，自己的生产方式还是很落后的。他们最少——即使用，也最迟——把自己创造和传播的科学技术用来改变自己的生产方式！

所以，中、小学教师的绝大部分时间都泡在无休止的琐事当中。在他们所从事的工作中，枯燥乏味、令人不能保持良好心境的成分远远多于生动活泼的、能激发人创造精神的成分。很难设想，这种劳动密集型的、手工操作式的生产方式能够自始至终吸引一颗年轻的、富于激情的心灵。事实上，"跳槽"而去者，或正思"跳槽"者中的很多人并非都是有靠山的开后门者，也并非都是去"挣大钱"的。他们中的很多人或考研究生，或投身于改革前沿，无非都是不安于重复千百万遍枯燥的劳动罢了。我们不能说他们不热爱教育事业，我们只能说，他们不热爱这种劳动密集型、手工操作式的生产方式。

我们说，衡量一个事业成功与否的一个重要尺度就在于它能否广揽天下英才。它越是能吸引那些富于激情、富于创新精神的人，它所取得的成功的值就越大；反之，它取得成功的值就越小。

当一个以培养人才为己任的行业连对自己系统培养出的人才都缺乏吸引之际，我们不能不——尽管是十分遗憾地——指出，这个系统本身存在着严重的问题。

我们这样说并非意味着跳槽有理。而是说，问题绝非仅在“跳槽”者一方面，就教育系统内部而言，与其把主意都打在怎样“管住”、“卡住”这些“跳槽”者身上，不如花大力气来彻底改变这种劳动密集型、手工操作式的生产方式。

事实上，现代科学技术的高速发展，已为我们改变这种落后的生产方式提供了可能性。怎样把人类创造的一切科学技术用来改变我们自身的生产方式，应是每个教师都必须考虑的事。当我们每个教师都起来考虑怎样改革我们自身的生产方式之际，我们的教育事业就是一个充满创造激情的事业了。那时，就是将“缰绳”完全松了，恐怕也很少有“跳槽”者了。

（原载于《光明日报》1987 年 4 月 24 日）

知识竞赛的科学性与实用性

无论是“智力竞赛”或“知识竞赛”，就其本身而言，都必须具备两大特性：即科学性与实用性。这里的科学性指的是竞赛本身的内容必须是经得起检验的，竞赛的规则必须是公平的；这里所谈的实用性是指竞赛应为一定现实目的服务，其知识应具备应用价值，不是为竞赛而竞赛的。

所谓竞赛的内容实质上就是一道道试题的集合。而试题则又由问题和答案两部分构成。就问题而言，首先内容要有科学道理、要符合教育学，心理学有关规律，还必须表述清楚、概念明确，不会造成理解上的歧义。就试题的答案部分而言，所答必须满足所问。通常又分一问一答（即独解题）和一问数答（即多解题）这两大类。但在目前的知识竞赛中，却常常弄不清这两类答案的界限。例如，问题是“举出一个以一字为首的成语”，其答案就可以是多样的：“一箭双雕”、“一马当先”、“一鸣惊人”、“一落千丈”、“一败涂地”、“一日千里”、“一帆风顺”等等。但是，在某一知识竞赛之中则规定只能有一个答案，如“一马当先”，这就毫无道理可言了。这种例子并不少见。

再谈谈竞赛的规则。既然是竞赛，参赛的各方必须是平等的，主持者对待各方必须是公平的。否则，就不能称为科学的竞赛。但在目前的各种知识竞赛中，这一点并未得到严格的保证。例如，今年“七一”某一电视台举办的“党的知识大奖赛”上，就有同样5个问题，让两名参加决赛的人回答。先答者肯定吃亏，后答者肯定能从先答者那里得到若干启示。他只要专想先答者未答上的题就能获胜。

就知识竞赛的实用性而言，为一定的现实目的服务，是指让参赛者和观众都能从中受益，通过竞赛所获的知识是真正有用的知识。统观目前报刊电视上盛行的各种知识竞赛，也有一些注重实用性的竞赛，这些竞赛在拓宽群众视野、掌握基本知识上无疑发挥了不容忽视的作用。如“普法知识竞赛”、“消防知识竞赛”、“农业科技知识竞赛”、“保险知识竞赛”、“卫生知识竞赛”等等。但是，也有好些美其名曰“知识竞赛”中的“知识”，大多都是死知识，毫无实用性，或者，实用性极差。例如，某电视台专为青年人举办的、收看率颇高的知识竞赛中，竟有"《红楼梦》中共有多少梦？"这样的题，某杂志举办的"电影知识大奖赛"中，竟有一大半的题是毫无实用性可言的——什么以从一至十为头写出十部影片的片名，什么以"牛、马、羊、驴、狼、虎、熊、豹、鹿、龙"等动物为片头写出片名等等。这些题可以说完全是为参赛而设的。无论对观众、读者或参赛者来说，事后都毫无益处。有的竞赛搞得更不象话，干脆就赤裸裸地声称：试题内容百分之八十出自某个刊物当年第十二期，而答案和获奖人则要等到第二年第七、八期才公布。历时大半年之久。这样的竞赛与其说是知识竞赛，毋宁说是变相地推销杂志，其出发点根本不是让读者或观众受益，而是自己创收获利。

总之，要让知识竞赛健康地发展，必须大大加强其科学性，加强其实用性。

（原载于《光明日报》1987 年 10 月 21 日）

百年树人的两难

从成语“十年树木，百年树人”中不难看出古人对教育过程长期性的认识。诚哉斯言，就蹒跚学步始，到戴学士方巾，这一教育投入过程不可谓不长，倘从全社会的角度看，培养一代社会栋梁之才的周期就更长了。

“百年树人”若用现代话说，便是教育投入的效果后显。这就导致了一个两难问题。

商品交换是现代社会的基础。个人劳动必须经过商品交换才能得到社会的承认，而交换的前提又是商品和劳动的量化。劳动得通过商品价值的度量，才能“明码实价”的换回应得的报酬。

在树人的过程中，教师的劳动对象是人，人非物，于是不能等同于一般商品；其次，人材从牙牙学语到大学毕业，过程漫长。教育投入的效果必须经过学生(成材后的)的社会作用方能显现。因此，即使把人作为特殊商品，教师劳动的市场交换也只能是间接的，通过其学生来实现的，不能进行直接的市场交换；再次，所谓树人，就是要人的德行、心智以及体能等方面得到良好发展。谁能凭外表看得出一个人的心理活动呢？常说的“表里不一”等等都是这个道理。由于内化过程具有隐蔽性、个体性，所以我们无法通过人材这种特殊的成果来衡量每一教师劳动量的大小。我们能够精确区分的只是引起内化过程的知识系统及人的外化行为等等。无法对教师的劳动作量化，就无法得到等价的报酬。

另一方面，教育行业又是整个社会的一个不可或缺的子系统。当整个社会的市场经济日益发达，且占绝对统治地位之际，教师的衣、食、住、行、用等等则无不受到商品交换的左右；学生的一切费用绝难摆脱市场经济的控制。一方面是教育投入的周期长，效果后显，教师劳作无法进行直接如商品一样的交换，另一方面又是无处不在的市场影响，这就是百年树人的两难。而研究如何走出这种两难的困境，不仅是教育发展的必要，更是社会进步的关键。

“在教育与灾难之间，存在着激烈的竞争”，而不重视百年树人的民族，必将失去未来！

(原载于《信报》1993 年 9 月 9 日)

遗憾，诺贝尔奖金

如果说奖金已经成为衡量科学成就的尺度，那么，举世闻名的诺贝尔奖金就当之无愧地堪称为最高的尺度了。

每年12月10日阿尔弗雷德·诺贝尔逝世纪念日，都将在斯德哥尔摩举行举世瞩目的颁奖仪式，都有那么几位默默无闻的人转眼间成为世界级的科学精英。

奖金、金牌、演讲、采访，不一而足，何其皇哉！

当然，诺贝尔奖金的项目有限，仅物理学奖、化学奖、生理学及医学奖、和平奖、文学奖等五项，后来又增设了经济学奖（1969年）。奢望诺贝尔奖金囊括所有科学自然大谬。然而，有一点笔者大惑不解。即诺贝尔奖金奖励的焦点为什么都聚焦在某些具体的成就之上，而忽视了致使创造这些有形成就的人才——能成其为人才的那个无形的教育呢？

提出这问题并不意味笔者反对给这些科学领域的伟大成就颁奖。事实上，人类的科学奖金不是多了，而是少了。笔者要说的是，如果我们同意人是世间一切事物中最宝贵的，人是万物的尺度，万物俱为人服务的观点，那么，我们就得承认创造诺贝尔奖金的具体成就的科学家的价值，远远高于他所创造的那个成就的价值。

这就好比懂得点金术的人的价值，远比他所点化出的那点金子更有价值一样。

倘若我们接受了这一说法，我们还有什么理由对培养点金之术人才的那个教育那么轻视呢？重视收获，更应重视耕耘。

实际上，人不仅是世间最宝贵的，人同时又是世间万物中最为复杂的。研究使最为复杂的人如何高效优质地提高其自身的素质，其复杂程度和困难程度都大大超过以物为对象的学科。研究人，才能有人类自身素质的提高。而且，只有人的素质的极大提高，人最终才能得到解放，人类社会才能有真正的进步。

诺贝尔发明了炸药，可以开山劈石，诺贝尔设立了奖金可以掀起科学的浪潮；然而，专事人类最大的能量开发的教育，却未能得到诺贝尔奖金的垂青，遗憾，诺贝尔奖金！

（原载于《信报》1993 年 10 月 7 日）

学问人品无限情

——忆马骥雄先生

外出考察一月有余，回家便见从门缝里塞进的邮件铺了一地，正在不经意地收拾时，我猛然一惊：一个白色的信封上赫然印着一行黑体字：马骥雄教授治丧委员会。

一行无情而又沉重的铅字，生怕你看不清楚似的，那么醒目、那么刺眼。

我不禁失声，妻闻讯奔来。忙打开信方知先生竟于春节前病逝，因大面积心肌梗塞而不治。

这封信到此已快一月之久！而我竟连唁电也未及时发一封……

不久前，我还接到先生的信。他颇欣慰地告诉我，早在1983年就开始着手的国家"七·五"哲学社会科学重点课题"战后美国教育研究"，总算快见到成果（我们弟子几人也参与了马先生主持的这项研究），江西教育出版社承接了这一新作，很快就要面世，届时，他将尽快寄书与我。这是我第一次随先生参加国家级研究项目，为了它曾一起外出、一起讨论，闻讯自然高兴，一直盼望收到此书。谁料想，书未到，先来的却是讣告！也许，书封面上的署名还来不及在先生的名上添上黑框！

就在去年1月下旬——离先生逝世2月前，我还向先生提及，我的一本新作《教育科学学初探——教育科学的反思》即将出版，届时，再奉上请先生指正。现在，书未奉上，先生再也未能为我指点迷津，为我勘误。呜呼，书将寄往何处？

我好悔，自1985年毕业离校后，我竟再也未回母校。记得最后一次揿先生家的门铃是在6月9日晚，我前往他家辞行。到西南师大的这些年不知有多少次与妻谈及何时再返母校探望先生。甚至，我还想象到揿先生家门铃，先生开门时的惊喜状。可是，忙这忙那却偏偏未能成行！揿先生家门铃的情形只好留在梦中再现。我好悔，然而追悔又莫及。

1988年9月27日清晨，先生冒雨来到西南师大。从成都到重庆坐了一夜车竟不愿休息，当天中午便在我们陪同下寻访复旦大学旧址。从北温泉出来我们欲省时，便顺着嘉陵江畔的纤夫野径而行。一路上大多是乱石野草，先生同我们几个年青人一样，跳上跳下，高兴得很，全无一点倦意。甚至，经过一处纤夫呼为“手攀崖”的险要之处时，先生也没要我们帮助，四肢并用，紧贴峭壁，独自过了险关。看着先生过这样连小伙子也常汗颜的陡壁，我们心里既为先生捏把汗，又为先生以古稀之年的瘦弱之躯能有如此胆魄和身手而感慨不已。这样的身体怎样会疚于心肌梗塞？

坐木船过得江来又走了近一个小时，到了复旦旧址，先生很兴奋，站在复旦旧址的石碑前，要中健为他拍照留影，然后，又嘱单拍一张，说是带回上海，送给瞿葆奎先生。先生的这一份旧地重游之情，恐怕只有抗战时在此同学几年的瞿先生才能领悟那么深，体察那么细。我们几个年青人随着先生绕着颇显颓像的复旦大学旧址转了二圈。一路上只有听先生叙旧的份，而无法和先生共同回忆那艰苦的岁月，品尝那份苦，分享那份乐。

再过江走回西南师大我家，已是晚上九时许。饭毕一切就绪已近 11 时，我们深感疲惫，而隔壁先生寝室则还亮着灯。第二天做早饭时，我想尽量轻点声，以免吵醒先生。谁知先生竟早早起了床，拿着一张小纸片，笑眯眯地走到我面前。我接过来一看，原来是先生写的一首诗：

重游北碚

一九八八年九月二十八日

蜀江水碧蜀山青，
蜿蜒嘉陵绕缙云；
四十二年今又到，
夏桑两坝无限情。

看来，先生一定是夜不能寐，方欣然令笔的。我们一面为先生的诗叫好，一面又担心先生的身体吃不消，便请先生饭后再睡睡。

先生却毫无倦容，又让我领路去拜访他当年在北京南坪园进修时的诸位好友：张敷荣先生、刘兆吉先生、刘克兰先生等。先生说，机会难得，几十年来常想着这些老同学，说话间流露出一种对某种东西的强烈向往之情。我仿佛感受到先生对青春、对学习、对友情的珍惜之心。中健私下说他从未见先生如此高兴。

先生与中健是 9 月 30 日登江轮东去的。送先生登船后，我站在扬子江畔不停地向先生挥手，并说以后到上海再拜望先生。谁知，这一别竟成永诀。

我的一生颇坎坷，在学校里规规矩矩读书的时间不多。16 岁便下乡，认为再无缘跨入学校大门。没想到高考改革后上了大学，还能读上研究生。而且，尤为难得的是在早过了而立之年之后，还能遇上一位导师，一位既能教我治学之方，又能示我为人之道的导师。当先生送我那首《重游北碚》小诗后，我曾斗胆步其韵和了一首：

蜀江有幸迎师尊，
古稀攀援揽缙云；
教诲聆听虽三年，
人品学问无限情。

先生治学极为严谨，他学识渊博，功力深厚。虽语音模仿较差，但外语阅读、写作等均为上乘。他能熟练地阅读英文、法文、俄文甚至拉丁文的原著，这对他治外国教育史和比较教育都是极为有利的。

先生从原著中获益匪浅，故我们入学伊始，先生也令我们读原著。不仅看，而且还让做读书笔记。先生对我们读书笔记的要求很严，不许照抄照译，必须经过消化理解后，概述其大意并写出自己的看法。他认为写自己的看法便是评价，写多写少不论，但总得要有，开始苦一点慢一些无妨，养成习惯就会大有收益。

一到期末，先生便把我们的读书笔记要去，他让我们放心度假，照顾家里。而假期中，他则仔细对照着原著，批阅我们的笔记。我至今还留有随先生学习几年所做的几大叠读书笔记。那上面有不少先生用红笔批改过的地方！那都是先生牺牲假期，盛夏耐汗流浃背之苦，寒冬忍冻疮手肿之痛的心血呀！

先生指导我们教学实习则又一再告诫我们不要把课堂说的话句句写好，他甚至不要看我们的教案，而只要我们拿出一份根据自己的想法写出的比较教育学这门课的整体授课大纲。他认为实习时尽管只上几节课，只授某一部分内容，但一定得有这门课的整体构想。细节只能是整体的一个组成，没有全局，课备得再细，在他看来，也是不成功的。讲授各国教育实施情况，当然得弄确实。但这只能是材料，因为国外的教育不会老样子，总有变化，所以不能凭着一本教案上几年课而不换。大纲是自己拟定的，而不是上面发下的，这就有一个理论框架问题，不仅理论框架相对稳定一些，更重要的是比较教育必须要有理论，否则，就是外国教育资料课了。先生素来不尚空谈，有时甚至会让人觉得他有些寡言少语。但他的一言一行，他让你做的及他自己的行为则耐人寻味。久悟，方能悟出个中道理，且每有新意。先生要我们读原著写笔记，字字框死以及后来要大纲而不要教案，便是如此。他实际上教了一种治学方法，一种思维方式，既缜密又不失琐碎，既重宏观而不失大而化之。因此，先生虽无多言，但他为人师表，善解教学艺术真谛。不仅教人知识，更重教人治学之方的良苦用心俱融入这不言不语的身教之间！

先生为人正直、严于律己。他不说假话，不仅对上如此，对下亦如此。更重要的是对自己良知负责。

我的学位论文的题目是《试论第二次世界大战以后美国教育技术的发展》，这本是先生主持的国家"七·五"重点社科课题中的一个子课题，先生最初不太同意让我以此为题做论文。他认为这个题目技术方面的内容多，他自己都不怎么熟悉，故写起来困难，而我仗着初生牛犊之勇，则力陈可做之理。先生素不强人所难，他见我情切，便允诺了。为此题目他专门找了万嘉若、林克诚等先生，联系好后，嘱我向他们请教。后来，论文答辩时，先生竟当众说他只是挂了虚名，从找资料到论文写作他都过问不多，都是放手让我自己弄的，所以有愧。应在论文扉面导师一栏上，换上指点更多的万、林二先生。先生说此话时，全无什么导师之尊严的顾忌，他说得那么平和，宛如一泓清泉汩汩出山，毫无异常之举。但他的神情，他的话语却深深地印进了我的脑海。我知道先生为此题目没少操心。而且，他正是因为对该题目无十分把握而格外操心。实际上，先生在这一有形而有限的做论文一事上，所表现出的是一种无形而又无限的怎样对待学问，怎样做一个正直的人的精神！又如，我曾在《现代教育丛书》（四川教育出版社出版）筹备之初便致函先生，邀请先生为顾问，但先生复信坚辞，他素恶虚名，只愿意为我们做些实事。在学术不正之风炽热之际，先生是情怀与为人尤显得正直、纯然，这是先生留给我们的比学问知识更为有价值的东西。一个人的道德修养唯其达到如此程度方能全无虚娇世俗之气。

先生严于律己却宽以待人。平常先生待人全无客套虚礼，与相得之人交往时，不停地搓着手笑眯眯地望着你，远较说话时多，且说话也极为平和。决无"热情洋溢"之形色，但总让你感到内心的澄明与心的交往。对我们几个弟子也都极为平等，在先生给我的信上，总是以"诗亚同志：你好！"开头，以"骥雄"落款而结束。他寄给我的文章亦写上"请指正"的字样。他不仅全无导师的"架子"，甚至连长者的姿态也全无。他的这种待人以平等完全是人生观的身体力行的自然流露，决非故作姿态。

先生替人着想，绝不把他的意志强加于人，也是出自他的尊重人内心的自由的观念。记得毕业回川时，先生方对我提及他对我毕业后分配的意见。他说内心里原想留我在身旁一起干点事情，但又想到我妻女均在四川，调入上海又难，故一直未提及，以免我作决定时犯难。其实，我们早在两年前就已讨论过我的分配去向问题，先生为了不让我"犯难"，竟一直让自己的真实想法隐而不谈，其体贴人之细微，尊重人之自由之情由此可见一斑！

"一日为师，终身为父"，此言用在先生身上，毫不为过。离开先生这些年，先生仍像慈父般地关怀着我。前年年底，先生还来信指出我送他审阅的《教育科学学初探——教育科学的反思》一书中的不当之处，并嘱我用材料时注意核实。

偏偏天不假先生以时年，竟任病魔夺去吾师！在我今后治学与做人的道路上，先生再也不能为我指点迷津！但是，先生在我们入学伊始问的问题，为什么要选修教育专业，却永远留在我心中。

先生不仅死后不开追悼会——其不尚浮名至死不渝，而且，连遗体也捐献给医学事业，其热爱科学、热爱教育事业之深之诚已达至善之境界！死后的遗体也供学医者剖析！

"学问人品无限情"，先生的治学之方、为人之道以及对我辈弟子的深情，将永远激励着我们。

安息吧，骥雄先生，我的恩师！

（原载于《教育评论》1992 年第 1 期）

立春，沈翁逝矣

二○○九年二月五日，蔡君亲炀告我：沈公慕羽翁辞世。昨日立春，阳光明媚，万物已有复苏意。谁料沈翁竟然在万物复苏之际溘然仙逝。我见沈翁是丙戌年(2006 年)夏，是时，亲炀驾车，我与内子一起专程至马六甲沈翁寓中拜谒，沈翁迎我夫妇于小院门外，九四老人精神镌烁，鹤发童颜，双目深陷，炯炯有神，语气和婉。稍事寒暄，便取其新作《沈慕羽先生书法集》馈我。少顷，又拿出笔砚，铺就四尺宣纸，饱蘸浓墨，手书“华夏俊杰”赠我。沈翁笔力遒健，足见其功力深厚。我也不揣简陋，将此前揽马六甲城之印象化为的五绝一首《马六甲有感》当即书写回赠沈翁，请沈老斧正。诗曰：峡贯两洋通，城飞万国风。缤纷天地色，大气自然功。马六甲，《明史·卷三二五》称“满喇加”，早在永乐之年便遣中官尹庆出使该地，“赐以织金文绮，销金帐镘诸物。”当时，马六甲属于暹罗，尹庆到后向其示以威德，即招徕之意，其酋拜里迷苏拉大喜，遣使随庆入朝，贡方物。“三年九月至京师，帝嘉之，封为‘满喇加国王’并赐诰印、綵币、袭衣、黄盖。”从此以后，尹庆多次往返马六甲与大明京师之间，增进了交往。郑和于永乐六年率庞大船队又至马六甲，“九年，其王率妻子陪臣五百四十余人来朝。”此后，1511 年，葡萄牙人抢占马六甲，1641 年，荷兰人又登岸；1826 年英国人又将其纳入日不落帝国版图；直到 1971 年，马来西亚、新加坡、印度尼西亚才使其成为共管之地。在地图上看似极为不起眼的马六甲海峡却是印度洋与太平洋贯通要道，是地球上古希腊文明、古埃及文明、古巴比伦文明、古印度文明与华夏文明的碰撞和交融地。在小小的马六甲城能见到伊斯兰教、天主教、基督教、儒教、道教、佛教、印度教等各种庙、寺、堂、馆、会所。作诗《马六甲》一首，以描绘各种文明文化交流的胜景：

雨后新姿马六甲，风清露润满城花。
天穹绿顶清真寺，十字红楼圣母家。
白象青牛神教庙，金身法印宝袈裟。
铜浇火炝熔岩垒，怎敌和风细雨斜。

在这些多姿多彩的文明中，唯我华夏文明数千年一以贯之，这是为何？深层的文化基因是使其得以传承的精神支柱，更有以沈公慕羽翁为代表的华人教育的身体力行者，便是其得以传承具体实践。诚如沈公所持之信念："恒心、立场及坚忍不移。"沈公为在马来西亚倡导推行华文教育，三陷大狱，七十载矢志不移，其功可昭日月，其诚可感天地，其苦可泣鬼神。

与沈翁晤别，见其小院姹紫嫣红，指甲花盛开，沈老伫立于花前，久久致意。此景此情，至今萦绕于脑际，回国后，又去附小诗一首寄赠沈翁：

迎客指甲花，
沈翁马六甲。
幽香风送远，
四海慕方家。

己丑立春翌日，又逢蓄势待发，而沈翁逝矣。沈翁走好！春已至，何愁花不发。中华文化、华人教育，生机勃勃，其顺天应人之大势，浩浩荡荡，其可告慰沈公乎？

己丑正月初七

何君讳志平墓志铭

何君讳志平，白族，大理云龙人氏，生于己亥正月初五(公元1962年)。幼而徇通，敏而好学。甲寅小学毕业，年仅十二。丁巳初中毕业。又二年，未及弱冠，便高中毕业。嗣后入怒江师范校，继而深造于云南省教育学院。甲子年学成执教于贡山一中。育人教书，勤勉认真。不久升任总务主任，旋又为教务主任，校办主任。乙亥年升任贡山县教育局办公室主任。又三年再升任贡山县政府办公室主任。世纪之交，受命出任贡山最高学府第一中学校长。在其位，明其志，竭其诚，尽其忠，称其职。何君在其位凡七载春秋寒暑。丁亥升任贡山县教育督导室主任，总全县教育督察大任。贡山穷县，发展教育其任也重，何君恪尽职守，为人师表，鞠躬尽瘁，不幸身罹重症，卒于任上。

其为人子也孝，为夫也仁，为父也慈，为兄也悌，为师也敦，为友也诚，谁料英年早逝。呜呼，悲声充塞皑皑贡山，哀思载于滚滚怒江。何君讳志平，其音容永存。辞曰：天章焕乎，地脉依兮，勒铭刻石。

戊子年仲冬

傲立天地者必大寿

——秦效侃先生八十大寿致词

诗亚不才，忝列博导。我这个博导，要毫不犹豫地说："秦先生是我的老师！"。刚才进来的时候想到一句话：傲立天地者，必大寿！秦先生当之无愧！秦先生14岁的时候就写下了"虚心涵劲骨，当有出云时。龙材生后土，削玉向青天"这样的诗句，在座的绝大部分人经历了14岁，还有14岁以下的孩子，有几个人在这个年龄，就有如此的胸襟、如此的气魄，认识到"虚心涵劲骨"这样的道理?!

1968年，秦先生在"月黑风高到西溪，如磐夜气不闻鸡"的时候，经历了"弥天大罪难寻死，遍体鳞伤苦与饥"的磨难！那个日子，那么黑暗，"如磐夜气"呀，听不到鸡叫！可是，月黑风高，强盗出没，就把他抓了，送到家里不清楚、他自己也不知道的一个去处，四个多月没有音信，备受磨难，寻死都不能！

那种日子，凭什么支撑过来呀？在狱中，他写的第二首诗回答了这个道理："七气凭陵一寸丹"，就靠那点丹田之气！"深宵起坐频呵壁"，夏天把他抓进去，到了冬天没有衣服穿，又遍体鳞伤吃不饱，饥寒交迫，靠什么支撑呢？半夜起来对着牢房墙壁不断呵气，凭什么支撑呢？"七气凭陵一寸丹"，好一个"一寸丹"！这是中国人的底气！是中国知识分子的底气！我们在这里不仅仅祝贺一个八十岁德高望重的老人，在我看来：傲立天地者必大寿！没有经历过苦难，没有胸中这"一寸丹"，要经历中国历史上罕见的磨难，不可想象！他一家人被发配到农村，师母在灯下编织篾席，聊以攒钱买点盐。那样的日子，我想在座的很多长者，比我清楚得多！凭什么傲骨没有被压垮，没有因腥风血雨而半点折腰？刚才有人说，秦先生不是什么博导，不是那些光怪陆离的玩意儿，可是，李广名高竟不侯！李广那么了不起，他不在乎人家给他封侯表功那些东西！我想起先生的一位学生，也是我的好朋友王康——那是个不怕死的家伙！他在落难的时候和我谈起秦先生的一番感慨：凭什么不怕死？凭着中国知识分子的一股子正气！假如我们都人云亦云，都丧失了知识分子的那点骨气，根本谈不上发展。所以，秦先生诗好、文好、书法好，没有哪样不好，但在我看来更重要的是他的德好，是他的骨气！从秦先生身上，我看到中国知识分子有望，我们后生有榜样！所以我进来的时候说，我从秦先生那儿感到鼓舞！傲一点好！傲立天地者必大寿！

概括秦先生的为人，只能是一首诗。我带来一首诗。我这首诗是在前几天写好的，蒙张生力给我把它裱好，今天带到这里，此时，我将它献给先生。在秦先生这里，我写的字是有点开玩笑，但话都是真诚的："河溪水养人"，先生是河溪人，河溪那地方的清水好，秦先生写其儿时的生活历历在目；"沧海爱其纯"，这个水到了大海还保持着"纯"，历经坎坷，依然清纯，不简单，大海也喜欢；"老竹凌云苦"，十四岁时写的那个竹，它能够凌云，不容易呵！它经历了多少苦！笋子破土刚出来，有的就被牛啃了、猪踏了，剩下几根长活不容易，可是它志在凌云啊；"飞黄万里春"，刚才达武介绍秦先生新婚时有诗句："为试飞黄千里足，春风得意过陪都"。1947 年的时候，先生的那股才情、那股飒爽英姿，跃然纸上！"飞黄"也，先生有注，《淮南子》讲，千里马背上有角，长寿。我看奇了！千里马跑得远、足力好，背上有角，不是可以随便对付，可欺的，秦先生的长寿印证了这一点！这就是中国知识分子的精神！

我的话到此为止，我们大家共同为知识分子骄傲，鞠躬！

生日忆

2007年10月5日，我的学生在嘉陵江江舟之上为我举办了六十岁生日庆典。按“男人做九不做十”的习俗，把虚岁六十当六十搞了一次庆典。来的学生主要是博士生，也有几位博士后和硕士生，很多博士已毕业多年，专从外地譬如广西南宁、桂林及成都等地赶来。一片诚心化为盛情，着实让人感慨。

学生们为这次生日庆典筹备了很久，具体情形及庆典内容事前我大半不知。广西师大出版社的孙杰远还特意将我的诗集整理赶印出来作为生日礼物，也好就便送给前来参加庆典的学生。此前，孟小军、陶红等同学还请秦效侃老先生写了一副对联，先生的对联是：福慧因缘八极觥筹尊智者，文章道德一门桃李拜先生。先生的对联文好、字好，且师母还专门为此联裁纸、用矾泥粘裱，所有这一切着实令人感动。

庆典中，学生的举动有不少让我吃惊之处。除献茶、发言外，难得的是同学们还即兴将我的一些诗词串起来朗诵，并谱曲合唱。老朋友李力以及英国驻重庆大使夏天恩、陈美玲夫妇为此也专程赶来。

这种场合自然少不了喝酒，少不了热闹。事后平静下来，心中却久久不能释怀。尤使我难以忘怀的是我诗集中收录的为纪念1965年10月5日17岁生日所写的《虞美人》，全词是：通川桥跨山门叩，父老抛身后。解家梁上映山红，遇险山洪生死几乎同。一攀高鼻云中寨，脚下群峰矮。巴山打杵撑天宽，山路走来心路更无前。（张诗亚，《无名堂吟稿》，2007年，第174页）其中“遇险山洪生死几乎同”记的是我1965年生日遇险之事。诗仅有一句，但此事并不是这一句诗可以了结的。

1965年5月20日我同胡慧笙、蒋昌焕、徐有成、王建国等一批朋友离开重庆，过石门前往达县，继而到万源大巴山。一帮知青伙伴有的比我大一岁或半岁，有的比我小一岁或半岁，大多不省事。故而谁也记不住谁的生日，往往事后才惊呼某年某月某日是某某的生日。但母亲是记得我的生日的，所谓儿行千里母担忧，此言不谬。那是我到大巴山的第一个生日，母亲知道我的生日到了，竟早就为我准备好包裹。她大概是认真计算了时日的，包裹单送到公社，继而到社办场里是十月三日。拿到包裹单之际，心里很是高兴。一帮伙伴看见包裹单也都惊呼有香肠吃了！因母亲的包裹单上明明白白写着糖果、香肠、腊肉，足足有两公斤。我们下乡尽管不到半年，但吃萝卜缨子、米汤、包谷渣子掺饭、洋芋饭等几无一星半点油水的日子足有两月。看到如此"盛宴"，能不欢呼雀跃？一帮伙伴都嚷着"围山打猎，见者有份"，大家要共同享用。这自然是我们那个年龄、那种知青交情应有之意。但要把包裹取回来却是个难题，因只能到区里的一个小邮所去取包裹，而从我所在的解家梁到小邮所足有四十多里地，取包裹就得花一天时间。更糟糕的是那时号召为革命献身、为革命吃苦，开发山区、建设山区，全无节假日，为取生日礼物能耽误场里出工、干革命么？所以请假的事是提不得的。

偏天助我，10 月 5 日晨六时许大雨瓢泼。那雨一下，我们挤在小小板楼上的四十几名知青全都狂呼起来，因为只有下雨才不出工，有一天的清闲时间。而我更是高兴，因下雨我可以堂而皇之地去草坝取包裹。于是匆匆吃了几个洋芋，便把绰号王保长的王建国叫上一起下山。他自然非常高兴，久在场里不下山，日子很是憋屈。城里的娃天生爱上街，尽管草坝的街从头走到尾不过几分钟，但毕竟是赶场。我们穿着麻布里子、蓝布面子的劳改棉，踏着没踝的水，走过石板路，穿进密林，径直往山下走。雨势并不大，每人戴了个斗笠，披了张破烂的塑料布，衣服大半已湿。大巴山的秋雨天温度大概在五六度，尽管年轻，时间长了仍感觉冷。

踏着水中的松针路一路下山足足走了十五里，我才开始意识到这场雨未必是好事。解家梁这十五里山路的沟底便要过两条沟，平时的小溪沟仅有几块石头，浅浅的、只能没过脚背的水清流而下，小山涧罢了。而此时小山涧两岸的麻柳、松树、野藤、竹子等全都被洪水冲得歪歪倒倒。奔涌咆哮的洪水从山上泄下，一山的雨水全都汇聚到了这条沟里。下游过不了，我们就往上游走。我从小在嘉陵江边长大，生性不怕水，自命这条小溪沟就能挡住我么？左蹦右跳，从这个石头到那个石头，和王保长二人还算过了河。但过了支流后，到草坝还须经过一个三条溪沟相交的三汊河口，当地人称礅子河，河中每个石礅都是一丈二以上的巨大青石，礅子之间的距离大概一尺五左右。五月二十四日从草坝到解家梁经过此地时正是春夏之交，四周山花烂漫，墩子河中清溪潺潺，两岸不知名的鸟叫与垂到溪水上各色带刺的小花相映成趣。当时的印象极好，跨过礅子，觉得分外轻盈。几个伙伴还在议论，这样的小河沟哪用得着那么高的磡子？山里人真是干劲大，要把如此大的石头搬来竖在河中，不知有多费劲。有同学还一本正经去打量这些石头，估计每个石头都有三四千斤重，以至生出了这些石头是怎样竖到河中的疑问。

此时站在岸边，看着汹涌澎湃的、翻滚着泥沙的洪水从上往下倾泻到磡子河中，号称"不怕事的王保长"和我都傻了眼。河中每个磡子上都是一道水柱，靠着岸边的浅一点，水漫过磡子一米多高；在河中央的就更高了，且明显能看到一道道高两米左右的拱形水柱。傻了眼的我们看了半天，无计可施。终于还是王保长先开口说，这河我们过不去，弄不好是要死人的，回去吧。他刚把话说完，我就劈头盖脸给他一顿臭骂，心里想着好不容易走了这几十里山路，却因一条小河沟过不去而使牙祭泡汤么？当时那种沮丧心情是很多人难以想象的，因除了口头上讲的想吃腊肉、香肠、糖果外，内心深处还念叨着那可是母亲费心准备的生日礼物。那时候像我这样所谓的男子汉是不屑于流露感情的，尤其是在王保长面前，我丝毫没提对母亲的一片感念之心，只说大伙儿都在等我们拿礼物回去。况且，我从小在嘉陵江边长大，自己都记不清游过多少次嘉陵江、长江，漩涡、鼓澎等各种怪水都是我嬉戏的对象，根本没把这条小河沟放在眼里。为了给王保长壮胆，也是给自己壮胆，我提了口气，把裤腿挽到腿根处，拿着随身携带的竹棍去试探水深。水柱似乎还淹不到身上，磡子也很结实，于是我从岸上稳稳地跨到了第一个磡子上。或许是因为顺利地过了第一个磡子，心中有些得意，也有些轻敌，左腿站在第一个磡子上，右腿就往第二个磡子跨去，还没来得及收腿，人已被汹涌澎湃的洪水冲倒。幸好我反应快，拉住两岸的麻柳枝纵身跃上了岸。上岸后，浑身湿透则罢，从灌木丛中钻出来回头一看，这时才真正感到害怕。我水性虽好，甚至还救过不少人，但这种水是从来没有遇到过的。江河水开阔，但其凶险程度远不如山洪，因小河沟河道窄、落差大，水势奔涌而下，瞬间爆发的力量极强。更为可怕的是，河水翻涌中有各种各样的石头，如果被汹涌的浊浪裹卷着撞到石头上必死无疑。看着那奔腾咆哮、满河乱石的山洪溪沟，我终于理解了什么叫易涨易落山溪水，什么叫山洪暴发的可怕。这一劫我算是躲过了。

惊魂初定，我俩赶忙往回走，再也不敢提到草坝取包裹的事了。此时只听得对面山上有人在喊我们。但因山洪水太大，听不清他在喊什么，只看见一个戴着斗笠、披着蓑衣、拄着竹棍的中年男子向我们挥手，大声喊叫。待他走到跟前，只见他脸青面黑，冲着我们便破口大骂，“你这两个娃子不要命啦？这是啥子水啊，你们晓不晓得？这是强盗水！（因山洪突然暴发像强盗似的突如其来，防不胜防，故而称强盗水。）没有任何人敢过，你们真是胆子大，不要命！”我俩被他一通骂后，面面相觑，不敢答声，只觉骂得很舒服。原来，这位中年人是隔壁卫家公社姓王的书记。他路过此地远远地看着我俩打算过河，大声呼喊试图阻止，没想到我们站在河边，根本听不到任何喊叫声。王保长站在岸边，看不到全景，而这位书记站在高处，把我们莽撞、胆大、草率的举动都尽收眼底，却只能干着急。等他讲完这种种险境，我俩更是后怕。

我和王保长乖乖地跟着书记到了对面半山腰上一户农民家里，换上了农民的干衣服。当时农民的衣服是那种很乡土的式样，我第一次穿在身上，觉得有点滑稽，自己想嘲笑自己。可是看着书记铁青的脸，不敢造次，只好坐在火边烤火。不一会，主人家就为我们准备好了一顿美餐。那一餐吃得很愉快，洋芋饭、腊肉、还有几个菜。真没想到我们在那里还吃了一顿真正的饱饭，打了回牙祭，而我也算过了十七岁的生日。至今我还记得那位姓王的书记和不知姓名的农民，对他们一直心存感念。倒不光是因为让我们吃了顿饱饭，而是真正感觉到了火的温暖和人心的温暖，当然那洋芋饭、老腊肉也是特别香的。由于山洪，三天内谁都别想过河。吃过饭后，直到衣服全部烤干，我俩只得悄悄地回到场里，对此事也只字不提，一是怕伙伴们嘲笑，二是担心场里领导批评。

此事已经过了四十二年，至今却记忆犹新，生日几乎成了祭日。如果在十七岁的生日就被淹死，今天哪能看到这么多同学来为我贺寿，哪有这样的福相、这样的盛况；我也更不会成为大学生、教授、博士生导师，所有这一切自然也都没有了。我倒是幸运地躲过了那一劫，但那个年代的许多知青并没有躲掉厄运，倒不一定是山洪，也可能是火灾、塌方、生病以及其他的一些灾害。这样的年龄本该在读书，却离家到大巴山，他们的光阴和青春，是被山洪淹了，还是被其他什么淹没了呢？他们中的绝大部分人，就像我另一首诗里写的“少上巴山老下岗”一样，现在都垂垂老矣，此生都已被淹没了。为我写对联的秦先生，也有一首过生日时在狱中写的诗，“月黑风高到西溪，如磐夜气不闻鸡。”（秦效侃先生，《炼狱：午夜转移》，1968）秦先生端午节后被抓，直到十一月份在监牢里还只穿一件单衣。每每夜半三更，冷得直对着墙壁呵气。即使是这样困苦难熬的环境，他也能坚持下来，靠的是什么啊？就是秦先生那首诗里讲到的"七气凭陵一寸丹"。(秦效侃,《炼狱:狱中生日》,1968年)靠着自己的丹田、那一股子底气,那一代知识分子熬过了那段无法无天、史无前例的艰难岁月。我们这些知青也是如此,虽说灾难不同,但都经历了那个颠倒、混乱的年代。面对那些灾难,如果没有熬过来,恐怕也没人会知道秦先生,而我也不会有今天这样的生日庆典,也不会有今天这样所谓的"风光"。所以,困难的时候要有股子气,也就是秦先生所说的"七气凭凌一寸丹"。

对中国的知识分子而言,这"一寸丹"至关重要,它是中华民族历经数千年磨难、历经千难万险而始终能留存文脉的关键。我由六十岁生日想到了在大巴山的生日,写下这点感受聊以记之。一是为纪念自己及同时代有着同样经历的一代人所走过的风雨岁月;同时,也是写给后代、写给我的学生们看看,让他们知道这些往事,不要都忘了才好。

《无名堂吟稿》后记

余好诗发蒙于家严之教。先父好文，故将余兄妹七人盖以文人命名。我之辈皆为"诗"，故有诗曼、诗亚、诗苐、诗珂、诗蒂、诗德、诗伦诸名。大姊之"曼"据称取诸古希腊某女文人，已不可考；我之"亚"则取诸莎士比亚；三妹之"苐"取诸"莎苐"，希腊女诗人；四妹之"珂"不知出处；五妹之"蒂"则法英伦文学家夏洛蒂；六弟之"德"法自德国文豪歌德；七弟之"伦"为英伦诗人拜伦也。除子女皆取文人名外，先父亦常写诗，亦有些许小诗见诸报端。

六四年先父得脱厄运，自沙坪坝重庆塑料厂上调至市化工局，于是举家搬迁于嘉陵江畔四维路口一临江小楼。房旧破，然景极佳，极目四望，一湾绿水北来，左傍浮图关，右衔董家溪。彼时，日有云帆船歌，夜有夹岸灯火，乃诗境也。先父境遇随"三年自然灾害"并长期受压之去而换，心绪亦好，不时切些许荷叶包裹之猪头肉，与母亲消夏小酌，酒酣之余，或与母亲轻唱些戏剧，老父五音不全，只击节摇头，憨态可掬，母亲音色韵味俱佳且投入认真；或践脚而坐，摇头哼些诗韵。余少年嘴馋，蹭坐其侧，借机捞几片猪头肉之余，便记下了父母唱和的剧曲及先父吟唱之唐诗。印象尤深者为骆宾王之小诗《咏鹅》。其时，先父吟罢讲毕，竟举箸目我："人七岁能诗，尔逾十三，能不惭乎？"闻此言，心中一震。

当是时，江上正建嘉陵江大桥，昼夜施工，不亦忙乎。余某夜凭栏眺望，竟觉有感，胡诌四句五言，自以为亦是"诗"。次日，竟挥毫涂鸦于当道之壁，路人目之，余甚为自得。先父周末得见，竟先表扬一番，然后指点不足。从此播下诗种。

其时家中恰有一套《古代诗歌选》，凡四册，为普及用，选诗大都宜于少年，且有注。余读之，竟不忍释卷，日夜捧读，不唯兴趣盎然，且记忆尤佳，读过便能背诵。看似小书，实受益匪浅。始信"熟读唐诗三百首，不会做诗也会吟"不谬。

六五年下乡赴大巴山，囊中亦有此书。到巴山后亦不时翻阅继之依样画瓢，不时胡诌些诗文。六五年秋收，曾受邀至万原县赶场公社解家梁解大爷家为其子婚撰联对句。山里人重礼，以知诗文者为上宾。红纸粉墙，竟任我铺张。写些何物，全不记得，仅回味着实赚得白干大肉及乡老眼中之钦佩光彩。不仅当“知识青年”似无愧了，窃以为颇有“诗才”。

读大学继而研究生，读诗增多，写诗则少。在华东师范大学时，辄放假节，则常“倍思亲”，孤独生诗是谓也。然写“新诗”可不究，甚至不懂平仄韵律，只需“感觉”即可，恰如时下一些新诗“大家”所为。彼等于音韵格律盖取之谓“革命”之势。余之一代，童子功既缺，便常避难就易，人之常情。余故而亦写“新诗”，亦自负有“诗才”、“灵性”，就巴山景致风物，着实涂鸦不少。

到西南师范大学任教，数次调房搬家，高邻换过不少。至一九八七年春，天垂顾也，竟得以与秦公效侃先生为邻。公博学儒雅，真大师也。初，余不识深浅，示“新诗”《三峡》予先生，先生笑而勉之，不多谈。至九八年，余又示赴瑞士阿尔卑斯山句予先生，先生阅毕，一曰不改，其气可嘉；二曰不通音韵。数日后，先生竟将拙作书裱毕赠我。余感激之余实惶惶然，惴惴不安。将先生条幅悬于卧室，朝夕与共。拙作为：“长风万里驾青云，阿尔卑斯我登临，茫茫不觉身是客，一呼群山尽知音。”而先生题跋曰：“诗亚先生旅欧诗什之一，爱其吐属名隽，才气逼人，殊无立于声音格律也。”读先生款，识先生心，乃教诗亚，克不通音韵格律之弊也。

嗣后，常有句就教于先生。先生读余奉上之涂鸦之作，常于一吟、一诵、一顿、一颦间，如春风、如甘霖，常使余有悟有得。先生又常于雍容大度、品位高雅。且与先生相濡以沫、患难与共之师母于一瞥、一视、一应、一答之间，使余如见高人奕、智者对，感悟匪浅，每每深思。

及拙作成集，先生题签为《无名堂吟稿》，又勉之以序更兼冒暑伏案挥毫亲书于定制之简册上，遂成文、书、印、册四绝之余案头之宝。此册开卷，扑面墨香，读之掩卷，击节不已。不惟珠玑满目，更叹淋漓酣畅。然每每开卷，诗亚惴惴。谬奖之甚，读之汗颜。余深知，先生之序，当够诗亚毕生之竭力也。

拙稿中多行吟观感。时下，交通便捷，地球日小，谓之快节奏也。故常俗务缠身，外出时，既有衔命差使，亦有乘兴漫游。或伴亲友，或携众生；或置身天地之精妙，或感悟人文之大成。每有所感，辄集之行囊，既可记雪泥鸿爪，亦可陶心志德品，更兼能映衬对照甚至校勘匡正文献传说。古人云：“读万卷书，行万里路。”吾信矣。

胸廓之宽，不临大海无以阔；眼界之大，不登高峰无以开。感悟之精，体察之微，联想之活，思维之深，抒情之切，遣词之贴，不集中外古今之人文大成，又何以能远？历名山大川，观天下人文，且感而有得，得而入心，心而生情，情而发声，是谓诗也。

昔刘勰有言："文之为德也大矣，与天地并生者何哉？"其所谓"并生"，吾以为先有天地之律动，而后有人心之感悟，能发天地之精妙独到，便能有人心感悟之细微与深远，两者相契，丝丝入扣，是谓"并生"也。文之德，实为天地之德。"天地之大德曰生"，文之大德亦曰生，故而"并生"。而能生文者，必心也，而心生之文，能言于志，志于道，道于理，理于喻，喻于辞，辞于情，情于声，声于韵者，则为诗也。诗者，外和于天地万物之节气，内谐于心志血性之律动，乃天地与心志之情韵契合也。

百花粉传，常借蜂蝶；五谷萌生，必待春雨。而诗之所吟，能赋必情。有情，或激越，或豪迈，或幽怨，或婉转，或爰慕，或愤懑。而生情之物，或情，或境，或事，或人。而生情之妙，贵在可遇不可求也。刻意为之，便乏之以真，自然无好诗可言。未出已心，焉能入人心；诗无真情，又焉能引共鸣。唯酒尤为好酒，如茅台，则可遇可求。此物之妙，以水之形而融火之神，水火一体，至妙之合。故平日理性之状，一饮此物便热血沸腾理性不失，感性又增。去理性之赘余，还感性之率真。

清蒲松龄有言：快意之事莫如友，快友之事莫如谈。何哉？所谓"有朋自远方来，不亦乐乎"之同理也。养智之道在于志同道合，在于真知灼见，在于肝胆相照，在于胸襟气度，在于知已交心。而心之相交，重在真言。坊间有言，酒后吐真言；彝家又言：山中的野物是狗撵的，话是酒撵的。故而，余戏言：好话须好酒撵。于是，茅台好酒待好友，撵好话也。饮至理性感性二者平衡之际，且有良辰美景，知己佳丽，或青山莽林，或大江波涌，或浩渺海天，或大漠孤烟等佐之，则好诗佳句生也。当此时，可读并可解少陵之所著太白、知章等饮中八仙句之奥义也。

先哲陈公寅恪有言云："没有自由思想，没有独立精神，即不能发扬真理，即不能研究学问……一切都是小事，唯此是大事。""发扬真理""研究学问"如此，赋诗填词更需"自由思想""独立精神"，而且还需激情灵感、良辰美景、流水知音等等。而这一切，倘遇之以美酒佳丽，不仅"自由思想"可以高扬，"独立精神"可以傲立，且好诗好词可得也。

西哲海德格尔皓首穷经，拷问哲学人生，得悟"诗意地活着"，亦应是此意。可谓"条条大路通罗马"，东学西学皆得悟此道。然诗自何来，海氏不解也。何也？彼德意志无茅台也。

后记草成，潦乱不堪，劳冬梅慧心，耐酷暑整理打印，当谢之。

得意忘形，逢口授之际，又有陶红、文娟、杨勇及培江等随行而记之，故能不失，有此集子，亦谢之。

龙藜、江华、德生等为之整理、加注并配图片，山城暑热实劳累不少。尤其龙藜，自期末而暑假，几乎全数投入；书业、晓蓉、姗泽、世民、恩伦、学敏、振东、德全、胜利、李静、勇平、后强、小军、新立、罗章、大圣、王静、彭静、小玲、继扬、兴民、幼听、尚伦、文福、久奎、履冰、杨曦、何超、晓莹、徐莉、君睿、大明、李情、虞吉、汝安、伯玲、阚军、志魁、宝宏、胜洪、雪梅、黄菁、加利、燕楠及澳门媛芬、志胜等诸生常关心付梓之事；涂涛为秦先生序扫描，竟在病中，一并鸣谢。

杰远并广西师范大学出版社费心，能使此集子面世，尤当致谢。

内子并小女常问及诗集何日可待，值此付梓之际，似可告慰伊等拳拳之心，切切之瞩。

唐诗宋词乃吾国之文化基因也，时代更替，此基因当流传承继，吾辈之责也。自先严讲唐诗，家慈唱昆曲得播诗种，已历四十二载也。有此集，聊可呈于高堂乎？

诗亚谨识

丙戌三伏于无名堂

特立西南，学行天下

——“西南大学精神”释义

天生西南，西南为坤。

中国的西南是集自然生态、物种基因、人类群落、经济区域、科学技术、人文历史诸因素于一体的独特而复杂的系统，其自然生态资源和人文社会资源富集，现代经济和科教体系发展相对滞后。

西南大学生于西南，立于西南；杏坛育人、劝课农桑；百年耕耘，含弘光大；恰逢西部开发，与时俱进，继往开来。作为国家“211”工程重点建设综合性大学，以“西南”冠之，顺天应时，顺地应民。因此，西南大学乃取西南之独特资源构筑核心竞争力，以其所学、所研、所育反哺于西南，服务于民生，融世界发展潮流。

自然生态方面，西南地区从喜马拉雅山到北部湾呈阶梯状的地形地貌决定了气候带的跨越交替，从热带雨林到高山草甸立体分布，整个生态系统呈多样性、丰富性和复杂性。这是我们发展以农学、生命科学等学科为核心竞争力的天赐资源。以此为基础，我校自然科学研究及其人才培养强势发展。

人文社会方面，独特地势特征形成西南地区立体多样的文明类型与多种人类族群的社会发展类型，养就厚德载物之人文精神。这是我校人文社会科学研究和人才培养的天然试验场所，其学术资源独此一隅。以此为基础，我校教育学、心理学、农林经济管理学等学术研究及其人才培养独具特色。

以上二者经百年学统积淀，几代学人锲而不舍，已然成果丰硕。因于二者形成的学术群体、研究方法、学术思想、学术成果，带动全校理、工、农、医等自然科学和政、经、文、史等人文社会科学整体发展和人才培养模式的构建、改革和发展。自然科学领域，侯光炯、袁隆平、向仲怀、吴明珠等大家开创了基于西南和西部的标志性成就；人文社科领域，晏阳初、梁漱溟、吴宓等大师留下丰厚遗产，现今拥有相关领域一级学科博士点、博士后流动站、国家重点实验室、国家重点文科基地、国家重点学科。此为我校业已形成的两大核心竞争力。

两校合并，浑然天成，基于自然科学和人文社科的现实成就而高端融合将再度构筑新的核心竞争力。顺应科学与人文融合的世界趋势和综合素质培养模式的诉求，我校自然科学和人文社科理当联动发展、融合共生。譬如整合世界领先水平的蚕学研究和教育、心理、文史、经管等研究资源和学术群体，以西南地域基础研究中国素以农桑立国并远播海外的蚕桑文化、丝绸文化，扩及丝绸加工贸易文化和旅游经济文化研究，进而，弘扬华夏民族认同之广泛文化研究，必将形成我校又一新的核心竞争力。这将是科学探索和人文精神携手之精品，是创新精神之高度升华，是西南大学学人奉献给中华文明和世界文明之厚礼。这将打破传统学科樊笼，引领构筑基于“人的发展”而发展科学技术和经济社会的学科体系，形成独领风骚学术群体和学术成果，进一步改革创新人才培养模式。含弘光大、继往开来，亦驱亦策、载育载生，这是西南大学立于世界学术前沿和发展人才培养特色的新的生长资源和竞争动力。

核心资源和核心竞争力孕育大学精神，大学精神作为内驱力而推动学校发展。基于此，学校高度凝练百年办学铸就精神品质，以“特立西南，学行天下”高度概括我校独特大学精神。一者，我们充分利用基于西南的独特资源，形成核心竞争力，促进学校发展，以特色立于全国乃至世界大学之林，是为“特立西南”。二者，西南的独特资源，其意义和作用不仅局限于西南，而是以西南为基点辐射四方，因此，“学行天下”既为我们服务社会、造福民生的手段也是我们要实现的报以民生和融于世界的目标。

“特立”源于《礼记·儒行》之“特立独行”语，喻君子之高洁品质。用为西南大学精神，“特立”二字应有两解：其一是以西南大学所处西南之天然优势、以西南之独特资源养我学术、育我英才，助我“挺立”于优秀大学之林；其二是西南大学学人素以先贤儒者修身治世、宁静致远，通贯天、地、人三才之品性而“挺立”于世。

“学行”源自《荀子·儒效》“学至于行之而至矣”，扬雄《法言·学行》又曰“学，行之，上也；言之，次也；教人，又其次也；咸无焉，为众人。”可见，学习知识、教书育人若止于立言著述、传道授业，即属等而下之；其最高境界应为勤于践行，而后方可明辨是非，以所学为社会所用，如此，是为“圣人”。用为我校大学精神，“学”之一解应为继承传统、精于学术；二解应为继往开来、致力创新。“行”在此也有两解，一指躬行、推行；二曰德行、操行。因此“学行天下”一方面是指做学问、培养人才，使其所研究成果推行于天下，培养的人才服务于天下。另一方面，“学行天下”是指我校师生于百年中因受西南自然人文滋养而形成道学兼修、厚德养学之品质，化为兼善天下、普惠大众之行动，即是，西南大学由其成于西南之“特立”品质升华至大学精神之一般性和普适性，以其“化西南自然人文、育实践创新英才”所“特立”之成就，“富社会国计民生、融世界发展潮流”。

典为我用，化为精神。“特立西南，学行天下”既蕴涵了我校时空特征、独特资源之实际，也规定了我校的发展路向和价值追求。

（此文承张学敏教授整理，特此致谢！）

二〇〇七年五月十一日

郑州九中精神并校训解读

一、郑州九中精神

精一执中

典出《尚书·大禹谟》"人心惟危,道心惟微,惟精惟一,允执厥中",对此,孔安国《尚书正义》释曰:"危则难安,微则难明,故戒以精一,信执其中"。

释义:是故"精一执中"是其言之精炼。其旨有二:一为德,即人心之去危而安,安即为人之本;二为知,即道心之发微而明。而人心之安与道心之明,都植根于"精一执中"。

以地平线为基准,上是天,下是地。"一生二",有天与地,而后万物盈焉。"二生三"的"三"指天、地、人。天地人在中国思想中被称为"三才"。《文心雕龙》有言:"仰观吐曜,俯察含章,高卑定位,故两仪既生矣。惟人参之,性灵所钟,是谓三才。"正是有了天,有了地,有了人,有了万物,世界才有万物的运动,人才开始有了对万物运动的认识和对万物运动的利用。

"一"是中国文字里最简单的字,然而它所包含的意蕴却又是最丰富的。东汉许慎的《说文解字》中对"一"的解释是:"惟初太始,道立于一,造分天地,化成萬物。凡一之属皆从一。"中国文化中,"一"既为万物之始,又为人对万物的认识之始,表述之始(即符号之始)。中国文字造字是从"一"开始的。在中国文字中,上面的一横永远指天,下面的一横永远指地。比如"生"的甲骨文(见图一),其所象征的意义是草木从土里生长出来,它下面的一横就是指土地。还有诸如上、下、元等等都是"从一之属"。"从一之属"中有一个非常重要的字"工",其甲骨文字形与现在同。这个字表达的是把天地连接起来,通天绝地,丈量天地之意。所以,"工"之义并不是做工和工商之"工",不是简单地追求利润,而是要顺天应地,符合自然规律地去做。这也是《考工记》"考工"之义的由来。"工"字承天接地乃是一个空间概念,再加上时间之维,汉字中的表述为甲骨文"巫"字(见图二)。巫是通神的,

图一　　图二

是关心人与天、地、时间系统关系的人。

"一"是天,天有常,它的运动是有规律的。所以,人类的行为要顺天,而不能逆天行事。古人了解天"常",首先也是要看天,观天象。观天以知天"常",然后按照天"常"指导自己的行为。汉字中的"时"字,在造字之初便是与此义紧密相连。甲骨文中的"时"字(见图三),下面是一个中间有一点的圆,表示太阳,上面是两个小勾,表示脚。所谓天时,便是天运动的节奏和运动的规律。小篆的"时"字则更形象(见图四),上面是"止"的形,但意思是"步",即人之行顺"日"(日之光)的。

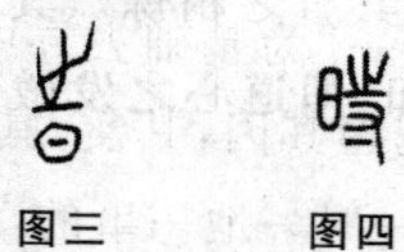

图三　　图四

而"精一",强调的是聚人之精神于一。唯精,才能诚。"至诚无息",去掉一切杂念,达到至诚无息的状态,方能认识天地万物,才能无私无畏,探索真理,继而发现真理。

如何做到"精一"呢？其努力有三:即天人合一,人我合一,知行合一也。

天人合一,旨在解决人与自然的关系。人心不安的一大原因,亦是从古到今存在的原因,人与自然的关系所引发的问题。环境污染,气候变暖,自然灾害等等,盖世症状。而我们能调整的只能是人自身,其根源又在人的认识。认识天地万物,而非割裂天地万物俱合于一的有机联系。即将事物置于整体中、运动中、发展中、变化中去认识,而非静止地、孤立地、片面地、按教条、专业、学科去认识。也就是说,认识活的事物,从而,形成活的认识。只有这样才能人与自然的关系,认识到人与自然一体,不能对立,不能一味地征服,利用。

人我合一,旨在解决人的社会关系。人心不安的另一大原因即出于此。人与人,国与国,社会与社会,群体与群体,文化与文化,民族与民族等等关系,俱为人的社会关系。各种文化冲突,社会矛盾,利益对抗,民族仇杀等

等，盖是这一关系未解决好所引发的。人我合一，即孔子所说的“己所不欲，勿施于人”，“己欲立而立人，己欲达而达人”。以对己之心对人，不欺己便不欺人；不以己为工具，便不以人为工具；对己国，己民，己族，己文化热爱，也尊重并对他国，他民，他族，他文化热爱，等等。即对人对我均合于一。

知行合一，旨在解决认识与行动的关系。这是人心不安的又一大原因。其症状在于示人之言与实践之行的脱节。即现在常说的“诚信”问题。知行合一强调明里与暗里，人前与人后，言与行，虚与实，理论与实践等等的合一。

“精一”是上述三者的高度概括。不仅解决了人心不安的德方面的问题，也奠定了发道心之微，而至光明的前提。所谓道心不外乎天道，地道，人道。即现在学术分类所谓的自然与人文两大领域。而无论认识自然，或人文之幽微，并使之在阳光下阐明。其前提必须是先至诚，这便是“精一”。

而“执中”一方面是以“精一”为基础去寻中，问中，即在事物的整体、运动、变化、发展诸联系中，去把握其因，其实，其活，其势，其度，其果，其波之最佳。而且，这种探索，绝非一时一地一事的，而是无限地随着时空运动，主客体变化，还须不断地寻和问的反复深化进程。这便是“执中”。而在执中之中出现的问题，还得不时地反馈到聚精于一的过程中，继而深化，修正，检验认识，再重新去执中。如此周而复始，无穷匮也。

二、郑州九中校训

修己达人　九德惠风

典出：“修己”见《论语・宪问》“修己以安人”；“达人”见《论语・雍也》“己欲立而立人，己欲达而达人”；“九德”见《书・皋陶谟》“皋陶曰：‘都，亦行有九德，亦言其人有德，乃言曰：载采采。’禹曰：‘何？’皋陶曰：‘宽而栗、柔而立、愿而恭、乱而敬、扰而毅、直而温、简而廉、刚而塞、强而义、彰厥有常，吉哉！’”又见《逸周书・常训》“九德：忠、信、敬、刚、柔、和、固、贞、顺。”《孔传》“言人性行有九德以考察，真伪则可知”；“惠风”《兰亭集序》“是日也，天朗气清，惠风和畅”。

释义：“精一执中”始于“修己”，任何德行的养成，学问的获得，真理的探索，事业的成功，都源于“修己”；始于“修己”而旨在“达人”。“达人”义有二：一为发达之人，二为使人发达。这里两层含义皆有，且为一有机整体，缺一不可。《论语》中孔子已阐明“己欲立而立人，己欲达而达人”。此亦是办学精神“人我合一”关系的体现。

“九德惠风”是对德的最高境界的表述，“九德”可喻对“修己”的具体要求，亦可谓对九中的要求。立足于修己的整个九中，其对社会的影响，通过每个老师施教于每个学生，每生之发展又拓展至每个家庭，而后又辐射到整个社会，便成了和畅之惠风。这即是学校反哺社会之意蕴。

“精一执中”，落到实处，在于一个“中”；“修己达人，九德惠风”之始在“己”，而己所修之德，在“九”，于是，在学校精神与校训间又含有“九中”之义。学校在郑州，郑州为中原，中州之心脏。故“中”之意蕴，既在空间地理之形，又在执中、寻中、问中、得中等哲理之神也。

精神，在陪都背后

近来，重庆电视台的一套节目又在播放《抗战陪都》系列电视片；前两天的《重庆日报》发出《启事》征集"重庆市歌"；好长一段时间以来又常听到"把重庆办成国际大都市"的时新提法。

我想，似乎并无谁来刻意安排，统一指挥，都导致了这几者步调一致的出台。这是巧合，却又有些必然。

陪都是抗战时的陪都，是重庆历史上的"国际大都市"，这是过去；"把重庆办成国际大都市"是现在的提法，它说明重庆现在不是"国际大都市"了，但想将来成为"国际大都市"，行否，尚待努力，尚待证实；"重庆市歌"则是要唤起重庆人朝着成为"国际大都市"的方向戮力同心的那股子劲头。用足球场上球迷们的话说，便是要靠"市歌"使1500万重庆人"雄起"！

重庆的将来要靠什么成为"国际大都市"呢？从过去的"国际大都市"——陪都那里又能获得什么启迪呢？这一讨论不仅对认识昔日的荣光是不可或缺的，而且对现在重庆人的"雄起"也是大有裨益的。

陪都的"国际大都市"性质，可从两方面看：就有形方面看，国民政府迁都重庆，各友邦使馆随之云集，继而发展成为亚太地区反法西斯中心，这种"国际性"是显而易见的；就无形方面看，各大中学校，各文化团体，各研究机构纷纷来渝，致使全国精英荟萃，国际交流频繁，这又无形成了一种精神思想上的"国际性"。

这一有形和无形的"国际性"又是怎样同重庆融为一体，使山城成为抗战大本营，陪都成为唤起亿万同胞同仇敌忾的精神之源的呢？换言之，重庆除了其天然的高山大川、物产丰饶的自然优势外，还有种什么样的精神能成为上述这两种国际性生发开来的良好培养基呢？在我看来这便是重庆人（在古代便是巴人）数千年来形成发展而来的"雄起"和"不信邪"精神。

早自战国时便有巴蔓子将军为保城保民而慷慨自刎，可谓宁断头，也要"雄起"的古代巴人精神的写照。市中区莲花池至今有座将军坟，安葬其英武首级，可见重庆人对其的久远缅怀。

到南宋末年蒙古铁骑横扫中原，赵氏王朝大半丢失。偏偏一座小小的钓鱼城竟要了元蒙哥大汗的命。其后骄横一世，征战欧亚大陆无往而不胜的蒙古大军竟先后攻打钓鱼城达 36 年之久。巴人子孙的“不信邪”精神创造了支撑南宋王朝半壁江山近 40 年的奇迹。

如果说钓鱼城反映出的巴人精神最终未能救南宋之亡，那么，雄起的大陪都则是重庆人这种出于危险“不信邪”精神的集中体现。这种精神不仅赢得抗战的胜利，而且还把重庆推进了前所未有的“国际大都市”行列。

重庆人经历了惨烈的大轰炸，重庆人支撑了各军政机关云集的重负，重庆人为各内迁工厂、学校、文化机关提供了发展空间，重庆人超越山川阻隔为荟萃精英、国际交流展示了广阔天地。

“雄起”、“不信邪”的巴人——重庆精神不仅激荡在过去的陪都，更闪光在现时和将来的重庆，靠着它，重庆人创了历史的奇迹，靠着它，重庆人必将再创未来的辉煌。

这就是重庆市市歌的主旋律，我想。

科学研究与人文精神

——在西南大学蚕学与系统生物学研究所的讲座

我们现在的教育体制(还不仅仅是研究体制)的一大弊端便是学科分类。学科分类使得各行其是，是人家的事情我就不管，总以为与我无关，只管我本专业的事。其实我们所谓的专业不是天生的，而是人为划分的。人根据你要认识的事物，提出了一整套概念、术语、方法、定理等这些东西，这就构成了一个学科。比如，一个杯子从它的化学成分来看，它是瓷器——硅酸盐，那么是研究它的成分；从它的形状看，有圆、有圆锥、有平面，这是数学；从盖碗的形式看，与茶文化有关。所有这些你谈到了的，都只谈到了一点，或从数学、或从化学、或从物理，只有把这些都结合起来才能谈清楚一个小小的茶碗。遑论我们大千世界，我们把它分成很多学科，给自己弄了很多繁缛，使得我们都各行其是，于是我们培养的人都是单一的、片面的。尤其是我们国家的大学体制，因为学前苏联，搞了院系调整，前苏联急功近利，把一个大学肢解为若干学院，这就导致了很多问题。

科学与人文是个大话题，今天我不打算全面谈这个话题。向先生给我特权让我随便讲，今天就从向先生的名字开始。向仲怀这个"仲怀"从何而来，今后倘若有人要给先生写传记，不可不写我今天讲的这一段。其名字的由来是出自《诗经·郑风·将仲子》。《诗经》分《风》、《雅》、《颂》。"雅"有大雅、小雅。所谓"风"者，"民歌也"；"雅"多数是朝廷官吏及公卿大夫的作品；"颂"就是在家庙中祭祀鬼神、赞美治者功德的乐曲。

"风"字最活跃，也最有情调。那么这个就是《郑风》里面的《将仲子》。"将"字不念"jiāng"，念"qiāng"。比如著名诗人李白写的"将(qiāng)进酒"，那"将"是什么意思呢？是"请"的意思，"将进酒"是"请进酒"。这首《将仲子》是个姑娘唱的一首情诗，但这首情诗非常有意思。共有三段：第一段"将仲子兮，无逾我里，无折我树杞。岂敢爱之？畏我父母。仲可怀也，父母之言亦可畏也"。"将仲子兮"中的"将"就要读"qiāng"。"无逾我里"(邻、里、党、乡，古人5家为邻，25家为里，500家为党，12500家为乡。)就是说50家范围内不要来，你来了要弄断我的杞树。"岂敢爱之？畏我父母。仲可怀也，父母之言亦可畏也”，我不敢爱你啊！父母要批评你来找我，偷偷摸摸的约会，父母的批评我怕啊！但是“仲”啊是可以“怀”的，我是很爱你的。父母之言，我怕啊！第二段“将仲子兮，无逾我墙，无折我树桑。岂敢爱之？畏我诸兄。仲可怀也，诸兄之言亦可畏也”。这里把“里”换成了“墙”，“父母之言”变成了“诸兄之言”，有很多兄弟他们要说话，“诸兄之言亦可畏也”；第三段“将仲子兮，无逾我园，无折我树檀。岂敢爱之？畏人之多言。仲可怀也，人之多言亦可畏也”这里换成“我园”、“我树檀”、“人之多言”。

这三段告诉了我们什么呢？为什么古时的家庭要种这些树呢？种杞、桑、檀，为什么每家都要种？因为杞（是一种柳）、桑生命力非常旺盛，生长迅速。杞用之来编制筐、制作农具，桑树的桑叶可以养蚕，桑皮可以做药；檀木用来做家庭用具，发展到后来有的地方种了桑还种另一种东西——梓。所以，“唯桑与梓，必恭敬止”（《诗经·小雅·小弁》）所以就把桑、梓作为最值得尊重的。为什么呢？比如，“墙”的繁体是“牆”，右下边是两个“口”，桑就种在这个墙脚。孟子讲“五亩之宅，树之以桑”，那个时候是一个制度，相当于家家都要种。为什么家家都要种，当我们视野开阔后我们就会发现。“桑”字上面是三个“又”实际上不是“又”，“桑”的甲骨文中实际上是“手”旁。“桑”上面三个“又”，手在上面多次去采集，它是表达这个意思，所以叫桑。这就是典型的农耕社会。对农耕民族而言，衣、食是最重要的两件事。而梓最好的用法实际上是用做棺木。古代皇帝死后有若干层棺材，每一层有每一层的作用，其中最外面的一层叫梓宫。农耕民族要种庄稼，种庄稼重要的就是土，对农耕民族而言，更重要的是人死之后要入土为安，这个土在人活的时候叫乡里，死的时候叫坟地，所以桑代表人活的时候，梓代表人死了之后，所以活的时候爱乡土、爱家，死了爱自己的棺木。现在人死了就没有那个概念了，古时有祖坟、有祖庙，大家都知道的越王勾践卧薪尝胆的故事，一个国家亡了，最大的心愿就是不要毁我祖庙，其他东西都可以拿去包括房屋、财物，甚至妇女，但只要祖庙不毁就还可以发展，古人把祖庙看得非常重要，有了祖庙就有香火延续下去。农耕民族要入土为安，把天称为皇天，土称为厚土，这样才使得世世代代要保卫这方土，决不允许外人来践踏，最大的侮辱莫过于挖祖坟。所有这些都是对土的崇拜，这就使得把生前的许多东西带到土里，才使我们今天有机会看到大量出土的文物。比如，我到咸阳看到的汉景帝的阳陵是现在世界上最大的考古现场，周围若干条有放射状的沟，我们现在只发掘了一条，若把这几十条全部发掘完，需要一两百年的时间。现在是边发掘边保护，让它基本保持原貌。整个陵墓建于汉武帝时期，汉景帝逝世时值盛世，武帝为其父修建这个陵墓有多大面积呢？整个九十一条沟，共占三十六平方公里，而这个比秦始皇兵马俑还要小点，秦始皇兵马俑有五十四平方公里。这一切还是刚才我讲的，这个"入土为安"的观念到了帝王那里就是"陵"。

桑在整个中华文明的形成过程中，始终处在中轴地位，它是一个庞大的、极其丰富的、整个社会构筑的中轴。农和桑，尤其是中国非常重视。中国讲"礼"。这个"礼"，有若干写法。"礼"的繁体字"禮"，旁边有"示"旁的，也有"酒"旁的，这个"示"，是跟祭祀有关的，我们在人类学的考察中，在西南很多少数民族中，我们都找得到这个"示"。它实际上是个三脚架，上面有个台，然后摆一块东西在上面，这块东西呢，实际上是你给天看的，是请示！它给你说的是示下，你是往上，它就是往下。都要摆在那，才看得到。所以才昭示，才明示，才告示，才启示。礼右下部这个是"豆"，你千万不要以为这个豆，是普通的豆子，不是。这个豆是祭祀用的非常非常重要的礼器，正因为它是祭祀用的豆，这才有了你们都知道的曹植写的《七步诗》：煮豆燃豆萁，豆在釜中泣。本是同根生，相煎何太急？对于这首诗，我们一般的解释是不完全的。豆、豆荚、豆子、豆苗是长在一起的，曹植不仅用了这样一个东西来比喻我们兄弟的同根，更重要的是说，哥哥你敢不敢在神的面前、豆的面前，煮豆燃豆萁，他不直说，直说的话怕要被杀，但是他暗含了这个意思。曹丕也是个大文人，建安三才，他马上就听懂了。所以煮豆燃豆萁，用豆这个意向，就是指的这个含义。这才使得曹丕不敢杀曹植。这个《七步诗》的背后的意思是这样子的。

中国出土的青铜器，绝大部分是礼器，礼器是祭祀用的。尤其是这个"禮"，右上部不是"曲"字，甲骨文中，就是一个钵，上有两串玉，下面是个豆。这个礼在中国至关重要。礼为什么这么重要呢？礼构筑的是现实的什么关系？一个是天的关系，一个是人的关系。用它来推导，那么这个"禮"，中间是何物？这两串是玉。

这个玉，背后有文化。中国古代的玉，大多都不是用以穿戴、搞装饰，都是礼器。比如，苍璧礼天，黄琮礼地。琮是什么，玉也。在距今5000多年的良渚文化遗址，出土了大量的黄琮，它代表地的颜色，中间是空的，外面是方的，中间是圆的，天圆地方，它有很多含义。这是摆在这个当中的，摆在豆上的，举行礼的时候，必须摆礼。就像我们现在开会，坐主席台的，念红头文件，以前没有红头文件，但这个玉在这里，这就是神器，其神圣性在这里，摆在这里，也就是对它的尊重，所以这个礼，是至关重要的。但这个礼，尤其是大礼是很少举行的。举行大礼的时候最主要的人是那个主持人，并非是祭祀礼拜的君王，因为主持人有解释权，上通天，下通人。这个负责主持的人是太宰。太宰跟牲口有关。祭祀的时候宰的三个大牲畜是猪，牛，羊。这是祭祀的时候的最高祭品——三牲。以前拜老师，老师不在就搞个牌位，同时还有孔子牌位，穷人家至少也要杀猪、鸡、鸭，为什么呢，今天你读书了，给孔夫子行礼。我经常和学生开玩笑，这个尊、被称为师尊，上面是个酒，送上是双手捧起，甲骨文是两只手，给上头，这叫尊。所以，你们给先生敬酒要双手端起，叫尊。尊者，君尊，亲尊，师尊。因为这是个重要的礼，让你记住你不是随随便便地敬酒，这是你的老师！他将告诉你做人的道理，尤其是给你讲礼，这个礼是关于天、人的。以上这些我必须讲，我必须给你们介绍这个背景。

礼的具体的载体，体现在人身上，即衣。穿的东西非常重要，它不是我们现在穿时装，不是模特在 T 台上面走两个猫步，它有极其严格的规定。《尚书》谈到“予欲观古人之象，日、月、星辰、山、龙、华虫，作缋、宗彝、藻、火、粉米、黼、黻、絺、绣，以五采彰施于五色，作服，汝明”。

清朝皇帝的服饰。上面是太阳，中间是乌，不是鸟，一定要注意它有三个脚，是三脚乌，是神鸟，现实当中是没有的。这个蜍，最典型的不是蜍，是三足蟾，所以才叫蟾宫，蟾宫又因为吴刚在那砍桂花树，所以讲蟾宫折桂。此外还有星宿，星宿不是一颗星，是一群星，东方青龙七宿是角、亢、氐、房、心、尾、箕；北方玄武七宿是斗、牛、女、虚、危、室、壁；西方白虎七宿是奎、娄、胃、昴、毕、觜、参；南方朱雀七宿是井、鬼、柳、星、张、翼、轸。这个东南西北分下来以后，就把天做了划分。龙表示的是皇帝、神人，他都有一个神圣性，龙的最大的特点，在天为龙，可以化为云雨，在水为蛟，变化无穷，所以说神龙见首不见尾，它是变化的、运动的。龙表示帝王的多变，神通广大。这个虫是一种鸟，很美，京戏中山大王的头上插几根野鸡羽毛，表示所谓的虫的文采，表示这个皇帝，或者这个王，他有丰富的文采，出口成章。古代皇帝的教育，太子的学习是非常严格的，要学很多东西。接下来是彝，我们以前，对少数民族的鄙称是很多的，东南西北，东叫东夷，西叫西戎，南叫南蛮，北叫北狄，这几个字是非常糟糕的，用繁体字写，用简体字写看不出来了。这个“夷”，大字穿越，大就是人，弓，只晓得弯弓射大雕，有话不好生说，就用打；

“戎”字右上方像戈，打仗的，读书人不想读书了，投笔从戎去打仗去当兵，戎也是和战争、打仗相关；“蛮”字，跟你们有密切关系，所以跟你们讲一讲，你们是搞蚕学的，蚕子吐丝，蛮字繁体（蠻）中间是言，南边人说话就像蚕子吐丝，缠起的，说话说不清楚，吐字不清。《有虞十二章》是非常强调宗彝的，刚才我在那讲“彝”字，包括所讲的其他几个字，都跟这个反犬旁有关，这个“彝”指宗庙，是对祖宗的崇拜，在我们的农耕文化中是非常重要的，你看神旁，示旁，与土结合就叫社，现在这个社会，是后起的，从日文当中学过来的，中文古汉语中就叫社，社火、社庙，社庙办学，在社庙办学。鲁迅写的《社戏》，大家中学里面都学过的，就是社这个地方，所以社，是土地神。在西南少数民族当中至今还有很多，例如寨子中央一棵大树或者其他一个象征，人们经常去那里聚会，至今还有这样的风俗。《有虞十二章》中的宗彝，表示礼的合法性，礼的整个权利的继承，是从祖宗那里来的。“藻”即水藻，表示帝王要像藻在水里面生长一样，清明，廉洁。“火”指火焰，表示光明。“米”就是白米，这个东西也是生活资源，供生活。“黼”表示王很有魄力，做事有决断。“黻”表示是非分明。这里说的礼，有严格的体系，于是衣服上面天子十二章，公爵九章，侯七章，伯五章。这个是和什么相一致呢？天子九鼎，诸侯七鼎，士大夫五鼎，士三鼎，是和鼎的制度密切相关的，这一整套东西都是礼的制度化。而礼的制度的物化，则是用衣服体现，用衣服体现尊卑，体现礼。衣服当中靠什么呢？靠蚕子。

《有虞十二章》中“有虞”是什么呢？是尧舜的舜，舜帝。舜是今天晋南运城一带的人，后来到了山东，一直在华北一带活动，后来他把位传给了夏禹，禹继承了以后才开始有了《华夏》，意思说他在夏以前就已经存在了。这个华不是一个华，而是诸华，我们说华夏的华在山东半岛，而夏主要是在中原。华字，是虫草，跟植物有关。这个“华”也同“花”，又同“化”，都通假，现在还有这个读音。它最早的意思，“为天子（削瓜）者华之，巾以絺”，其中，“华，中裂之，不四析也。”请客吃饭，吃东西，下面垫巾，送给尊贵的客人。最重要的是，这些人吃西瓜都这样讲究，表明当时已经有了非常重要的礼了，他的礼已经很成熟了。“巾以絺”，“絺”是用麻织成的，不是用蚕丝织的。那么，他们最早吃西瓜都知道垫个麻布，当有了蚕丝的时候，他就知道把蚕丝用来发展成织物，上面绣了很多图案，这个图案就是十二章。

而“夏”不同，“夏”字上面就是一页书的“页”，下面还加个“手”。在我们中国古人造字当中，凡跟脸有关都是这个“页”，比如现在保留下来的翻一页，翻一面，“夏”的本字是这样。这个“华”也是有了很多非常细的礼仪，因此这才是和华、夏一起成了和我们中国人的祖先，当然这个祖先基本上是汉的概念，完全以为是汉也是误解，比如现在有人说华夏是汉族，其实，那不是汉人的概念，比如羌族，羌，羊人，游牧民族当中的一大支。你们都知道姜太公帮周文王打天下，中间打到了山东，而这一只羌族，在中国的西部，他打赢了后，分到了山东，然后从华，于是和汉族融合在一起，现在还保留在这里的，至今还有羌人，只是越来越少了。

我们现在说很多这样的话，如“往来无白丁”，“臣本布衣，躬耕于南阳”，布衣意思说穿的衣服是布，不是绸、锦、缎，也就说是有一定身份的才满身绫罗，布衣饰百姓。尽管你们搞的是最高等级的东西，蚕子吐的丝，但是老百姓穿的东西，仍然分有等级，最典型的便是五服。“五服”的概念，“五百里甸服，五百里侯服，五百里绥服，五百里要服，五百里荒服。”“五服”从服装上体现了一种等级的关系。中国传统社会是由父系家族组成的社会，以父宗为重。其亲属范围包括自高祖以下的男系后裔及其配偶，即自高祖至玄孙的九个世代，通常称为本宗九族。在此范围内的亲属，包括直系亲属和旁系亲属，为有服亲属，死为服丧。亲者服重，疏者服轻，依次递减，《礼记·丧服小记》所谓“上杀、下杀、旁杀”即此意。服制按服丧期限及丧服粗细的不同，分为五种，即所谓五服：1. 斩榱三年，用极粗生麻布为丧服，不缝衣旁及下边；2. 齐榱，用次等粗生麻布，缝衣旁及下边。按服丧期限长短，齐榱又分齐榱三年、齐榱杖期（一年）、齐榱不杖期（不执杖，一年）、齐榱五月和齐榱三月等；3. 大功九月，用粗熟布为丧服；4. 小功五月，用稍粗熟布为丧服；5. 缌麻三月，用稍细熟布为丧服。缌麻是最轻的服，表示边缘亲属。五服之外，同五世祖的亲属为袒免亲，袒是露左臂，免是用布从项中向前交于额上，又后绕于髻。宋人车垓说此仪久废，当时人的袒免亲丧服是白阑缟巾；明、清时，素服，以尺布缠头。同六世祖的亲属便是无服亲了。故《礼记·大传》云：“四世而缌，服之穷也，五世袒免，杀同姓也，六世亲属竭矣。”《仪礼·丧服》章所载亲属间各种服制被后世奉为权威性的准则，历代遵行，但也有所变通。父母去世，子女着斩榱，披麻戴孝，哭丧的时间是三年，这三年，古时候讲在朝廷里面当官要丁忧。比如明朝的张居正，他的父亲死了，他就应该去丁忧三年，制度上应该让他这三年不当官了，回去守着父亲的坟，在坟的旁边修一个庐。这里规定了关系，这些人死，你要丁忧三年。这些话还解释得不完全，家里死了人，怎样表示我的哀悼和我的孝心呢？用服装来表示等级、亲疏、地位。

这个五服就代表了亲疏关系。《论语》里面说,“有事弟子服其役”。用五服来表示朝廷的关系,那是天子守卫在中间的一块土地,而这土地周围是方的,天圆地方。中间是天子住的地方,画圆圈,“五百里甸服,五百里侯服,五百里绥服,五百里要服,五百里荒服。”这就规定了与天子的关系。比如,腊月的“腊”和打猎的“猎”,“腊”是“肉”旁,就像过年的猪,长了一年,一刀捅了,这个年猪,打的猎、杀的年猪,以前没有冰箱,这肉或者风干或者用盐腌或者用火熏等各种各样的保护方法把打的猎、杀的牲口储存起来,这才是最好的肉,这个时候就要拿上肉到周天子那里去。就像《红楼梦》中的刘姥姥进大观园,要送许多东西,要走很长的路,所以规定了各种关系。这个就是以前的一点四方的结构,这个对中国文化的影响太深。从衣服上穿的关系发展到了社会结构,社会关系的构架,然后有了民族关系的构架,那么它的核心就是以衣服而来的宗族,所以衣服不仅是穿,人的关系、组织关系都围绕它来构筑,这就形成了整个框架。所以,对桑和蚕的研究绝不只是为了品种改良,而是涉及我们整个文化、整个社会。我们知道丝绸之路,就因为别人没有,我们东到罗马、东亚、波斯湾绵绵上万里,我们这里重要,别人那里也很重要。那么这里讲的是社会组织,穿的衣服。

我们再看看“丝”的甲骨文,上面两个‘绞丝’下面一根木头,就好像蚕吐丝,然后随风掉下就变成了玄,于是把它织起来后就成了衣。金、石、土、革、丝、木、匏、竹八种不同的材料构成了中国古代的音乐,都和此相关。

古代的农和桑,今天重点讲的是桑,是中国文化的重要源头之一,我们研究桑、蚕在今天的发展的同时,也应该知道其过去,不只是在价值层面,而要达到精神层面,因而能使其发扬光大。今天讲的有不当之处,请向先生指教,也请各位同学、各位老师批评指正,谢谢!

西南为坤

一个旧世纪行将结束。

一个新世纪即将来临。

西南，在人们的眼中，怎样从旧世纪走来，又怎样向新世纪迈进？

这个问题既属于历史，更属于现实。

西南是什么？当我们面对这一问题的时候，便会发现，这一回答似乎远不像问题的表面那么简单。

对那些不远万里，专程赶来的游客来说，西南是“三道茶”、“三月街”，或者“火把节”、“泼水节”之类奇风异俗的集大成者。

或者，西南是九寨沟、峨眉山、大三峡、玉龙雪山之类风景名胜的所在。

随着大熊猫成为国家级乃至国际级的明星热的兴起，西南又成了游人们的野生动植物保护区。

而在追求实际利益而非满足心理感受的投资者眼里，西南则又是继沿海之后的又一投资热点，是一个个雄心勃勃的项目。

西南各省区的经略者们则把自己治下的这片广袤的土地看做是横向联合、纵深开发、能源基地、菜篮子工程、农民问题等等。

而在那些祖祖辈辈居住在独龙江畔、阿瓦山上等地的人们心目中，西南是生生不息的土地，是宇宙起源的中心，是惊天动地的创世史诗，是永远唱不完的神话传说……

西南是什么？青年学者们不满足于某种单一的视角，如经济、民俗、风光、宗教等等来看待西南。他们的足迹所至，不断引发他们去思考，去认识，去透过纷呈的异彩把握西南。

从西南观到西南学，历史呼唤着新的学派。

一不是多，任何单一的视角看到的都是片面，重新审视西南的起点，便是天地与人文的相互交感。

囊括了川、滇、黔、桂、藏五省区的这块土地，竟占了 258 万多平方公里，超过 960 万平方公里的 1/4 以上，比京、津、沪三大直辖市加江、浙两省面积总和的10倍还多。

不知为什么，大自然这个大画家，竟把高海拔的黄棕色全都涂抹在中国的西南部。平均海拔超过5,500米的山脉就有喜马拉雅山、冈底斯山、昆仑山、唐古拉山等10余座。

西南，你这众山之母。

也不知为什么，大自然这个魔法师，竟把中国，乃至南亚次大陆的主要河流之源，都迁到了西南。长江、黄河、珠江、恒河、媚公河、伊洛瓦底江……

加之，世界上最高最多的湖泊群。羊卓雍错、纳木错、洱海、泸沽湖……

西南，你这众水之源！

从世上最高的大山，到百川汇集的大海，8848米的落差堪称举世无双。从6740米梅里雪山到76.4米的南溪河口，横跨990公里的云南，由北而南，每公里下降200余米。

垂直的地形生成了立体的气候：雪山冰漠，高山草原，寒温带、暖温带、北亚热带、中亚热带、南亚热带、北热带，应有尽有。

立体天地孕育立体生命。

雪线下的苔藓、草甸、灌木丛。

寒温带的针叶林过渡到温带的针叶、阔叶混交林。

亚热带阔叶林，从落叶到常绿。

充足的阳光水分造就了热带雨林以及众多的珍稀、孑遗物种。

世上"最早的树"——树蕨，雌雄并存的旷世之稀"铁树王"，"见血封喉"的箭毒木。贝多罗树制成的贝叶经历时千年，舞蹈的草，产油的棕，改变味觉的"神秘果"，长达一米的"眼睛豆"，独木成林的"榕树王"……

这一立体的天地与生命系统是大自然亿万年造化的结果，从古生代末期一直到第四纪。

这一独立于人的意志而形成的天地与生命系统，又在本质上规定了西南各族人文社会的无限丰富性。

地貌、气候，复杂多样的立体分布，从远古到现在的民族迁徙与融合，使西南生发并保存了从原始文明到现代社会的各种文化形态。

狩猎前祭祀猎神的种种活动，至今还完整地保留在独龙江峡谷。

乔木甚至灌木也难生长的高山草甸，游牧是最适宜的生产方式。

怒江大峡谷的火烧地，向争论这种方式是否破坏生态平衡的学者们展示了游耕是山地民族由放牧转向定耕的必经阶段。

原始的木棒戳洞下种，是木石器时代的孑遗。

飞越急流天堑，横渡高山深谷的溜索是山地民族最便捷的“原始桥梁”。

简易的木楞子公房，既能适应游耕的流动，又能满足青年男女的幽会。

母系制，对偶婚，双系家庭，一妻多夫，一夫多妻等婚姻形态的活化石，至今，还保存在以泸沽湖为轴心向木里、盐源、宁蒗辐射的三角地带。

与母系制相适应的是对女神的崇拜。

木里县屋脚乡高高的纳日神山供奉着摩梭人，普米人等的女神——巴丁拉木。钟乳石凹被奉为女阴；石笋则是阳根；汩汩清泉是产子露；洞穴，是生命之门。小孩衣物等挂在树枝上，是乞求女神赐福，生男育女的象征。

泸沽湖畔的男根崇拜香火不断。

原始的生活与劳作还生发了除生殖崇拜以外的其他原始观念。对天的敬畏，对地的敬畏，对石头、对树木、对道路、对火塘、对大门、对生育、对死亡、对疾病、对野兽、对家畜，凡此种种敬畏，构成了万物有灵的魔力与崇拜的世界。

怒族、傈僳族把天然石洞视为具有灵性与魔力的石月亮神山。

纳西族的东巴祭天则是以舞蹈音乐来通达上天，祈福避灾。

剽牛祭天是独龙族一年一度的盛典，手执梭镖的龙萨是人与神的中介。作为牦牛羌的后裔，背上牛头以后，便能通达祖宗，从上天那儿获得力量。

由狩猎、采集和游耕转向以山地定耕为主的半农半牧，是山地民族适应性加强的表现。

坚实厚重，结构严密，既能防风避寒，又有御敌防盗的平顶雕房，是木材短缺的高寒地带最适宜的居室。

农耕定居生活使寨神之类的地位确立。

勐海樟榔村布朗人的寨心神是象征种族繁茂的女阴与男根并立。

瑞丽傣家村寨的寨神，沧源阿佤山寨里的山神，盈江户撒阿昌人的寨神……

这一崇拜在勐腊县克木人的寨门前，则逐渐演化为男柱与女柱。

而在景颇山寨门前，这种男柱与女柱又慢慢被象征阴阳的太阳与月亮取代。

牛头崇拜的强化与流行，既是放牧农耕的符号，也是祖先图腾的传承。而由对女神，到女阴与男根并重，再到对阳物的崇拜转换，似乎是母系氏族向父系社会过渡的重心转移。

而母系向父系过渡的舅权制，至今还保留在景颇族的婚礼中。迎娶新娘经过神圣“草桥”的一定要男扮女装的舅舅。

父权制确立的主要标志为祖先崇拜的加强。普遍盛行于白族村寨的本主崇拜，便是把传统的村寨保护神同祖先巧妙合一的典范。

与父权制相适应的农耕文明经过几千年的演变，无论在水利灌溉或在农田耕作方面都已相当成熟。

一夫一妻制婚俗的确立，使血缘关系备受重视。出嫁新娘的脚下不仅要五谷丰登，更要香火不绝。真可谓物质生产与人口生产并重平衡。

定居生活的尊卑有序以及干燥风大的自然环境，又造就了“三坊一照壁”等富有特色的民居。

比较封闭的游牧游耕民族，农耕定居民族的商业活动更为发达。

在把人从溜索的悬挂状态下解脱出来的藤网桥的基础上，又演变出了吊桥。这种在吊索上铺上木板，把人的双手又解放出来的吊桥，又为牢固的铁索桥，现代钢缆桥、斜拉桥等奠定了基础，满足了集镇、渡口的交通需要。

天地生命的独特造化了独特的生活方式，也造化了独特的艺术音乐。领舞击鼓的景颇汉子堪称天生的舞蹈家；傣家老者的舞姿自然会让你领略到这一能歌善舞民族的天性；佤族人的送魂经是自然的音乐；发源于游牧、游耕的锅庄与踏脚舞，节奏明快；出猎前的傈僳人乐舞奔放豪迈，原始的剽牛舞一经整理，便可登大雅之堂……

沧源崖画古朴粗犷，东巴经书奇特传神，喇嘛面具瑰丽神奇，允燕经塔辉煌壮丽……

凡此种种，不一而足。从神奇的宗教崇拜到平凡的民风习俗，从实实在在的经济营生到老幼尊卑的亲缘关系，西南诸民族独特的人文系统总是在与其独特的天地系统相互交感中形成与发展的。

当今之世，从原始文明到现代社会的立体分布如此完整地保存下来者，除了中国西南，还有什么地方？

西南为坤，万物滋生。

这一切，对于西南历史的研究，对于中华民族的形成，对于人类社会的演变，又有什么意义？

这一财富难道仅仅属于西南？

更有意思的是，丰富多彩，独具特色的西南人文系统，在其与天地系统相互交感的同时，还不断地吸纳并内化了西南以外各种文化养分。

早在5000多年前，西南的先民们便以千里眼、顺风耳、开天目等非凡的想象，展示了他们要突破高山大川的阻隔，去认识外面世界的强烈愿望。

灵关道上的马蹄窝则向您诉说了西南的先民们又怎样把这种愿望变成了现实。古老的西南从漫漫的南方丝绸之路上，开始了沟通外部世界的不懈努力。

始于秦王朝，绩贯穿于两汉、三国、大唐的对西南的经略，便以道路开通为中轴，配之以政治招徕，武攻征服的软、硬两手，建立并强化了中原王朝对“西南夷”的统治。

凭借小小革囊强渡金沙江天堑的蒙古大军，又以完备的行省制度巩固了这一权威。

明清王朝通过改世袭土司为中央委派流官，在边远地区设置宣慰司、招讨司等等措施，彻底完成了秦王朝发端的对西南夷区的绝对统治权确立的过程。

如果西南与中原的关系是以道路开通，政治一体化为特色发展的，那么历史上西南与外部世界的关系则更多地体现在宗教文化传布方面。

沿着西南先人们踏勘的古道，不仅走来马帮，而且还传进了释迦牟尼创建的佛教。

汉化佛教、藏经佛教、上座部佛教特色各具，又都相互交融。

随着蒙古大军进入西南的伊斯兰教，很快便在西南建立了据点。

基督教在西南的传播不过短短一百来年，但传教士的狂热及其同西方的天然联系，使西方对西南的了解远远超过了以往的两千余年。然而无论什么文化，一旦进入西南，并会在其进入与碰撞的过程中，被吸纳、融合，最终成为西南民族的文化。

汉化佛教的圣地云南剑川石崖的神座上供着原始生殖崇拜的象征——被叫做“阿央白”的女阴。

藏传佛教的形成基础是与本教的融合。

信奉小乘佛教的傣族村寨供奉着与佛同享贡物的寨心神……。

二十世纪的今天，西南对外开放的步伐以前所未有的速度大大加快。一则则新的信息，一辆辆外来轿车，一个个合资企业，一片片新的开发区。

外来技术，外来经济，外来观念，外来文明，在前所未有的规模上同古老的西南发生了碰撞、排斥、交流、融合……

这一切对西南意味着什么？

这一切对中国意味着什么?

这一切对世界意味着什么?

西南为坤,坤与乾相对,坤是阴,是月亮,就像月亮从太阳那里吸取四射的光芒一样。西南,从远古走来,在与其独特的天地系统相互交感的过程中,不断地吸取并内化了一切外来文明。

当太阳隐退,黑暗来临之际,月亮便把她蕴藏的光明,献给长夜,献给大地。

西南,这个连定位也是外来他称的天地与人文系统,在告别旧世纪,迈向新世纪之际,必将把多文明碰撞后所内化的巨大能量向世界、向人类、向未来释放。

西南,您这众山之母;

西南,您这众水之源。

啊,西南为坤,万物滋生!

1999 年于重庆

诗赋篇

2002 年 9 月 13 日在四川省唐克乡考察

牌坊绰绰兮伫我豆蔻，青石斑斑兮印我灵秀。

赞曰：怀童心者必长寿，爱生物者必敦厚。夏夜风清，坐小院兮心追北斗，窃窃偷听繁星私语；春晓露润，踏河畔兮神往南鸠，殷殷细问芳草探头。察大象之微微兮，善根孕乎明眸；乐小儿之陶陶兮，柔情贯乎皓首。直面世之大恶兮，有力者最是天真；关爱物之稚幼兮，无碍者天然自由。飘洋过海，误撞吴君，红颜得知己兮终身厮守；翰墨心曲，幸识巴老，童心换真言兮旷世文友。玉壶晶莹，方显冰心至美；金瓯辉煌，有赖文采映秀。劝君兮何妨忙中偷闲，闹市寻幽，步入庭院，眼牵吴钩，方识得鱼虫花鸟兮皆神笔端，日月星云兮俱照心头。

无名堂赋

吾有书斋也，号曰无名堂。其名，命之由何哉？问之者众，存惑者甚也。书斋之书兮，乃温故之有形；书斋之人兮，则知新之无名。

斗转星移，寒来暑往。晨迎兮金光缕缕，透玉竹之露莹，轻拂于窗前；晚含兮银月弯弯，浮薄纱之云丝，悠游于楼沿。坐于无名堂中兮，沐旭日而观露珠，璀璨能不目眩？瞻明月而窥浮云，逍遥油然思远。晶莹剔透，映日珠玑兮，美聚斑斓；飘柔仿佛，漏月纱丽兮，妙化峨冠。莫怪孟德喻朝露兮，叹人生之逝短，太白对月影兮，舒壮志之酬难。露华之逝倏忽，慷慨当歌，难为酒乎；轻云之散悠然，潇洒泼墨，贵在诗焉。流光之飞兮其可追；生机之奥兮犹可参。朝来暮去兮，所为何遣？露散云飘兮，所为何演？露珠何所归？云丝何所潜？无踪无形，唯气是变；有生有灭，唯幽是探。探幽兮无名之始，求真兮有学之源。

天不聚云霾，何以行磅礴，又遑论养蛟兮，百尺之渊？地不积土石，何以立高厚，胡奢谈游仙兮，千仞之山。磅礴之降兮，众水奔腾；高厚之耸兮，群峰萦蟠。海纳众水兮，白浪浩浩；山叠千峰兮，青云瀚瀚。居我无名堂兮，朝暮养真，寒暑发凡。于是乎无名之基兮陋室始奠；有学之宇兮天旷乃瞻。

吾有书斋，无名堂也。温故以读书，知新以吟赋。瑶琴以心抚，诗韵以神步。吾之余生兮可以寄托，吾之情怀兮可以直抒。推窗兮明月照怀，登陟兮天枢极目。

三英赋

百年之校，才俊辈出。女界之翘楚，舍林徽因、谢冰心、卢隐之榕城三英其谁？三英者，一代女杰也。其灵秀清丽，才气德行，人之所仰，世之所敬。其能无赋乎？

闽水清清兮养我名媛，于山郁郁兮育我淑仪。

仰鳌峰之伟岸兮，书院肇其端；集道统之大成兮，新学畅其源。但开风气，夺八闽之先；一奠鸿基，引四海之瞻。立教乎，有来无类；树人也，见贤思齐。夫风云际会，历亘古未有之变局；交替世纪，创千秋仅见之奇迹。东方醒狮，怒吼者惟恐和寡；南天翥凤，振羽者何患奋疾。有志者，沐鳌峰之惠泽兮，研也渊渊，考也究究；善学者，得先哲之教谕兮，文也彬彬，灵也秀秀。傍白塔以放眼，势接青云；登于山以舒啸，气运斗牛。御闽水而拥大海，广胸襟以博爱；共帝师而忧天下，富情怀以厚载。生于大海兮波涛万顷天来，游于五洲兮气度超凡世盖；乡土润根兮其发必茂，京城振羽兮其飞也帅。

阔榕苍苍兮荫我才女，青莲姣姣兮映我娥眉。

嗟夫，红颜薄命，多舛林卿。民国风流，世纪情场。君子好逑，淑女多情。叹志摩兮徒望月，悲岳霖兮空穷经。唯幸两情相依偎，一生共思成。诗韵哼来兮，新月诸君垂青；画稿拟就兮，营造同仁震惊。烽火连连，古都学府西行；长江滚滚，江畔李庄北萦。巨著皇皇碧血凝，国徽熠熠丹心耿。岂病体兮，巾帼俨然伟丈夫；实枯槁兮，人间一价奇精灵。真乃是红颜命不薄，长夜星永恒。

牌坊绰绰兮伫我豆蔻，青石斑斑兮印我灵秀。

赞曰：怀童心者必长寿，爱生物者必敦厚。夏夜风清，坐小院兮心追北斗，窃窃偷听繁星私语；春晓露润，踏河畔兮神往南鸠，殷殷细问芳草探头。察大象之微微兮，善根孕乎明眸；乐小儿之陶陶兮，柔情贯乎皓首。直面世之大恶兮，有力者最是天真；关爱物之稚幼兮，无碍者天然自由。漂洋过海，误撞吴君，红颜得知己兮终身厮守；翰墨心曲，幸识巴老，童心换真言兮旷世文友。玉壶晶莹，方显冰心至美；金瓯辉煌，有赖文采映秀。劝君兮何妨忙中偷闲，闹市寻幽，步入庭院，眼牵吴钩，方识得鱼虫花鸟兮皆神笔端，日月星云兮俱照心头。

曲巷弯弯兮幽我芝兰，粉墙高高兮翼我婵娟。

壮哉！哭老友之牺牲兮，罪伐报端，老友未去君先逝；哀初婴之难产兮，命丧黄泉，初婴不啼母无息。脱童年之厄运兮，自救于京畿；焕青春之异彩兮，众倾乎笔力。清丽乎小品，玫瑰之芒刺；潇洒乎散文，岚岫之云翳。灵魂伤之深兮，悲台湾袍泽之不辨华夷；印影摄之实兮，省扶桑风物之杂糅东西。舌耕十载，出乎心者入乎心；笔耘终生，仗乎义者得乎义。张自由兮争独立，倡人道兮求真理。大海扬其性，宁则波澜不惊，和风习习；怒则巨浪卷风，雷电疾疾；赤子活其心，悲则涕泪汩汩，长啸号啼，喜则爽笑朗朗，直抒胸臆。有道是五四之产儿兮，求易又何其奢乎哉！祭坛之奇女兮，殉难权当是份而已。

乌龙之水滔滔兮，颂我龙之裔；旗山之峰巍巍兮，展我凤之翼。

江流入海兮，势接浩淼云际；峰峦上天兮，生发苍茫太乙。

有三英兮，百年之校特立；又千年兮，九天之凤翔集。

己丑岁暮于无名堂

春雷赋

炫哉，赫哉，春雷至也！

恐春日之迟迟，震之东隅；厌冬雾之漫漫，驱之穷谷。立春节后，千钧霹雳摧枯；雨水气前，万里甘霖昭苏。

裂兮长空，快意电掣之锐；震乎野旷，欢呼雷霆之威。扫荡阴霾，凛凛长夜崩颓；挟持风雨，艳艳少阳启扉。惊天动地，一洗江山万里；辞旧迎新，总领草木三春。黑幕重重，瓦解不过稍纵；白焰道道，辉煌总在天穹。夫巴山沉沉，隐约于天之线；渝水滚滚，奔腾于山之间。北接皑皑秦岭，金牛蹄翻；南望巍巍娄山，黑云压关。西化岷山飞雪，黄龙鼎蟠；东灌巫峡沧浪，神女声欢。好一派冬虫惊蛰，春燕思归，千红蠢动，万绿欲翠。

疾哉，盛哉，春雷至也！

静卧细听，高屋之瓴势下，低拂之篁韵生，切切嘈嘈，杂以惊雷裂地；肃立纵观，金蛇之躯飞舞，赤光之剑电穿，形形色色，绘以彩墨写天。壮哉天鼓擂动，四海响应；地气涌发，万类催生。君不见万木欣欣之状，百川滔滔之容，律之有韵，感之有心，呼之有应，闻之有吟。岂止声闻多彩，象观缤纷；实乃心向物我通气，神会天地交春。

时哉，行哉，春雷至也！

物盈而天地实，变通则四时顺。所谓知时节者，好雨润物；承天运者，黔黎归心。莘莘大者得时，煌煌壮哉行仁。得时一和百运，行仁万方拱辰。嗟夫丙戌之旱百年不遇，丁亥之涝举世无与。或赤地千里；流断泽竭；或浊浪百尺，田淹堤决。烈焰炙烤，有老病弱毖之疟；汪洋没顶，多家破人亡之劫。莫道百年不遇，水火无情；恐为千秋难逢，神鬼有应。观乎天人合一，阴阳轮换；玄贵无为，道法自然。老聃孔丘，圣哲前贤；夫狂悖胜天者流，目中无人其辈，焉能奢谈推罪天灾，诿过自然？呜呼皇天含悲，后土积怨。

幸哉，壮哉，春雷至也！

当此时相薄阴阳，交通泰否。所惩百载旱魃之恶，所伐不赦河伯之罪，其势能不速乎？所儆不堪生态之累，所扬万民天心之威，其声能不隆乎？三九之寒，雷鞭以摧，九夏之伏，光电以蜕。是故事临必有先兆，物废当应后会。天时者，天行之谓，地利者，地生所贵。若夫天行合于地生，人和则兴于万类。千钧伟力，其势天地之威；万石神勇，其盛黎庶之畏。噫吁乎，黎庶之畏源自天地之威，则天下诸事归于自然自为。于是心可不累，道可不违，江河顺其流，山峦拥其翠。人偕天地万物，陶然乎其美。

煌哉，伟哉，春雷至也！

张诗亚　丁亥小雪后一日于无名堂

三中赋

千仞之壁立兮，仰我太白岩；百川之水容兮，俯我扬子江。

万州有三中，靠白岩，临大江，居闹市，座街坊。靠白岩兮，壮我脊梁；临大江兮，催我意扬；居闹市兮，聚我定力；座街坊兮，泽我故乡。书声琅琅，雏凤之鸣兮清越；求学孜孜，大鹏之举朝阳。凤兮鹏兮，作伴谪仙读书，风流倜傥；为邻山谷泼墨，器宇轩昂。文脉之承兮共长江而无穷，拥东海而汪洋。

三中之继往兮，新旧之交，风气初开。旧学式微兮新校草创，妇女解放兮天足豪迈。领川东之潮流，焕时代之风采。入此门兮，好奇天真，唯父老衣角是拽，出此门兮，英姿飒爽，尽天下风云在怀。志士悲壮兮，青春碧血红染，山城之曙色；学者潇洒兮，皓首潜心穷尽，秦篆之典章。

三中之开来兮，八秩之校，千禧之逾。阅长河之沧桑兮，育万州弟子难以胜数；瞻前程之辉煌兮，得天下英才尽可化育。宏图一展兮，翼张太白沙龙两校区；东西互通兮，学化古今中外并驾驱。巍巍梧桐高兮，大凤栖居；皇皇师道昌兮，高足云聚。名校特立兮，精神不可离须臾，校训务必共期许。师生之共奉，言行之自律。挟峡江腾飞之威，借城乡统筹之举，汇一校之发展兮，入中华之大流；化人类之共荣兮，于人本之天域。君可期也，于朗朗书声之中，莘莘学子之序，未来之希望兮，初旭；家国之伟力兮，积蓄；科学之发达兮，寄寓；人文之光大兮，勃郁。

白岩立兮天地；长江流兮千古。

己丑腊月二十一于无名堂

茅台酒赋

吾好饮，尤好饮茅台。其醇、其绵、其厚、其韵令吾醉。吾常畅饮，饮后即兴，其所谓好酒撵好诗也。《茅台酒赋》乃酒之所撵也。

赤水清兮玉液酿，娄山翠兮奇珍藏。赤水一酿兮千年曲，娄山永窖兮万国香。

发于乌蒙之巅兮湍流百折；横于云贵之野兮峻岭千嶂。融丹霞之俏丽兮，赤石清泉淌；竞苍翠之勃郁兮，红岩紫气养。得宝地之精兮，日升月恒；聚人气之旺兮，坐贾行商。更有端阳之金麦，重九之红粱，避浊浪于端午后，重阳前；取清流于夏收节，秋登场。麦上高粱下，年度两添粮，地之丰饶有厚馈；端前重九后，一水复见清，天之广博有华章。茅台佳酿兮养春秋之精萃，集天地之元良，方不愧造化之神品，天人之配享。

妙也哉，天运春秋，地孕红黄，水流清浊，山藏阴阳，俱化水火兮，寓一壶而琼浆。将火之烈兮融水之柔；以水之悠兮藏火之炀。水晶莹兮，其流火之韵长；火热切兮，其载水之韬光。水火其一体兮，发悠思，穷先哲而遨宇宙之广；通灵犀，激诗兴而返人性之荒。有三分之微醺兮，奠理性于豪言引吭；任狂态而率性酣畅。理智至纯兮脱缰；激情炽烈兮豪放。游心于醉与醒，爽性于驰与张，怡神于雅与俗，抒怀于狷与狂。陶陶然，如轻云之翼新月，悠游兮飘忽；或清丽似娥眉，或朦胧如烟浮。精辟脱口迸连珠，佳句出怀展云舒。

嗟夫，茅台之酒兮五德备焉。其色媲玉润而秀；其质琼脂纯而稠；其气酴清远而悠；其味甘醇绵而厚；其性则入温汤兮，体通泰而酥透。五德之浆入其眼兮，或碧玉晶莹，如处子婷婷；或琼浆清冽，似猛士出征。入其嗅兮，或阵阵香袭，举座心倾；或悠悠气运，风送一城。入其口兮，或金丹下沉，如火珠在胸；或绵醇渐渗，恰甘露释精。入其心兮，从此便知何为酒之至尊，天下之酒兮，难夸其胜。

君不见将军把盏兮，叱咤风云，谈笑间横扫千军；诗人流觞兮，纵论今古，觥错里浑成美文。国务家举杯兮，睦邻酬酢，如仪中吐属清泉奔。绝乎哉精彩纷呈，盖缘茅台酒之神。天意兮盛会巴拿马，不意摔瓶之传奇，其香顿勾万国魂，其醇冠摘博览金。从此，酒以镇名兮，镇以酒扬。小镇之佳酿兮，贵为国宴之奉觞；山野之质朴兮，荣登中华之庙堂。得天地之独钟兮，窖春秋于蒟酱，举一壶映日月兮，饮三巡之胸敞。论兴衰以纵横，轻得失而壶浆。化争执而举美酒，弃干戈而劝农桑。水之形兮，至纯至柔，润我万邦；火之神兮，至烈至刚，展我辉煌。

君不见一举茅台酒兮，昔演佳话，柔可掳美总统之倾心，炽可化冷战之坚冰；今襄盛举，陈可醒两岸之党争，醇可醉华夏之复兴。敢问天下有何酒兮，能享如此之殊荣？

君不闻先哲海德格尔有言兮，诗意之栖居。诗意何来兮？其必曰，阳刚与阴柔相衡，侠肝并温馨比翼，诗心与哲理形影，共琼浆兮一倾。不领茅台酒之风骚，何来诗意之人生？

诚哉斯言，刻石勒铭。

诗亚撰于庚寅八月二十六

莽林行

庚寅仲夏，五月十五，余，小琴，迪儿，宝宏，唐董，马总及尼泊尔向导山多士等一行七人，晨发蓝毗尼，午至它奇旺，入莽林，历奇境，精绝纷呈，妙趣环生。以致返国多日，其景历历在目，其趣萦萦撩情。日有所思，夜有所梦。若欲稍释，唯有此赋也。

车不行兮，安之以步；风不至兮，冒之以暑。气之闷也，雨后泥路；日之愠也，林中蒸炉。越流湍兮，野渡舟横；入莽林兮，河滩蛇行。置于河之畔兮，江涛入梦境；掩于林之深兮，林籁化心声。脚下苍苔润，头上草庐青。篱边蝶纷飞，门前花簇迎。雨林深深兮，几排屋木楞；浊浪滚滚兮，一江水龙腾。虽无空调之爽，但有热巾之诚。沐清流兮，暑热稍褪；袪汗衣兮，斯文复生。

夏日偏西兮，清风无意；幽径转北兮，热浪又扑。好游乘兴兮，访幽日暮。出行邀伴兮，探险登途。颤巍巍兮，三五大象踏步；黑黝黝兮，四六牧人前驱。怯生生攀高架兮，坐象背而相扶；乐呵呵壮威武兮，挥老拳而长呼。象足迈兮移杵柱，象身摇兮撼草木。古木参天兮，板根支撑；老藤拔地兮，纠结咬骨。丛林横道兮，践踏以入；枝蔓挂头兮，席卷以出。森森老林兮，乃为大象生境，莽莽蛮荒兮，实非游人园圃。人驭象兮，化险地而生趣；象载人兮，蜕野性而舒愉。踏荆棘而无往；折竹木以不顾。日之迟兮，将有昧；林之深兮，疑无路。俄而，驭象之人竖食指兮以封口；射鹰眼兮以驻足。叶簌簌以破寂；水哗哗以喘粗。众象伫立兮摆阔耳；众人屏息兮投远目。十丈开外，箭步可捕；一帧幅内，丹青绝殊。戏水之白犀，滚泥之野物。一览无余，全景共睹。象摇摇以徐趋，犀懒懒以出涂。象步沉沉兮，声以远笃；犀影赫赫兮，形以深没。还惊魂兮顿起欢呼，看抓拍兮频生欷歔。

林愈寂兮鸟和鸣，暮愈深兮天泛晕。人渐乏兮而兴倍增，象已饥兮且草乱吞。忽焉，大象步又停，牧人声又禁。雨林高枝兮，猕猴矫健之形，映于天色；林间空隙兮，花鹿悠闲之态，散于水滨。林暗暗而兽影昏，天茫茫而人聚神。影不可摄兮景可吞，乐不可之兮趣可心。出莽林兮群星淡，近流水兮一江雾。对烛光兮看流萤;坐江岸兮话莽林。弱鸟鸣兮畅夏虫,任汗流兮梦清纯。

思我莽林兮何以闷闷?恋我大野兮何以欣欣?攘攘兮蚂蚁搬家,碌碌兮白鼠转轮。纷扰缠兮何以抽身?复困水泥闹市兮何以攀先进?何时能悟兮知返朴而归真。苍白周兮何以出新?莽林一行兮何以扪心?大野生境兮当思自然与人。

庚寅仲夏于无名堂

孔夫子颂

——贺重庆工商大学南山书院孔夫子像落成

金风习习，秋日融融。扬子流波，南山抚松。
群贤拜谒，夫子尊容。杏坛一脉，时雨春风。
秉烛长夜，破晓天红。伟哉千古，戮力大同。
世纪开元，和谐是宗。追思先哲，浩气长虹。
振我华夏，大道天通。惟精惟微，永执厥中！

丁亥仲秋

西南大学学位颁授誓词

煌煌大典，立誓唯诚；
日月光鉴，天地可证；
母校精神，薪火传承；
亲和自然，大德曰生；
究理天人，求实厉精；
特立合众，和谐躬行；
科学人文，至善大成；
永志垂范，学位荣膺。

2009—12—29

鉴赏篇

2009 年 8 月 8 日在南方丝路之石门关考察

曲巷弯弯兮幽我芝兰，粉墙高高兮翼我婵娟。

壮哉！哭老友之牺牲兮，罪伐报端，老友未去君先逝；哀初婴之难产兮，命丧黄泉，初婴不啼母无息。脱童年之厄运兮，自救于京畿；焕青春之异彩兮，众倾乎笔力。清丽乎小品，玫瑰之芒刺；潇洒乎散文，岚岫之云翳。灵魂伤之深兮，悲台湾袍泽之不辨华夷；印影摄之实兮，省扶桑风物之杂糅东西。舌耕十载，出乎心者入乎心；笔耘终生，仗乎义者得乎义。张自由兮争独立，倡人道兮求真理。大海扬其性，宁则波澜不惊，和风习习；怒则巨浪卷风，雷电疾疾；赤子活其心，悲则涕泪汩汩，长啸号啼，喜则爽笑朗朗，直抒胸臆。有道是五四之产儿兮，求易又何其奢乎哉！祭坛之奇女兮，殉难权当是份而已。

乌龙之水滔滔兮，颂我龙之裔；旗山之峰巍巍兮，展我凤之翼。

江流入海兮，势接浩淼云际；峰峦上天兮，生发苍茫太乙。

有三英兮，百年之校特立；又千年兮，九天之凤翔集。

读 砚

常读书，则从未、也不懂读砚，第一次读，有趣。

常说“武人爱剑，文人爱砚”，有道理。

剑，无缘把玩(机场安检视小刀同“凶器”，遑论佩剑)，仅听得多。如，春秋之际铸剑大师便有欧冶子、风胡子、莫将、干邪等等，所铸之剑，“陆斩犀兕，水截蛟龙”。据《吴越春秋》载：越王勾践命欧冶子锻湛卢、纯鉤、胜邪、鱼肠、巨阙等五剑，均为“削铁如泥”的稀世名剑。吴越战，越败，遂献湛卢、胜邪、鱼肠三剑于吴王阖闾以求和。后吴王无道，湛卢剑竟“自行而去”，降之楚昭王榻前。楚昭王招风胡子为之鉴。方识为天下名剑“湛卢”。楚昭王问湛卢价值，风胡子答不可计量。因为，造剑时，“赤堇之山破而出锡，若邪之溪涸而出铜，雨师扫洒，雷公击橐，蛟龙捧炉，天帝装炭”，然后，千锤百炼，方成此神剑。有欲购者，开价是：“有市之乡三十，骏马千匹，万户之都二。”然剑师薛烛却说：“倾城量金，珠玉盈河，犹不能得此。”楚昭王闻言喜不自禁，“遂以为宝”。吴王阖闾知剑落楚昭王之手，即派孙武为将，攻楚索剑。尽管事系传说，但春秋造剑极佳，则是事实。近50年出土的越王勾践剑、吴王夫差剑、吴王太子佩剑等均是明证。尤其是勾践剑，出土时已历时2,400余年，竟锋利如初，寒光鉴人，十几层白报纸一挥而断。其锋利且不锈之谜，直让当今的中、外冶金专家瞠目。

在其先，有蚩尤采卢山之铜创造剑先河，有黄帝采牛首山之铁所铸之剑，有夏启的二十八宿剑，有周礼所载的，由著名剑工桃氏所造的能避邪除恶的桃氏剑，有干将所作、莫邪断发剪爪并以“莫将”、“干邪”命名的雌雄剑，有伍子胥过江时解与渔夫的七星剑等等。

在其后，有始皇陵车马坑出土的，经鉴定剑表面竟有含铬化物的氧化层青铜剑(而镀铬的发明在西方不过是19世纪的事)，有汉高祖的赤霄斩蛇剑，有汉武所造埋于五岳的五把宝剑，有曹操的“倚天”、“青缸”二剑，有刘备的八剑，孙权的六剑，《世说新语》所记的因盗掘战国王子乔墓所得的能“龙鸣虎啸”之剑等等。

总之，这些剑都是非凡之器，皆神物也，且常有“故事”。透过那些神话，传说的成分——神话、传说等恰好是“剑文化”的重要构成，都有渲染其神秘，铺陈其功效，廓大其影响，佐证其权威的作用。而且，更重要的还在于，这些“故事”不仅为了服人，或曰“惑众”那些剑的主人，无论是“武人”或以武打江山、定天下的帝王，他们自身也都深信不疑。这亦是“武人爱剑”的理由——我们能看到：一，好剑铸炼，锻造极难，系自然之精与人事之绝的集大成，堪称天人合一之宝；二，好剑极为精良，无论造型、纹样、剑饰、锋刃都匠心独运，其形神兼备，令人爱不释手；三，好剑极不易求，无论帝王将相，或壮士侠客，均须至诚，除祷告天地、焚香礼拜之外，更要心无旁骛，锲而不舍。且一旦得剑则要爱为至宝，奉若神明，必须“仗剑行道”。铸剑，持剑，用剑，学剑，习剑皆必有道以剑之利、精、宝、神使之爱，使之悟道，继而行道，是故“武人爱剑”的逻辑，是以剑规范武人，是行武，或武行必须遵道，必须有道；这是武人之爱剑之道也。

剑有剑道，砚则有砚道。所谓好剑与好砚均为“行道”之公器也。而砚道总要体载于砚之器上。笔者有幸获一端砚（见图），砚铭款识为“陈鹏年”，“北溟”在此，且以此砚来解读砚道。为读砚道，须知砚主。先看陈鹏年为人。

陈鹏年，字北溟，号沧州，康熙辛未(1691 年，即康熙二十九年)进士，初任浙江西安知县，因行抑豪强、平冤狱，禁溺女等德政，为“民感之，女欲弃复育者，皆以陈为姓”。后因大学士张鹏翮举荐，出任江南河工，授江南山阳知县，不久迁海州知州。康熙四十二年时，山东大饥，适值康熙南巡，“诏截漕四万石，令鹏翮荐选贤干吏运兖州分赈，以鹏年董事，全活数万人”。知江宁府，总督阿山借康熙南巡之名，欲加赋税。据《清代名人轶事》载，陈鹏年力争不可，甚至说：“官可罢，赋不可增。”为此，开罪阿山。康熙四十四年，为阿山所陷。据《清史稿》(列传六十四)载：“鹏年尝就南市楼故址建乡约讲堂，月朔宣讲圣谕，并为之榜曰‘天语丁宁’”。哪知这“南市楼者故狭邪地也”，用现在的话说，就是“红灯区”，是以前的“花街柳巷”，所以，一片赤诚，犯了大忌。尽管，鹏年系江宁狱并庭审之际，“江宁民呼号罢市，诸生千余建幡将叩阍”，鹏年还是坐“大不敬”，按律“大辟”。陈鹏年系狱中时，为阿山害，“绝其食”，以致“狱卒怜之，私哺以饼饵”。谁知又“为守者李承侦知，杖卒四十，日以一勺水如之，公自问命绝也”。所幸“适浙抚赵公申乔过之，叱狱官，得以生”。后来，大学士李光地在御前说话，始“坐夺官免死，征入武英殿修书”。

受了如此大劫的陈鹏年，秉性难移。康熙四十七年复出后，任苏州知府。因“禁革奢俗，清滞狱”，“询民疾苦，请赈货”等业绩，升任布政使。其贤能廉洁又招顶头上司总督葛礼忌。于是遭劾。“遣戍黑龙江”。所幸“上宽之，命仍来京修书”。

康熙六十年陈鹏年受命随张鹏翮勘山东、河南运河。当时正遇黄河在武陟县决堤。朝廷派去的河督赵世显“议久不决”。陈鹏年便紧急上疏，建言：“黄河老堤被冲决达八九里，正面堵不行。应到对岸上流的广武山‘别开引河’，使‘决口稍东’，然后，再开引河排涝，使河水归正道，‘方可堵筑’。”于是，康熙罢赵世显，任陈鹏年为河道总督。堵毕的河堤第二年又决，鹏年遂请旨，要从根本上治理。康熙准奏后，鹏年便没日没夜地在堤上治决。直至康熙驾崩，雍正继位，方把数次溃决的南北坝尾治理合龙。“而马营口尚未塞”，于是“鹏年止宿河堧，寝食俱废，浸羸惫”。至雍正元年，“疾笃，遣御医珍视。寻卒”。初继大统，勤政严厉的雍正闻之，无任感慨，谕曰：“鹏年积劳成疾，没于公所。闻其家有八旬老母，室如悬磬。此真鞠躬尽瘁，死而后已之臣。”

从上述事实看，陈鹏年堪称一代廉臣循吏，当得起“鞠躬尽瘁，死而后已”。一个朝代，尤其是“盛世”，能无几个忠臣廉臣？都是贪官污吏能有“盛世”吗？有清一代的康、雍、乾三朝这样的忠臣廉臣真不少。余世龙、张鹏翮、陈鹏年、刘统勋等等，不一而足。而此类以“仁人志士”律于己之辈，其“仁”、其“志”的根，便在于“道”。《老子》第五十一章说：“‘道’生之，‘德’畜之，物形之，势成之。是以万物莫不尊‘道’而贵‘德。’”《礼记·中庸》也有言：“大哉，圣人之道！洋洋乎发育万物，峻极于天。”

在这些忠臣循吏们眼里“道”与“德”是一体的。他们最看重的“德”又能通过“道”所“生成”或“发育”的万物颐养、培育，继而发扬、光大。万物之中，对于文人，又莫过于砚了。在他们眼中，文房四宝，尤其是砚，绝非寻常之物件，而是大道之体载，大德之具象。譬如，东坡爱砚，不仅自己爱，而且常以砚赠人，并为之题铭。

中国历史博物馆藏有一方东坡端砚。此砚之所以名为东坡笠屐端砚，是因在砚背刻有东坡先生头戴笠，足着屐，衣宽袖长衫，双手紧握竹杖象。砚的左侧竖刻“端州石砚，东坡先生携至海南，元苻三年，自詹耳移廉州，过琼，持以赠余为别。岁月千流，追维先生言论，邈不可即，倩工镌先生遗像，为瓣香之奉云。时崇宁元年十二月十九日琼州姜弼君仅识”字样。刻铭人姜君弼，琼山人，从苏轼学。苏轼素重其才，故贬官到天涯海角的海南后结识了姜君弼，与之交往甚密，当其离琼时便将其赠与姜，待东坡辞世，君弼抚砚怀师，才刻其遗像于砚背，以志永存。

东坡爱砚不仅以之赠学生且以之勖勉儿子。他曾寄砚并诗与其子。诗云：“皎皎穿云月，青青出水荷，文章工点黝，忠义老研磨。伟节何须怒，宽余要少知。吾衰无此用，寄与少东坡。”在他眼里，文人之砚如农人之田。所以，苏轼说：“我生无田食破砚。”他的这种“以砚为田”的思想为后世文人所继承。如清康熙年间的黄任。黄任，字于莘、号莘田，爱砚如命，自号“十研先生”，不稀罕当官，偏好藏砚。一生所收名砚无计。所刻砚铭亦佳，亦丰。其中一首砚诗曰：“他山半亩佃秋烟，琢得方形井地连，自笑不曾持一砚，留将片石当公田。”可见他更是以砚“公田”。这一“公田”，道出了文人之砚与“天下为公”的“大道”并“大德”的关系。这样的境界，成了时代所尚。如纪晓岚所刻写的“流水周园，中抱石田，笔耕不辍，其中有丰年”的砚铭便是。

对于陈鹏年这样的“室如悬磬”仍胸怀天下，鞠躬尽瘁的仁人志士，能得一方康熙年间的名贵的紫端砚决非易事，笔者无据可考，不克揣度，仅能从砚之质料，形制，镌刻以及铭文等等，可见砚主对此砚的珍视，以及其苦心孤诣其砚体载其大道、大德（亦是其人生大志、大节）之意蕴。

此砚石材为端砚，出自何坑，不敢妄断。照清末民初大收藏家赵汝珍在《古玩指南》的分类，端石坑分三类：“即岩石、西坑石、后坑石是也。石色紫，衬手而润，叩之清远，有青绿圆小鸲鸽眼者为岩石，价亦贵；色赤，呵之乃润，色紫纹漫而大，亦有鸲鸽眼，为西坑石，价次之；至石色青紫，向明则视，有碎星光点如沙中云母，干而少润，则后坑石，价最低。其价值以西坑石三当岩石一，后坑石三当西坑石一，此种评价确属合理，从来未大有变易，即今日之行情仍以此为标准也。”陈鹏年之砚“色紫”，手托之即有润明显，以三指托砚背（不知还有何法）叩之声亦清远，在砚之右上半部有典型的“青绿圆小鸲鸽眼”，据此，似符合赵汝珍之“岩石”坑之描状。

端砚名贵，自宋时已“值千金”。宋苏易简《砚谱》载：“端州圆石青紫色者，琢而为砚，可值千金。”因此，造伪最多、最早。清末民初赵汝珍在《古玩指南》中指出：“端石之伪，自宋已然。盖宋时之端砚非徒国家责令岁以为贡，即一般流俗亦竞争收藏。”陈鹏年能有此砚，实令人费解，如何得来？无据不敢妄猜。能做的只能是据物悟其背后之道。

此砚雕工极好，无论整体构思，或细部表现，皆堪称上乘。

砚盒系整块红木雕成，分上下。上下均为荷叶，上盖荷叶上伏一蟹，下盒底留一荷叶柄。

砚为随形砚，整体为一瀑布般流下的荷叶，荷中包一泓水池，水池中心为青紫色之圆形砚堂，砚堂左上为一椭圆砚池，右上为一青绿圆小鸲鹆眼，砚额为由叶柄、叶脉、叶片组成的瀑布状荷叶，荷叶右上边缘蛰伏蜗牛，触须蠕蠕，匍匐而行；砚边合围一圈，错落有致，九曲参差。砚背镌刻“露从今夜白，月是故乡明”，款识“陈鹏年藏”，皆为草书，印“北溟”，篆书。“露从今夜白，月是故乡明”句出杜子美《月夜忆舍弟》“戍鼓断人行，秋边一雁声。露从今夜白，月是故乡明。有弟皆分散，无家问死生。寄书长不达，况乃未休兵”。就全诗论，是战乱之际倍觉亲情贵，而“露从今夜白，月是故乡明”句则是通过又一年一度的“露白”，即霜之始，来悲苦乱离，乞休兵之明月故乡团圆之意境。而此砚背镌此句，窃以为含意有二。一写此砚之形，为之点题。砚为随形之荷池，椭圆砚池则为半隐之月，右上之鸲鹆眼则为自风荷边刚掉落之荷珠或月露，故“露从今夜白，月是故乡明”当是陈鹏年为此砚命名；二抒其胸臆。曹孟德有句“人生苦短，譬如朝露”。“露从今夜白”，要提醒了自己，把每天当作“今夜”，天道是“露白”，而人生则是齿长，则是鬓白，坐于砚前，即耕于公田，当惜时如金。而“月是故乡明”，则当为惜时耕耘之鹄的：怀明月之志，造福乡梓，为家国团圆。

于是，立言之治学，当如砚底之“蚯蚓走泥纹”般，“虽无爪牙之利，筋骨之强，上食埃土，下饮黄泉，用心一也”，而不可法砚盒盖上的蟹：“六跪而二螯，非蛇鳝之穴无可寄托者，用心躁也”；且学有所成后，又须谨记，以砚为公田，以笔为犁，一字一句，皆为公耕，文章奏折，皆为民耘。此所谓文章为天下事也；于是，立功之远志，当如砚铭之词句，珍惜人生，效命家国；一朝为官执政，务须身体力行，殚精竭虑，先天下之忧而忧，后天下之乐而乐。陈鹏年病死，累死于治河大堤之上，便是其践言之行。此所谓为生民立命也；于是，立德之修身，当如清荷，出淤泥、墨池而不染。掌权为官者，不仅廉洁奉公，洁身自好，而且能刚正不阿，为民请命。这种境界体现在砚上，便如荷上之蜗牛，甘于蜗居，而耕耘不辍。此一蜗牛用心极巧，立意高远，一反寻常俗砚刻一水牛于砚中，取蜗牛，既有安于蜗居之清贫，又有耕于公田之执着，而蜗居与耕耘，俱在风荷之上，故与风雨之飘摇迷离，与荷叶之轻灵高洁天生一体，盎然成趣。此所谓形神合一，臻入化境；于是，小小一砚上寄托了一代循吏——亦是中国古代文人——之立言、立功、立德之大志，而且是极其精妙，含蓄地艺术表达，这样的物倘“玩”之，岂是“丧志”？倘能读懂，且细细品读，会越读越有味。尽管自来水笔舶来，砚早失其势，更兼时下的计算机、网络普及，砚之类早成古董，读砚难矣。但我以为读砚之类仍有益，尤其是当下只见物，只长物之欲之际，只重速度、新奇、刺激之际，不妨读读砚之类。

读陈鹏年藏端砚有感

莫道方池浅，
龙行黑白中。
风云天下事，
养在浩然胸。

丙戌年立春于无名堂

紫定酱定忌空谈

2006年《收藏》第二期（总第158期）发表署名“济南路不平”的文章《〈紫定与酱定〉质疑》，该文针对该刊2005年五月号上署名“郑州赵青云、王喜庚”的《紫定与酱定》一文，提出了犀利而尖锐的“质疑”。

自明曹昭《格古要论》提及“紫定色紫，黑定色黑如漆，土俱白，其价高于白定”以来，说“紫定”有者，有之；说“紫定”无者，亦有之。说有说无，各执一端，言之有理，持之有据，互不相让。这场关于宋定窑所产之“紫定”是否确实，所谓“紫定”究竟为何物的学术讼争可谓旷日持久。宋之定窑，一度官烧。创烧品类繁多，跻身五大名窑。故而影响亦大，一有疑窦，其学术讼争关心者众，参加者众。“紫定”之争，堪称典型案例。《收藏》杂志的这两篇文章，不过是这一论争至今不息的最新案例罢了。

本来，说有说无是一个非A即B的问题，只要拿出证据，问题便迎刃而解，争论便自然平息。勿庸置疑，这种显而易见的说法，并无什么高明处，论战双方拿了各自的证据。然而，这一中国瓷器史旷日持久的论争存在的事实本身便说明：

一是，双方拿出的证据都缺乏使对方服气的说服力；

二是，基于已拿出的“证据”所作的“定论”——即便是“权威”作出——亦难使对方心悦诚服，故“定论”不“定”；

三是，双方对这一问题的兴趣依旧盎然，甚至有增无减。

说有者拿出证来明之，“紫定”有便能成立，说无者便不攻自破。那么，最有力的证是什么？实物也。而实物不外两途，一是传世，譬如，故宫之类国宝，谓之传承有绪也，此可为证；二是考古，出土文物，有墓葬、窖藏之类，有发掘报告，可断代、可测年等等，此亦可为证。上述两种实物说，有方拿不出来，让说无方信服。于是，只能依据文献来证明自己的观点，而文献在无彩色照片佐证之际，便只能用文字描述有色彩的器物。于是白描，于是比喻。这于读者便是仁者见仁，智者见智了。

这一从客体（器之属性）到了主体（读者的理解）的不经意的转换，便导致了拿出的证据不被承认。说有者拿出的、被称为是“紫定”的器物，被说无者认定是“酱定”。于是，“紫定不紫”、“所谓紫定就是酱定”便成了“定论”。

然而，“酱定”与“紫定”毕竟相去甚远。很多以“紫定”名义展示出的藏品，包括很多博物馆的藏品（如内蒙赤峰博物馆馆藏的一件印花“紫定”盘）都不能让人信服。怎么看也觉得将其称着是“酱定”的专家们辨色无误。

问题恰恰出在这里。把“酱定”当“紫定”的藏品，其根据就是权威们的“定论”；而坚持有“紫定”者不服之处也因为怎么能根据这些被指定为“紫定”的“酱定”来否定真“紫定”的存在呢？说有“紫定”者举出明季大收藏家项子京的《历代名瓷图谱》为证，说宋定窑生产过“紫定”。项子京有言：“烂紫晶澈，如熟葡萄，璀璨可爱，”而且举出五件“紫定”器。说无“紫定”者驳道，宋不可能生产出“紫定”，理由有三：其一，项子京所言至今未见实物；其二，利用金属锰烧制紫色瓷器，乃16世纪之后的事，宋定窑不可能在宋朝烧出；其三，“紫定”与日常芝麻酱釉色近，应为“酱釉”。甚至，干脆否认项子京的《历代名瓷图谱》，认为是近人伪托。

项子京之“紫定”之说可以被否定，说是“伪托”，但曹昭的《格古要论》总得承认吧。“紫定”一说起源于他，他这个人竟不辨“紫”与“酱”？说无者未见实物是科学态度，实事求是，但以金属锰烧制之器一般出现在16世纪，而否认宋有“紫定”便是推论，便是以科学发展之一般来推及其余了。这便不是科学态度，而是科学迷信。先有成见，定论再推及具体，自然与之不符者不能见容。于是，与芝麻酱釉与紫釉色近的想当然，这一想当然偏有得到大量的被当作“紫定”的酱釉器的支持，来认定“紫定”即“酱定”。

1-1 正面

1-2 反面

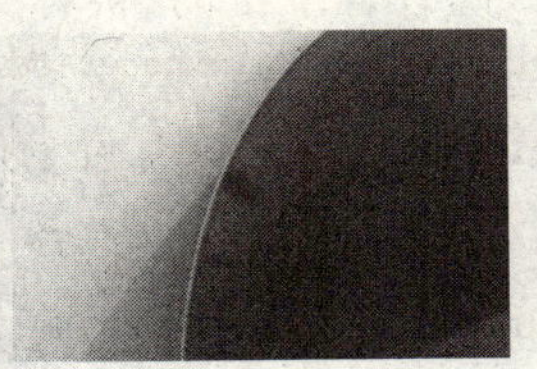
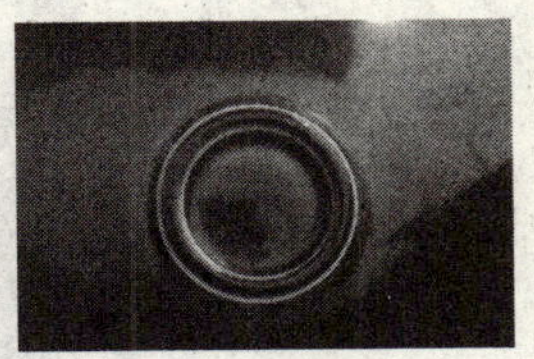

1-3 细部

图1 紫定龙凤祥印花盘

(高:6cm;口径:21.6cm;足径:3.5cm;芒口厚:0.15cm)

2-1 全图

如果本文也是发一通议论,那便毫无价值可言了。所幸,本文所持之论俱有实物支持,只有既有“酱定”,又有“紫定”才能比较,才能鉴别。图1之色,谁见也不会将其与“酱定”混同。其色之紫,可佐证项子京之形容“烂紫晶澈,如熟葡萄,璀璨可爱”绝非夸大之辞。甚至不是“形容词”,不是“文学描写”而是实事求是地直白之言。图2则是酱定的喇叭口壶。图3是黑定的印花盘口瓶。图4则是褐定的印花三鱼穿花盘。而文中“紫定”是否金属锰,则待进一步鉴定了。

3－1 全图

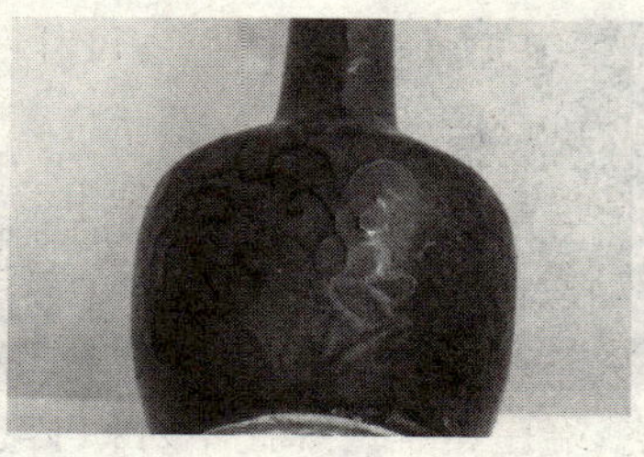

3－2 细部文饰

3－3 瓶底

3－4 瓶口

图3 黑定印花盘口瓶

（高:6cm；口径:21cm;足径:4.2cm）

4－1 正面

4－2 反面

4－3 细部花纹

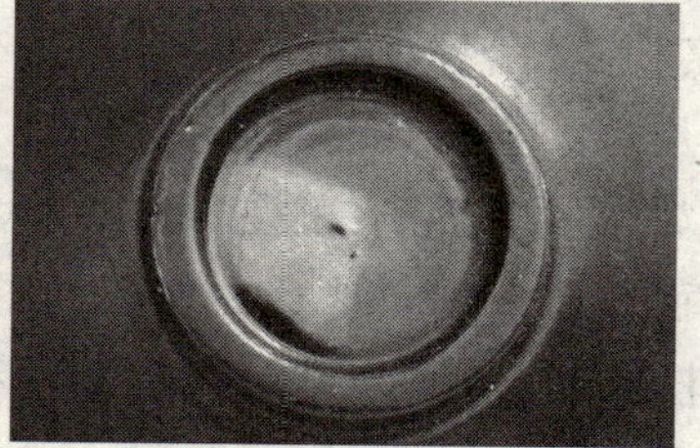

4－4 圈足

图4 褐定印花三鱼穿花盘

（高:6cm；口径:21cm;足径:4.2cm）

此紫定龙凤呈祥印花盘，尺寸和谐。芒口有泪痕、刷丝痕（参照图片）。圈足细看可见轻微不规整。胎极薄，不透光，以指弹之，其声悠扬，可谓“声如磬”是也。迎光斜视，可见釉上隐约可见蛤蜊光，可谓酥光内蕴，抚之光洁细腻，如婴儿肌肤也。龙凤盘正反两面印纹清晰，包浆极好。龙凤对舞，成“呈祥状”，并且以盘心六瓣心形图案构成为中轴，配以六朵祥云，外周围回纹环绕，端庄典雅。如此不对称又极和谐的印花图案，在以对称为其特征的定窑系中极为罕见。“紫定之争”由来已久，笔者提供此物毕竟只以照片，倘方家有缘，可上手鉴之，相信自有其结论，吾竭诚以待。

元绿釉青花玉壶春刍议

如果说由英国人霍布逊1929年开先河，由美国人波普集大成的“至正型”学说问世，致使元青花的学术研究蓬勃兴起，那么，2005年7月12日由伦敦嘉士德拍卖的元鬼谷子下山图青花大罐创天价，便掀起了元青花市场追捧的狂潮。而这两者的合流又导致了一个副产品，这便是对元瓷认识的全面深入。可以说，没有这样一个前提，笔者无法在此提出元绿釉青花概念。

图1 孔雀绿釉青花鱼藻纹盘

提“元绿釉青花”概念，先得区别“绿釉”、“孔雀绿釉青花”、“绿釉青花”等相关概念。

“绿釉”很容易与“绿釉青花”区别。“绿釉”出现早，且延续至今。“从汉代铅绿釉陶开始，低温绿釉的烧制一直没有间断过”(冯先铭:《中国陶瓷》，第466页，上海古籍出版社，2004年8月版)，无青花在釉下，很直观，易区别。

“孔雀绿釉青花”在中国硅酸盐学会主编的《中国陶瓷史》(文物出版社，1982年版)中被称作“孔雀绿瓷器”。“亦称‘法翠’，是一种以铜为着色剂的色釉”。之所以称“孔雀绿”，是因为“在明代孔雀绿烧制成熟以前，所有的绿釉都属于一种深暗的青绿色泽，没有达到亮翠的程度。明代的孔雀绿釉则烧成了与孔雀羽毛相似的翠绿色调，碧翠雅丽，十分美观”。很显然，引文结论认为“孔雀绿”是“明代”的产物。该书在后文中又言:“从传世的实物看，明代的孔雀绿瓷器，以正德时期的为多。但烧制孔雀绿的工艺并不始自正德。”为此，并提出《南窑笔记》为论据，“法蓝、法翠二色，旧为成窑有，翡翠最佳”。尽管“成化的孔雀绿品种，比较少见”，但是“上海博物馆藏有一件成化孔雀绿青花鱼藻盘，是目前罕见的珍品”。不难看出，这段引文在字里行间已透露出对孔雀绿是“明代的”结论的些微谨慎。

图 2 绿釉青花四妃十六罐

对此，冯先铭先生有新的说法。在他主编的《中国陶瓷》第 466 页有言：“元代景德镇在优质瓷胎上烧制成功了孔雀绿釉釉下青花的新品种。由于过去缺少实物资料，我们曾一度把上海博物馆所藏的明成化年制的孔雀绿釉釉下青花盘看成是景德镇的最早制品。近年在印度尼西亚苏拉威西中部的朋加地方（Banggai，Central Sulawesi），出土了一件典型元代的孔雀绿釉釉下玉壶春瓶，腹部主题图案为莲池水禽画面，颈间和底部的仰覆莲以及颈部的蕉叶纹都是元代的典型画法。”

这里尽管解决了“孔雀绿釉青花”并不只是“明代的”而是“元代的”问题，但冯先铭先生并未说“孔雀绿釉青花”就是“绿釉青花”。事实上，学界对这两者也早有区别。

李知宴先生在其著作《陶瓷发展的历史和辨伪》中亦论及“孔雀绿釉青花”并出示了一张有明“正德年制”款的孔雀绿釉青花鱼藻纹盘照片。（图 1，引自《陶瓷发展的历史和辨伪》，华龄出版社，2004 年 5 月版，第 410 页）

明确提出“绿釉青花”而非“孔雀绿釉青花”的，从文献看，是高阿申先生。他认为：“绿釉青花为康熙时创烧，品种稀少，有碗与盘等。”并以他鉴评的“绿釉青花四妃十六子罐”上，釉面频繁出现的滚釉和缺釉现象为例，论断“二次入窑烧造大面积绿釉非常不易。从烧成后的实际效果看，色彩也远不及黄釉青花来得亮丽、华艳。这些，可能绿釉青花昙花一现的原（缘）由。陶瓷著作上亦几乎不见有关绿釉青花的文字记载。”同时，还提供了实物照片。（图 2，引自高阿申著，《瓷器收藏实鉴》，上海古籍出版社，2003 年 1 月版，第 88 页）

对比图 1 的“孔雀绿釉青花”，图 2 的“绿釉青花”与之明显不同。前者之“绿”更近乎蓝，后者之“绿”则为典型的“瓜皮绿”。两者的釉下青花都发黑，但前者之黑因在偏蓝的“绿釉”之下，故不及后者深，而略显灰，后者则因其上的“绿釉”纯正，故黑得深沉。再比较本文提供的二件玉壶春，一件梅瓶照片（图 3、图 4、图 5），可见从类型上只能将其归入后者，即“绿釉青花”类，而非前者，即“孔雀绿釉青花”类。

图3　绿釉青花玉壶春瓶（元）　图4　绿釉青花玉壶春瓶（明）　图5　绿釉青花梅瓶（明）

于是，问题便出来了。上文展示的三张照片中，图 3 的绿釉青花玉壶春无款识（图 3－a），图 4 亦为绿釉青花玉壶春，但圈足内有青花单圈两行楷书“大明天启年制”款（图 4－a），图 5 为绿釉青花梅瓶，圈足内有青花双圈两行楷书“大明嘉靖年制”款（图 5－a）。这两件绿釉青花器的年代都突破了“康熙时创烧”的说法。

图 3－a 元玉壶春瓶瓶底　图 4－a 明玉壶春瓶瓶底　图 5－a 明梅瓶瓶底

再看图 3 绿釉青花玉壶春，虽无款识，但其器形、胎釉、文饰、工艺等透露出来的信息，都让人想到一个问题：既然元已能创烧“孔雀绿釉青花”，那么，元是否也能创烧“绿釉青花”呢？

本文拟根据图 3 这件绿釉青花玉壶春，尝试回答这一问题。

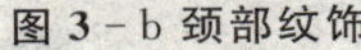

图 3－b 颈部纹饰

图 4－b 颈部纹饰

图 3－c 底部细图

从器形看，图 3 与图 4 虽同为玉壶春，图 3 无款，图 4 有“大明天启年制”款，其器形差异明显。图 3 显得肥硕，壮实，图 4 则显得清瘦，娟秀；从头往下看，同为敞口，但图 3 口沿薄而渐锐，图 4 则相对圆缓，故观照全器，反不如图 3 口沿与其肥硕下腹部形成强烈反差，在壮实中灵秀，隽永之气韵。同为细颈，图 3 之颈显得更细，更有灵性。仔细观察可见图 4 颈部曲线较为平缓，而图 3 则开合张扬，尤以上承秀口，下启肥腹相衬，更彰显其俊美。加之，文饰上图 3 下颈部覆之以四上收而下放之莲瓣纹，上颈部则仰之以四上尖而下宽之蕉叶纹，来过渡口腹，自然其颈轻灵就愈发脱颖。反观图 4，其颈部亦有习见的蕉叶纹，但在蕉叶纹尖之上，则是一圈回纹，而回纹之方正与收敛，则折杀了所有蕉叶纹向上张扬的势头。其颈与腹相交处亦是以双圈卷草纹，给人视觉上套上了紧箍咒(参见图 4－b)。虽然图 3 在蕉叶纹底亦用了回纹，亦有双圈，但所用得当，既承上蕉叶渐次往下展开之势，又启覆莲铺陈之态，是两种文饰的巧妙过渡(参见图 3－b)，而图 4 则显得机械、呆板了。再看腹部，图 3 的最大直径相对图 4 略显下沉，呼应颈部，顺势展开，近底部处遽然而收，毫无唐突生硬之象。整个腹部呈象浑圆，饱满大气状。图 4 则远不是那么饱满大气了，其展开幅度不及前者，整体显得晚明天启器物，在歧视上不及元瓷。此器在玉壶春器形中可谓瘦身苗条型。最后看看圈足，图 3 圈足微呈外撇，略隐于大腹之下，显得别有一番韵致。图 4 圈足则略显内敛，因其清瘦，在比例上就使圈足比前者高。这两者的区别看起来不大，但却别有匠心，图 3 因圈足矮而外撇，致使全器敦实，从而收到了与其灵动之韵相得益彰之功效。图 4 圈足内敛而显高，亦有托衬全器袅袅婷婷之妙。图 5 为梅瓶，与玉壶春在器形上无可比性，故不赘。

图3　细部纹

从胎釉看，图3为无釉底，故胎骨毕现。图4明天启款玉壶春与图5明嘉靖款梅瓶均为釉底，其露胎部都只是圈足无釉之口沿。三者比较，就胎质论，图3较粗，图4较细，图5最细；图3粗胎中裸眼可见明显的不规则状的气孔，在30倍放大镜下观，可见星散之黑点及其他杂质（图3—c），而图4胎质中就很难看到黑点，图5则可见少许；就胎色论，图3白中泛黄，图4较白，图5最白。但图3胎质虽粗，抚之则手感最细腻，图5次之，图4最次。就绿釉论，图5梅瓶口沿及颈部釉稀薄，而近底足则积釉甚厚，呈明显垂釉状，颇似未过足之“郎不流”。可见，其面釉自上而下流动较速，不甚均匀；图4玉壶春亦上口沿处（尤其是口沿背部）釉稀薄，但下部垂釉不明显，而整体显得釉水最薄；图3仅口沿棱呈“露筋”状，从上到下整体釉水均匀，釉面极佳。就绿釉发色看，图4绿釉略淡，稀薄处泛黄色，隐约可见胎骨，整器光泽微暗，迎光透视呈现“蛤蜊光”，釉面开蝇翅纹片，其釉下青花为灰黑色，亦显稀薄；图5绿釉随釉面厚薄呈色深浅不匀，积釉处近乎墨绿，油润晶莹，釉薄处则绿中透黄，干涩失神，但整器仍较图4莹润，迎光透视亦呈现“蛤蜊光”，釉面亦开有蝇翅纹片，其釉下青花发色较图4显得黝黑深沉；图3绿釉最佳，釉面细腻匀净，宝光内敛，温润晶莹，可谓浓翠欲滴也。迎光透视也能看到明

图4　细部纹饰

显的“蛤蜊光”，釉面也开有蝇翅纹片，其釉下青花较之前两者显得纯正精黑，在50倍放大镜下于青花浓积处还能透过面釉看到些微锡斑。

从工艺看，有可比性的也是图3与图4两玉壶春，梅瓶不谈。图3器底无釉，圈足不正圆，且厚薄不匀，有变形，整体平切，可见外墙斜削痕，无火石红，底可见旋纹，为元器典型。图4釉底，圈足切削整齐，圈足沿及外墙弦纹下露胎（有些微釉斑），足底微外凸，圈墙薄而坚致，因内敛而致内墙呈内凹状，亦为晚明器之典型（图5嘉靖款之梅瓶圈足亦如此）。倘为低重心的盘之类器物，可以指头抠而拎起。两者全器均为分段制作，拼接成型，圈底、腹部、颈部凡三接。尤其腹部接胎痕明显，直观可视，抚之亦然。此外，釉薄处手工旋纹显著可见。图3手感较沉，显为胎质厚重所致，图4则略显质轻。

从文饰看，三者可比。图3层次最多，连圈足弦纹凡九层。图5次之，凡八层。图4仅七层。三者下腹部均有仰莲瓣纹，唯图3颈腹过渡处有覆莲瓣纹。三者之仰莲瓣纹均为方肩变形，且都每瓣单绘，外粗内细双线勾描。三者亦均以卷草纹为隔断过渡文饰，且均呈抑扬交错状，仅图5梅瓶有相邻两伏的文饰，显为描绘时大意所为。三者都系手绘，笔触、深浅、高低、长短、粗细等变化都显而易见。就主题文饰论，图3为凤凰穿缠枝菊。一凤一凰均为鸡首鹰喙，上长而下短，细鳞被体，颈发临风。其凤峨冠风立，花尾一股而四卷，灵动飞扬；其凰冠小而巧，长尾三叉而飘摇。凤求凰应，相逐偕行，展翅嬉戏，翩然起舞，花间翻飞，融融和鸣。凤凰周遭，以扁菊铺陈。花有正有侧，均为单层。网格花心，半填半空花瓣。四围敷以笔意潇洒，布局率性，只在气韵上呼应，而非在形式上连接的长枝大叶。整体给人帅气、豪放、生机勃勃的感觉。几无图案化的装饰味。相对而言，图4、图5主题文饰的缠枝花则有明显的图案装饰味。虽有明一代瓷器文饰之大流，无分外精彩可圈点。就辅助文饰论，除前文已谈及的卷草纹外，这里还要比较蕉叶纹、回纹以及莲瓣纹。三者颈部装饰均为单层蕉叶纹，图3蕉叶中茎为粗实线，而图4与图5，即明绿釉青花器之蕉叶纹都是中茎用双线勾边，不填色（即不填青花），图3边缘齿小密而圆缓。后二者则边缘齿大希而圆缓，图3蕉叶间仅留空隙，而后二者则以一锥形纹隔断，图5梅瓶颈短故蕉叶亦短而肥。图3回纹位于蕉叶纹下部，呈同向递进状，图4回纹则位于蕉叶纹上部，为正反两个一组排列。图5无回纹。图3莲瓣纹均为直边方角，而图5嘉靖款梅瓶已呈直边圆角过渡态，但图4天启款莲瓣纹则又如图3呈直边方角状了。图3之莲瓣纹除下又仰莲瓣外，上还有覆莲瓣，亦仰一覆，上下呼应，且下仰莲瓣内勾单线如意云纹，上覆莲瓣则在勾线之如意云纹内填色，便又形成了下虚而上实的对比。可谓看似不经意，率性为之，实则全局观照，匠心独运也。图3文饰还有一独特之处，即在其口沿内壁亦绘有一圈卷草纹，其余二器则均无。冯先铭先生在总结国内外（故宫、日本大和文华馆、松冈美术馆、英国达维特基金会）发现的釉里红拔白玉壶春后，又言“这类玉壶春瓶的特点是口沿内壁往往也有釉里红色，颈下及底腹部上下各有二至三道弦纹”。在论及元青花瓷的图案花纹一节中，冯先生更明确地指出：“玉壶春瓶口内沿有花纹则是元代的特征。”（参见冯先铭：《中国陶瓷》，第464页，第459页，上海古籍出版社，2004年8月版）

在此，尽管冯先生谈到的仅是“釉里红”与“青花”器，以及前文中提到的“孔雀绿釉青花”，但只要将三处论述的要点提出，对照绿釉青花，便不难得出：

1. 本文所提供的“绿釉青花”无论从器形、胎釉、或工艺、文饰看，均是元器的结论，绿釉青花与孔雀绿釉青花的创烧是同时的，其难度是相似的。

2. 从本文提供的三个绿釉青花器看，自元创烧绿釉青花以降，这种绿釉青花明代一直烧制，但釉色、造型、文饰等都逊于有元一代。

3. 绿釉青花的创烧不是孤立的，有元一代不仅青花瓷开创了中国乃至世界瓷器的高峰，而且还开始了在青花之上加彩釉的大量探索。孔雀绿釉青花、绿釉青花等是这一同时代探索产物。

4. 这些新技艺的传承很不稳定（如从高阿申先生提供的绿釉青花便如此），即是说，从元创烧出绿釉青花（包括孔雀绿釉青花等）后，直到清康熙朝，绿釉青花都是难以烧制的，其成熟工艺都仍在探索之中。

5. 自绿釉青花创烧以来，其成色器形俱佳者，存量极少。这便是高阿申先生所言及的“陶瓷著作上亦几乎不见有关绿釉青花的文字记载”的原因。

当然，以上看法仅是笔者之管见，发表出来，无非为了就教于方家。

2007.3.12于重庆缙云山麓